深圳律师实务丛书

风险与管理

企业合规理论与实务

乔 远 著

FENGXIAN YU GUANLI
QIYE HEGUI LILUN YU SHIWU

法律出版社
LAW PRESS · CHINA
北京

图书在版编目(CIP)数据

风险与管理：企业合规理论与实务 / 乔远著. -- 北京：法律出版社, 2023
(深圳律师实务丛书)
ISBN 978-7-5197-7594-0

Ⅰ. ①风… Ⅱ. ①乔… Ⅲ. ①企业法-研究-中国 Ⅳ. ①D922.291.914

中国国家版本馆 CIP 数据核字(2023)第 029845 号

风险与管理：企业合规理论与实务
FENGXIAN YU GUANLI：QIYE HEGUI LILUN YU SHIWU

乔 远 著

责任编辑 朱铁佳
装帧设计 汪奇峰 鲍龙卉

出版发行 法律出版社
编辑统筹 司法实务出版分社
责任校对 张翼羽
责任印制 胡晓雅
经　　销 新华书店

开本 710 毫米×1000 毫米 1/16
印张 17.5　**字数** 305 千
版本 2023 年 5 月第 1 版
印次 2023 年 5 月第 1 次印刷
印刷 三河市龙大印装有限公司

地址：北京市丰台区莲花池西里 7 号(100073)
网址：www.lawpress.com.cn
投稿邮箱：info@lawpress.com.cn
举报盗版邮箱：jbwq@lawpress.com.cn

销售电话：010-83938349
客服电话：010-83938350
咨询电话：010-63939796

书号：ISBN 978-7-5197-7594-0
定价：66.00 元

凡购买本社图书，如有印装错误，我社负责退换。电话：010-83938349

回归专业　潜心钻研
促进高质量发展

斗转星移，继往开来。深圳市律师协会自2012年启动“深圳律师实务丛书”（以下简称丛书）出版工作以来，至今已出版实务专著37部，内容涵盖诸多专业领域，全面展现了深圳律师业务的研究成果和实务经验，已成为深圳市律师协会推进行业专业化建设的品牌项目。

鼓励和引导律师著书立说是深圳市律师协会推动律师专业化的一项长期性的重点工作。丛书旨在充分发挥深圳市律师协会的业务指导作用，通过鼓励深圳律师和深圳市律师协会各专业委员会撰写实务专著，可以有效提升律师业务水平，增强律师业务能力，保证律师服务质量，以专业引领和成果共享助推深圳律师行业高质量发展。

本套丛书凝集着深圳律师的心血与经验，展现了深圳律师的专业水平。本套丛书在律师业务的众多领域，汇集了深圳律师的业务成果，总结了深圳律师的执业经验，体现了深圳律师的专业能力，彰显了深圳律师的职业精神。这一本本专著必将成为深圳律师专业化发展史上一颗颗璀璨的明珠，永远镶嵌在深圳律师专业化发展的史册上。

2023年是全面贯彻落实党的二十大精神的开局之年，深圳律师要深学细悟笃行党的二十大精神，让党的二十大精神在深圳律师行业落地生花，要以习近平法治思想为指引，大兴专业研究之风，切实回归专业，潜心研究，深挖专业和实务问题，以高品质的法律服务保障行业的高质量发展。开展业务和实务研究不能脱离实际，必须密切关注经济社会发展和法治建设，聚焦其中的热点、难点、堵点问题,深入开展有针对性的研究,进而提出应用对策与实践指引,也期待深圳律师能输出更多的法律实务研究成果,并能形成专著与同行共享,这本身也是律师业务领域的一种先行示范。

希望本套丛书成为广大实习人员、执业律师期待、必备的好工具,也希望未来能够出版更多、更好的供律师们学习提高、掌握律师实务知识与技能的好专著!

张　斌

深圳市律师协会会长

2023 年 1 月 9 日

前言

自2018年(企业合规元年)至今,企业合规持续成为国家立法重点关注领域。对于中国企业而言,合规体系建设显然已成为近年来企业治理工作中的重要内容,因此,企业合规体系建设理论及实务的相关研究具有重要价值。

立法层面看,2019年,国务院国资委接连发布《关于加强中央企业内部控制体系建设与监督工作的实施意见》与《中央企业禁入限制人员信息管理办法(试行)》,要求中央企业建立健全以风险管理为导向、合规管理监督为重点,严格、规范、全面、有效的内控体系,要求规范中央企业禁入限制人员信息管理,实现统一管理、分级负责、真实准确、依规使用。2021年6月3日,最高人民检察院、司法部、财政部、生态环境部、国务院国资委、国家税务总局、国家市场监督管理总局、中华全国工商业联合会及中国国际贸易促进委员会九部门联合发布了《关于建立涉案企业合规第三方监督评估机制的指导意见(试行)》,明确在依法推进企业合规改革试点工作中建立健全涉案企业合规第三方监督评估机制,有效惩治预防企业违法犯罪,保障经济社会高质量发展。为进一步加快深圳市的"合规示范区"建设,2021年8月10日,深圳市司法局发布了《关于推进城市合规体系建设的指导意见(征求意见稿)》,全面推进企业合规管理,促进经济高质量发展。推进城市合规体系建设已经成为了深圳创新思路推动城市治理体系和治理能力现代化、建设法治示范城市的重要举措。2022年8月23日,国务院国资委公布《中央企业合规管理办法》,进一步深化法治央企建设,推动中央企业加强合规管理,切实防控风险,有力保障深化改革与高质量发展。紧跟立法动向,系统研究企业合规法律问题,乃是本书的写作背景之一。

实践层面看,近年来,检察院已在具体涉刑事案件办理中适用“企业合规不起诉制度”,在上海、江苏、山东、广东等地的6家基层检察院开展第一期试点,2021年4月更是大幅扩大了第二期试点范围,涉及北京、辽宁、上海、江苏、浙江、福建、山东、湖北、湖南、广东等十个省(直辖市);2022年4月2日,最高人民检察院案件管理办公室负责人就2022年1月至6月全国检察机关主要办案数据答记者问时表示,“涉案企业合规改革试点已在全国检察机关全面推开”。就企业而言,2019年各大央企集团已完成集团总部的合规管理体系建设,发布实施合规管理基本制度,2020年各大央企集团发布实施本集团合规管理体系建设实施办法,各子集团、子公司、分公司的合规管理体系建设工作如火如荼地展开;2021年12月15日,司法部办公厅《关于加强公司律师参与企业合规管理工作的通知》明确提出“加强公司律师参与企业合规管理工作”的总体要求,推动公司律师全面参与企业合规管理工作,以提升企业合规管理工作整体水平。深圳作为合规体系建设的“排头兵”,亦有深圳大学合规研究院作为相关研究和教育支撑。笔者作为深圳大学合规研究院的硕士生导师,亦为数家企业提供合规体系建设法律服务,以此经验为基础,结合实践需求,以贴合企业合规业务的法律实务痛点,乃是本书的写作背景之二。

具体而言,本书共包括“企业合规风险理论概述”“企业治理层面潜在合规风险类型”“企业财务层面潜在合规风险类型”“企业业务层面潜在合规风险类型”“企业刑事合规”“企业合规案例分析”六个章节的内容。第一章为企业合规风险理论概述,介绍了合规风险的定义,分别阐述了企业合规风险识别、评估、应对及常态化管理等理论及基础实务操作;第二章至第四章立足企业实践,分别从企业治理层面、财务相关及具体业务层面对企业常见潜在合规风险类型进行识别及分析,细分为企业治理架构管理、组织架构管理、内控管理、内部监督管理、党群工作管理、战略管理、预算管理、资金管理、财务管理、生产管理、采购管理、销售管理、社会责任管理、信息传递管理、工程管理、固定资产管理、无形资产管理、投资管理、业务外包管理、合同管理、人力资源管理、法务管理及信息化管理共计23个企业业务领域的重要合规风险;第五章为企业刑事合规,由于企业刑事合规问题对于企业而言具有极为特殊的价值,因此本书对该问题专章进行了讨论,亦选取了数个典型案例作为分析对象，从刑事合规的概念、责任切割问题、暂缓起诉协议以及合规不起诉四个方面，系统分析企业刑事合规的实务问题；第六章为企业合规案例分析，从各个流程与业务领域对几个典型合规案例进行分类总结，通过案件评析提供合规风险防范的实务经验。总之，本书旨在系统地讨论企业合规风险和管理的理论与实践问题，以供司法行政机关从事合规相关工作的人员、企业内部企业合规风险管理人员、提供合规法律服务的专业人员，及对合规风险管理有兴趣的读者等对象阅读参考。

乔 远

2023 年 2 月 13 日

于深圳

目录

第一章

企业合规风险理论概述

◆ 第一节　企业合规风险识别

一、合规风险定义

ISO 37301:2021《合规管理体系　要求及使用指南》第 A.4.6 条“合规风险评估”指出，合规风险包括固有合规风险和剩余合规风险。固有合规风险，是指组织在未采取任何相应合规风险应对措施的非受控状态下所面临的全部合规风险。剩余合规风险，是指组织现有合规风险应对措施无法有效控制的合规风险。

根据《企业境外经营合规管理指引》的规定，合规风险被定义为企业或其员工因违规行为遭受法律制裁、监管处罚、重大财产损失或声誉损失以及其他负面影响的可能性。[1] 根据《中央企业合规管理办法》的规定，合规主要是指企业经营管理行为和员工履职行为符合国家法律法规、监管规定、行业准则和国际条约、规则，以及公司章程、相关规章制度等要求。[2] 总体来说，合规风险，是指企业及其员工的经营管理行为因违反法律、法规和规则而受到行政或刑事处罚、造成经济或声誉损失以及导致其他负面影响的可能性。

---

〔1〕 参见《企业境外经营合规管理指引》第 22 条。

〔2〕 参见《中央企业合规管理办法》第 3 条。

二、合规风险识别流程

合规风险识别,包括合规风险源的识别和合规风险情况的描述。首先,企业需要根据部门职责、职务职责和类型组织活动的不同,识别各个部门、职能和不同类型的组织活动中的合规风险源。同时,企业应当定期识别合规风险源,对与每个合规风险源相对应的合规风险情况进行描述,制定并形成《合规风险源列表》和《合规风险情况列表》。其次,企业应通过考虑违规的根本原因和后果,来分析合规风险及发生这些后果的可能性。

三、合规风险识别方法

从合规风险识别、分析、评估流程可以看出,企业的合规风险识别方法可大致分为两种,一种是基于业务流程识别合规风险,另一种是基于岗位职责识别合规风险,具体来讲:

(1)基于业务流程识别合规风险。业务流程,是指为达到特定的价值目标而由不同的人分别共同完成的一系列活动,其中包括活动的内容、方式、责任、关键控制点、审批等内容。企业根据不同项目的业务流程及其职责,识别该环节的合规风险,制定对应的工作步骤、风险名称、风险描述、责任部门、责任岗位等内容,绘制业务流程图,形成对应的《××(业务)合规风险表》。

(2)基于岗位职责识别合规风险。岗位职责,是指各个岗位所要求的完成的工作内容及应当承担的责任范围,其中包括工种、职务、等级、权力范围等内容。企业应当围绕岗位履行的职责内容识别职责履行过程中可能出现的合规风险,形成每个岗位的《合规风险表》。

第二节 企业合规风险评估

一、合规风险评估流程

合规风险评估是运行合规管理系统过程中管理已识别合规风险的基础。企业基于对合规风险的识别、分析,将组织可以接受的合规风险水平与合规政策中规定的合规风险水平进行比较,以此作为调整企业实施合规风险应对措施的顺序。所以,企业应当定期开展合规风险评估,并在存在以下情况时重新评估合规风险:(1)新的或更改的活动、产品或服务;(2)改变组织的结构或策略;(3)重大的外部变化,如财务经济状况、市场状况、负债和客户关系;(4)变更合规义务;(5)并购;(6)不合规(即使是单个不合规事件也可能构成情况的重大变化)和差错。

由此,合规风险评估的详细程度和水平取决于组织的风险状况、背景、规模和目标,并且针对特定的子领域(如环境、财务、社会等)可能会有所不同。从风险识别到风险评估,基于风险的合规管理方法并不意味着组织可以提升对不合规的包容度,例如,接受低合规风险所对应的事项或业务不合规。恰恰相反,风险评估环节是为了帮助组织将主要注意力和资源集中在较高风险上,并将其作为优先事项,最终逐步覆盖所有合规风险。也就是说,所有经过风险识别和评估的、确定的合规风险/情况都将受到监控和处理。

根据合规风险的相关定义及识别、评估合规风险的内容,下文将会展开介绍识别、分析、评估合规风险的流程。

(一)确认风险评估的主体

建立合规风险管理小组,由合规部门主导,职能部门和各业务部门配合,共同参与企业合规管理工作,负责对企业的合规风险评估工作。合规部门应当沟通联络企业各部门负责人建立并维护《合规义务清单》。风险管理小组应当根据《合规义务清单》,通过多种渠道和方式搜集并整理基层一线、中层管理、高层管理等企业员工,以及企业各领域、各项目可能出现的合规风险,并对合规风险进行分析评估,提出对应的应对措施,做好后续的合规监督和检查工作。

(二)合规风险评估流程

1. 确定合规风险环境

合规风险环境广义上是指企业内外部合规管理系统变化过程的组织环境。ISO 37301:2021《合规管理体系　要求及使用指南》第 4.1 条“理解组织及其环境”指出,组织应确定与其宗旨相关并影响其实现合规管理系统预期结果能力的外部和内部因素,包括但不限于:(1)业务模式,包括战略、性质、规模和规模的复杂性以及组织活动和运营的可持续性;(2)与第三方的业务关系的性质和范围;(3)法律和法规环境;(4)经济状况;(5)社会、文化和自然环境;(6)内部结构、方针、过程、程序和资源,包括技术;(7)组织的合规文化。此外,还需要了解企业业务相关方的需要与期望,一般包括:(1)与合规管理系统有关的利害关系方;(2)这些利害关系方的有关要求;(3)这些要求中的哪些将通过合规管理体系予以解决。

同理,在确定合规风险环境这一环节时,合规风险管理人员应当密切关注合规义务的变化与合规风险的分布,保持合规风险环境信息的持续更新,将相关信息整合并汇编成对应的工作文档,如《合规风险相关法律法规汇编》《合规风险环境信息》等,以便更好地开展后续的风险识别、评估工作,提出相关的应对措施。企业高层领导人、合规管理部门及相关业务部门需要对内外部合规风险环境进行初步分析,主要分为内部、外部两个部分:

第一,外部合规风险环境信息。主要指企业外部与合规相关的法律法规及政策等相关信息,包括以下几个方面:(1)国家法律法规和相关监管机构制定的方针政策等强制性要求及其变化;(2)国内外与本企业相关的司法情况及其变化;(3)与企业相关的监管体制、机构、规则以及规则的执行等情况;(4)行业的业务模式、相关要求及标准的变动信息和市场竞争情况;(5)与企业关联的股东、客户、第三方等利益相关方对法律、合同、商业道德等的遵从情况;(6)其他与合规风险及其管理相关的外部信息。

第二,内部合规风险环境信息。主要指企业内部与合规相关的制度及政策等相关信息,包括以下几个方面:(1)企业战略目标的调整和实现;(2)企业治理结构和组织框架变动;(3)企业运营模式和各项业务的盈利动态;(4)企业的主要经营管理活动和流程、部门职能的分工等相关信息;(5)企业可能出现合规风险的自愿性承诺内容;(6)企业合规风险管理的目标、相关制度和资源整合状况;(7)企业合规文化的建设情况;(8)利益相关者遵守法律法规的情况,以及激励合规、约束违规的方式;(9)企业重大法律纠纷或合规风险事件的情况;(10)其他与合规风险及其管理相关的内部信息。

随着企业的业务发展变化,企业的合规风险环境绝不是一成不变的。由此,合规风险环境信息的收集范围和内容,要根据企业的合规风险状况变化及企业的管理需要不断进行补充调整,具体分析明确内、外部合规风险环境信息的收集范围和分析方式,为合规风险评估和应对提供充分的信息保障。此外,为确保符合企业运营实际,企业可通过采取座谈、访谈、集体讨论、专家咨询、内部纪检监察、审计等多渠道多种方式进行评估审查,提升相关文件(如《合规风险环境信息》)的落地性和可操作性。

2. 制定《企业风险评估方案》

企业需要结合自身实际情况,如业务发展模式、自我定位、企业战略目标等风险信息明确合规目标,为合规风险识别评估工作制定对应的方案。《企业风险评估方案》需要包含以下内容:(1)合规风险识别内容与评估范围;(2)企业内部对应责任部门及其分工;(3)合规风险识别评估体系;(4)各部门需配合并完成的工作事项;(5)合规风险识别完成各个阶段的时间安排;(6)其他与风险评估工作相关的内容。企业应当根据《合规风险环境信息》起草对应的《企业风险评估方案》,经企业内部审核与批准后实施。

3. 列出《合规风险表》

企业可以根据业务流程和岗位职责,结合《合规义务清单》,识别出流程运行或职责行使过程中可能出现的合规风险,并制定与之相对应的《××(业务)合规风险表》。

4. 查找对应的合规风险点

对照《合规风险表》,落实到企业实际,识别并判断企业合规风险。在这一过程中,需要合规部门与相关部门相互配合,以发展的、多维度的视角,结合企业和部门业务实际情况,全方位识别、筛选、增补和整理业务实际中可能导致的合规风险,将风险识别做到具体化和精准化。

5. 不合规后果及分析

根据对应的合规风险,合规管理部门与相关部门应当相互配合,推断风险发生的可能后果,找出关键控制点和与其相关的合规文件(如法律法规、内外部政策、相关案例判决等),分析该风险发生的频率及其影响程度,以此评估风险发生的可能性及其可能导致的后果。

6. 评估识别出的风险,确定合规等级

企业通过对风险可能导致的结果进行分析,对比过往案例和风险量化机制,制定合规风险评估体系,以此确定合规风险等级,并确定合规风险应对的优先级排序。

(以下为本章未涉及的合规风险管理剩余流程)

7. 做好风险优先级排序,制定风险应对措施

根据评估的合规风险等级,对合规风险的管理优先级进行排序,拟制与之相对应的风险应对措施,相关部门根据评估的合规风险的严重程度作出工作的优先级排序,提前为降低或消除合规风险做好准备,进而有针对性地开展合规风险管理措施。风险应对措施一般包括:风险接受、风险降低、风险规避和风险转移。

8. 执行流程中的风险管控措施并记录评价

根据制定的合规风险应对措施,反馈并执行于流程中可能出现风险的环节,在实践中修改并完善企业的流程制度和工作指引,将合规要求嵌入业务流程与内控管理,做好后期记录与评价。

二、合规风险评估方法

合规管理部门联合相关部门完成合规风险识别后,可采用风险坐标图法从合规风险的发生可能性和影响程度两个维度进行评估打分,确定该风险所在的合规等级。合规风险的评估维度、风险系数标准与合规风险矩阵图共同构成了合规风险评估体系的基础,具体而言:

1. 影响程度系数使用 1 分至 5 分来划分

1 分——影响程度轻微,影响程度低或量小,范围不大或数量不大;

2 分——影响程度较小,对于企业争取完成其策略性计划和目标只造成较小影响(如 0.1% 以下的税前利润);

3 分——影响程度中等,对于企业争取完成其策略性计划和目标的过程在一定程度上造成阻碍;

4 分——影响程度严重,对于企业争取完成其计划和目标造成重大影响;

5 分——影响程度非常严重,令企业失去继续运营的能力。

2. 发生可能性系数同样使用 1 分至 5 分来划分

1 分——发生的可能性极低(发生的概率在 10% 以下);

2 分——极少数情况下才会发生(发生概率在 10% ~30%);

3 分——某些情况下会发生(发生概率在 30% ~70%);

4 分——较多情况下会发生(发生概率在 70% ~90%);

5 分——常常会发生(发生概率在 90% 以上)。

在结合企业实际的基础上，通过建立合规风险评估矩阵图（如图1－1所示，其中高、中、低风险区域范围将根据企业实际情况进行动态调整），将合规风险等级分为高（重大）、中（重要）、低（一般）三种。将合规风险发生可能性和影响程度的分值在矩阵中一一对应，确定合规风险等级。此后，根据合规风险进行排序，制定对应的合规风险应对措施，记录并评价合规风险管理过程，做好风险持续管理。

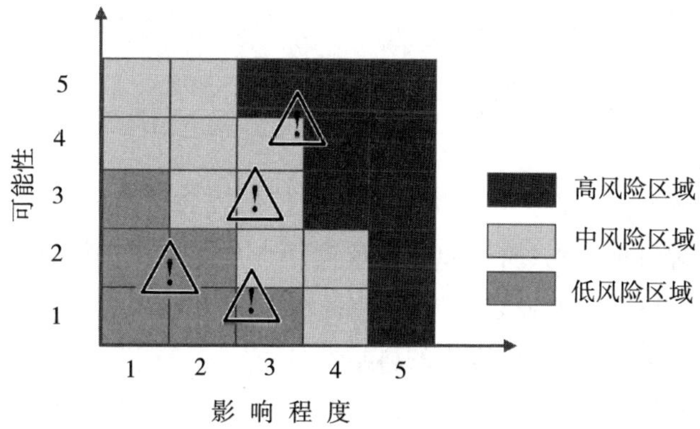

图1－1　合规风险评估矩阵

第三节　企业合规风险应对与常态化管理

一、合规风险应对

合规风险应对主要依靠企业内部控制措施来实现。企业的内部控制措施需要从合规风险管控的角度出发，提出控制要求及标准，通过针对流程中的内部控制措施进行有效设计和执行来落实，以能够有效管控合规风险的合规内部控制措施作为一种标准，审视现有的制度和管理流程是否能够实现控制合规风险的目标、是否能够执行到位，从而进行相应的改进。

合规内部控制措施可以分为总体控制和具体控制。总体控制从制度程序、决策授权、岗位职责分离等方面对企业进行宏观、抽象控制；具体控制是与具体的合规风险相联系的，通常针对具体的业务或合规风险，如人力资源、资金活动、采购业务、合同管理、财务报告等。常见合规内部控制措施有不相容职责分离控制、授权审批控制、会计系统控制、财产保护控制、预算控制、运营分析控制和绩效考评控制。

企业应当根据自身业务情况、现有管理措施、合规风险识别及评估的情况,来决定增加或更新哪些方面的合规内部控制措施,以及是否需要针对重大合规风险制定专门的控制和应对方案,并定期对合规内部控制措施的有效性和适应性进行评价。

二、合规风险常态化管理

(一)合规审查与报告机制

1. 合规审查机制

企业法务部门负责开展重大事项合规性审查和风险应对,监督、指导各部门开展合规管理工作;对专业领域重大疑难合规事项进行合规审查时,企业法务部门可以聘请专业合规机构、专家学者等专业人士,出具专门的咨询报告或审查意见,推进合规审查的科学性。

企业各职能部门在日常经营管理中,应主动识别、评估自身经营管理活动及员工行为涉及的合规风险,发现相关制度、合同文本、专门事项等的合规问题,及时向企业法务部门咨询,必要时提请企业法务部门进行合规审查。

2. 合规报告机制

合规报告分为年度合规报告与专项合规报告。根据《中央企业合规管理办法》相关要求,企业合规管理部门应当于每年年底全面总结合规管理工作情况,起草年度合规报告,提请董事会审议。专项合规报告是指在发生较大合规风险事件时,企业合规管理部门和相关部门应当及时向合规管理负责人、分管领导报告,重大合规风险事件应当向政府有关部门报告。

(二)合规文化

从实践出发,合规文化的培育是合规管理的起点,伴随合规管理制度体系建设和实施的始终。当企业形成了全员诚信合规的合规文化,也标志着企业合规管理制度体系建设和实施取得成效,合规管理目的的实现。从另一个角度看,企业合规文化的形成也是合规管理的终点站。企业培育合规文化应当重点关注以下内容:

(1)将合规文化作为企业文化建设的重要内容,将诚信合规作为企业的核心价值观。

(2)通过制定发放合规手册、签订合规承诺书、进行合规培训和设立奖惩机制等方式,积极培育合规文化。

(3)企业决策层和管理层应当身体力行,切实遵守有关廉洁、合规的就职承诺,为全体员工做好表率,在企业日常经营管理中培育合规文化,形成全员合规氛围。

(4)全体员工应当树立诚实守信的合规观念,自觉维护诚实守信的合规文化氛围,不断增强个人合规意识和行为自觉,实现全员主动合规。

第二章 企业治理层面潜在合规风险类型

第一节　企业治理架构管理与合规风险

一、企业治理架构合规管理

企业治理架构的运行包括三个方面:职责权限、程序和内容。首先,《公司法》规定了股东会、董事会、监事会及经理层的职责权限。一般而言,公司章程亦会对各组织机构的权限作规定。其次,企业作为一个自治机构,其意思表示由企业内部权力机构形成。为了维护公司及股东的合法权利,保障市场交易的正常秩序,《公司法》及相关司法解释将公司决议效力瑕疵分为"公司决议不成立""公司决议无效""公司决议可撤销"三种情形。

本部分的合规目标:首先,明确董事会、监事会和经理层的职责权限,防止超越职权的风险。保证监事会依照《公司法》等法律法规顺利履行监督职责,保障公司利益和股东权益。其次,确保董事会、监事会和经理层的设立及工作程序符合法律法规和企业内部规章制度的要求,防止相关决议被认定不成立、无效或可撤销。

二、企业治理架构合规风险

(一)股东会决议和董事会决议无效、可撤销或不成立的风险

1. 公司股东会、董事会的决议无效情形:决议内容违反法律、行政法规。

2. 公司股东会、董事会的决议可撤销情形:股东会、董事会的会议召集

程序、表决方式违反法律、行政法规或者公司章程，或者决议内容违反公司章程。

3. 公司股东会、董事会的决议不成立情形：（1）公司未召开会议的，但依据《公司法》第 37 条第 2 款或者公司章程规定可以不召开股东会而直接作出决定，并由全体股东在决定文件上签名、盖章的除外；（2）会议未对决议事项进行表决的；（3）出席会议的人数或者股东所持表决权不符合《公司法》或者公司章程规定的；（4）会议的表决结果未达到《公司法》或者公司章程规定的通过比例的；（5）导致决议不成立的其他情形。

（二）董事会召集程序不合规风险

《公司法》第 47 条规定，董事会会议由董事长召集和主持；董事长不能履行职务或者不履行职务的，由副董事长召集和主持；副董事长不能履行职务或者不履行职务的，由半数以上董事共同推举一名董事召集和主持。相关具体程序要求可参见具体公司章程。

（三）不符合国有企业重大事项决议程序的要求的风险

国家出资企业合并、分立、改制、上市，增加或者减少注册资本，发行债券，进行重大投资，为他人提供大额担保，转让重大财产，进行大额捐赠，分配利润，以及解散、申请破产等重大事项，依照法律、行政法规以及公司章程的规定，由公司股东会或者董事会决定，否则将承担不利法律后果。

国有资本控股公司、国有资本参股公司与关联方的交易，依照《公司法》和有关行政法规以及公司章程的规定，由公司股东会、董事会决定。违反该规定不会直接导致关联交易协议无效，但公司会有承担违约责任的风险。违反重大事项的决议程序同理。

（四）不符合公司投资与对外担保程序的风险

公司向其他企业投资或者为他人提供担保，依照公司章程的规定，由董事会或者股东会决议；公司章程对投资或者担保的总额及单项投资或者担保的数额有限额规定的，不得超过规定的限额。公司为公司股东或者实际控制人提供担保的，必须经股东会决议。

（五）董事和高级管理人员违反忠实和勤勉义务的风险

董事、高级管理人员不得有下列行为：（1）挪用公司资金；（2）将公司资金以其个人名义或者以其他个人名义开立账户存储；（3）违反公司章程的规定，未经股东会或者董事会同意，将公司资金借贷给他人或者以公司财产为他人提供担保;(4)违反公司章程的规定或者未经股东会同意,与本公司订立合同或者进行交易;(5)未经股东会同意,利用职务便利为自己或者他人谋取属于公司的商业机会,自营或者为他人经营与所任职公司同类的业务;(6)接受他人与公司交易的佣金归为己有;(7)擅自披露公司秘密;(8)违反对公司忠实义务的其他行为。

(六)董事长、董事和高级管理人员违反规定兼职的风险

未经股东会同意,国有资本控股公司、国有资本参股公司的董事、高级管理人员不得在经营同类业务的其他企业兼职。未经股东会同意,国有资本控股公司的董事长不得兼任经理。

(七)董事会专门委员会设置不符合规定的风险

董事会应当设立提名委员会、薪酬与考核委员会、审计委员会等专门委员会,为董事会决策提供咨询,其中薪酬与考核委员会、审计委员会应由外部董事组成。

(八)不符合职工监事任职比例要求的风险

监事会应当包括股东代表和适当比例的公司职工代表,其中职工代表的比例不得低于1/3,具体比例由公司章程规定。监事会中的职工代表由公司职工通过职工代表大会、职工大会或者其他形式民主选举产生。董事、高级管理人员不得兼任监事。

(九)公司人格与股东人格混同风险

公司股东应当遵守法律、行政法规和公司章程,依法行使股东权利,不得滥用股东权利损害公司或者其他股东的利益;不得滥用公司法人独立地位和股东有限责任损害公司债权人的利益。公司股东滥用股东权利给公司或者其他股东造成损失的,应当依法承担赔偿责任。公司股东滥用公司法人独立地位和股东有限责任,逃避债务,严重损害公司债权人利益的,应当对公司债务承担连带责任。

认定公司人格与股东人格是否存在混同,最根本的判断标准是公司是否具有独立意思和独立财产,最主要的表现是公司的财产与股东的财产是否混同且无法区分。财务混同,主要关注是否存在以下情形:(1)股东无偿使用公司资金或者财产,不做财务记载的;(2)股东用公司的资金偿还股东的债务,或者将公司的资金供关联公司无偿使用,不做财务记载的;(3)公司账簿与股东账簿不分,致使公司财产与股东财产无法区分的;(4)股东自身

收益与公司盈利不加区分，致使双方利益不清的；（5）公司的财产记载于股东名下，由股东占有、使用的。公司控制股东对公司过度支配与控制，操纵公司的决策过程，使公司完全丧失独立性，沦为控制股东的工具或躯壳，严重损害公司债权人利益，由滥用控制权的股东对公司债务承担连带责任。实践中常见的情形包括：

1. 母公司对子公司过度支配与控制的风险

（1）母子公司之间或者子公司之间进行利益输送；（2）母子公司之间或者子公司之间进行交易，收益归一方，损失却由另一方承担；（3）先从原公司抽走资金，然后再成立经营目的相同或者类似的公司，逃避原公司债务；（4）先解散公司，再以原公司场所、设备、人员及相同或者相似的经营目的另设公司，逃避原公司债务。

2. 构成受贿罪的风险

特别提请注意：国家出资企业中从事公务的国家工作人员，利用职务之便收受他人财物，为他人谋取利益的行为将构成受贿罪。

附录：企业治理架构管理相关合规要求

1.《公司法》（2018 年修正）

2.《企业国有资产法》

3. 国务院办公厅《关于进一步完善国有企业法人治理结构的指导意见》（国办发〔2017〕36 号）

4. 国务院办公厅《关于加强和改进企业国有资产监督防止国有资产流失的意见》（国办发〔2015〕79 号）

5. 国务院国有资产监督管理委员会、财政部《关于印发〈国有企业公司章程制定管理办法〉的通知》（国资发改革规〔2020〕86 号）

6.《中央企业合规管理办法》

7. 财政部、中国证券监督管理委员会、审计署、原中国银行业监督管理委员会、原中国保险监督管理委员会《关于印发〈企业内部控制基本规范〉的通知》（财会〔2008〕7 号）

8. 中共中央、国务院《关于深化国有企业改革的指导意见》（中发〔2015〕22 号）

9. 国务院国有资产监督管理委员会党委、国务院国有资产监督管理委员会《关于建立和完善中央企业职工代表大会制度的指导意见》（国资党委群工〔2007〕120 号）

◇ 第二节　企业组织架构管理与合规风险

一、组织机构管理与合规

(一)合规管理

现代组织管理体系是对传统企业治理体系的继承与修正。高效的组织架构能够最大限度地释放企业的能量,使企业内部组织更好地发挥协同效应。建立高效、精干的组织架构,核心在于规范组织架构和岗位职责权限划分,防范潜在经营管理风险。

本部分的合规目标:首先,合理设置内部组织机构,规范岗位设置和工作内容、职能界限,制定组织结构、组织管理等内部管理制度和文件,保证企业组织架构符合企业发展理念。其次,加强企业员工对内部组织的认知,使组织机构管理与合规深入全体员工。

(二)合规风险

1. 内部机构设置不符合程序的风险

根据《公司法》第 49 条的规定,公司内部机构的设置,应当先由总经理拟定公司内部管理机构的设置方案,再由公司董事会决定公司内部管理机构的设置。

2. 聘任和解聘总经理及其他人员不符合规定的风险

根据《公司法》第 49 条和第 113 条的规定,有限责任公司和股份有限公司总经理的聘任或解聘由董事会决定;公司副经理、财务总监负责人应由总经理提名,董事会决定。除应由股东会、董事会聘任或解聘的其他高级管理人员,由总经理决定聘任或解聘。

二、职责管理与合规

(一)合规管理

企业组织机构的高效运行需要明确岗位职责、工作要求和权责划分三个方面的内容。一般而言,公司章程会对各组织机构的职责做出明确规定。通过对企业内部职责的划分,全方位做好岗位职责管理工作,为员工职业生涯发展提供条件，最大限度地激发员工工作积极性。

本部分的合规目标：首先，明确企业内部具体岗位的名称、职责和工作要求等；其次，明确各个岗位的权限和相互关系，确保岗位设置及管理符合国家有关法律法规和企业规章制度要求。通过对企业内部职责的划分，有效解决企业职责不明确、做事推脱、效率低下等问题，切实提高员工工作效率，促进员工的合理流动和岗位交流，拓展员工发展空间。

（二）合规风险

本部分的主要合规风险为超越授权范围的风险。企业职工在履职过程中，超过岗位权限或授权范围以企业名义进行活动的，如果相对方已履行了善意的审查义务，企业职工的行为可能对企业构成表见代理，企业职工的行为后果将由企业承担。

三、制度管理与合规

（一）合规管理

企业的制度有助于维护工作秩序，提高工作效率。企业制度管理包括制度的修订、发布、执行等几个方面，经过一定的程序严格制定相应的制度，是企业管理的依据和准则。制度的制定与发布应当使全体员工充分认识和了解其主要内容和要求，促进制度的全面贯彻执行。

本部分的合规目标：确保各种规章制度的制定与发布符合法律规定，在制定涉及员工利益的规章制度时要符合法律要求，通过对制度制定、修改等环节的把控，实现制度的制定与实施的合规。

（二）合规风险

1. 基本制度制定程序不符合规定或相冲突的风险

根据《公司法》第 46 条、第 49 条的规定，公司的基本管理制度程序上应当由总经理拟定，董事会决定或制定。建议企业基本制度的制定程序、公司章程的相关规定与《公司法》相衔接。另外，基本制度涉及职工切身利益的，当提交职工代表大会审议。

2. 规章涉及职工切身利益未经职工代表大会讨论、协商平等确定的风险

根据《公司法》第 18 条的规定，公司必须保护职工的合法权益，公司研究决定改制以及经营方面的重大问题、制定重要的规章制度时，应当听取公

司工会的意见,并通过职工代表大会或者其他形式听取职工的意见和建议。《劳动合同法》第4条中指出,用人单位在制定、修改或者决定有关劳动报酬、工作时间、休息休假、劳动安全卫生、保险福利、职工培训、劳动纪律以及劳动定额管理等直接涉及劳动者切身利益的规章制度或者重大事项时,应当经职工代表大会或者全体职工讨论,提出方案和意见,与工会或者职工代表平等协商确定。

四、标准规程管理与合规

(一)合规管理

企业标准规程包括从原材料进厂到产品销售等各个环节。因此,标准规程管理与规范在确保生产经营活动的合规协调方面发挥着极其重要的作用。

本部分的合规目标:依据法律法规及其他国家、行业标准、要求,制定内部相关标准,使企业内部有关标准达到国家标准及相关要求,推动企业各个环节的规程管理与相应技术标准和管理标准相符合。

(二)合规风险

1. 作业标准不符合国家标准的风险

根据国家标准全文公开系统显示,截至2022年年底我国系统收入的强制性国家标准有2049项,其中包括消防、质量管理等多领域、多方面的作业标准。企业在作业、生产等经营活动中,应当严格遵守各行各业的国家标准,在作业标准这一问题上,全方面地防控风险,做到合规、合法经营。例如,《重大火灾隐患判定方法》(GB 35181—2017)中指出,安全疏散设施及灭火救援条件中包含按国家工程建设消防技术标准的规定,建筑物应设置独立的安全出口或疏散楼梯。依据这一标准,企业在选择办公地点和作业、生产地点时,应当确保该建筑物在重大火灾隐患判定的标准下不存在对应的隐患。

2. 作业标准未按企业内部规章程序制定的风险

企业在整体的经营运作中,应当合理、合规设置企业内部章程,对岗位设置、工作内容、作业方式等相关内容作出符合国家标准和规定的规章制度,详细具体地厘清工作中可能的危险和防范措施,并在作业过程中严格贯彻执行,确保员工作业标准按照企业制度制定和实施运行,降低作业过程中的职业风险。

3. 作业标准监督管理不完善的风险

为确保作业流程标准化，提升企业生产经营过程中作业的安全性，企业应当设立对应的作业标准监督体系，对相关岗位人员的现场标准化作业进行定期检查和不定期抽查。企业及各单位专业管理部门实施配套管理措施，定期对作业区等制定有作业标准的工作和岗位进行标准化作业检查、抽查，对相关情况进行监督落实并建立相应的管理记录。由企业管理部门牵头制定作业标准化建设评价标准，组织不同部门对各作业区作业标准的日常管理工作定期开展多次检查评价。

附录：企业组织架构管理相关合规要求

1.《中央企业合规管理办法》

2. 财政部、中国证券监督管理委员会、审计署、原中国银行业监督管理委员会、原中国保险监督管理委员会《关于印发〈企业内部控制基本规范〉的通知》（财会〔2008〕7号）

第三节　企业内控管理与合规风险

一、内控体系建立与合规

（一）合规管理

本部分的合规目标：企业尤其是国有企业应当根据国家法律法规和配套指引的要求，建立规范、完善的内部控制体系，确保按照管理制度化、制度流程化、流程信息化的要求，立足企业实际，以风险管理为导向，明确关键控制节点和控制要求，抓好内部控制建设的基础工作和关键环节。

（二）合规风险

1. 国有企业未落实“三重一大”决策制度的风险

国有控股企业须落实“三重一大”决策制度，“三重一大”事项，具体指重大决策、重大人事任免、重大项目安排和大额资金运作事项。关于“三重一大”的具体内容，可参见《关于进一步推进国有企业贯彻落实“三重一大”决策制度的意见》第3～6项。

“三重一大”决策制度适用于国有企业党委（党组）及董事会等企业内部

决策机构,并应遵循集体决策原则。根据《关于进一步推进国有企业贯彻落实“三重一大”决策制度的意见》之规定,对于“三重一大”事项决策机构应当以会议的形式作出集体决策,不得以个别征求意见等方式作出决策。

国有企业“三重一大”事项决策应当具备的基本程序主要包括论证征询、听取党委(党组)意见、决策会议前的提前准备、会议决策、会议记录及存档、决策后的报告与实施、回避与纠错。其中,“三重一大”决策制度下“三重一大”事项应先听取党委(党组)意见再进入董事会决策。《关于进一步推进国有企业贯彻落实“三重一大”决策制度的意见》明确要求,“三重一大”事项应事先与党委(党组)沟通,听取党委(党组)的意见,因此“三重一大”事项在进入董事会、经理层讨论前,先由党委(党委)研究讨论,未通过事项不能进入董事会、经理层被决策。“三重一大”事项未经听取党委会意见程序,直接进入党政联席会决策,可能违反“三重一大”决策制度。

企业有义务根据《关于进一步推进国有企业贯彻落实“三重一大”决策制度的意见》制定具体的实施办法,并报履行国有资产出资人职责的机构审查批准。

“三重一大”决策制度是纪检监察及人事考核的重点内容。《关于进一步推进国有企业贯彻落实“三重一大”决策制度的意见》明确要求,将“三重一大”决策制度的执行情况作为巡视、党风廉政建设责任制考核的重要内容和企业领导人员经济责任审计的重点事项。企业领导人员违反“三重一大”决策制度的,会被依照《国有企业领导人员廉洁从业若干规定》和相关法律法规给予相应的处理。

2. 未落实内部会计控制的风险

《会计法》专门提出了内部会计控制的要求,规定企业有义务保障会计的独立性并建立健全企业内部会计监督制度,并在第 27 条规定了会计监督制度应达到的要求。未落实内部会计控制,授意、指使、强令会计机构、会计人员伪造、变造会计凭证、会计账簿和其他会计资料,提供虚假财务会计报告,可能被处行政罚款;而授意、指使、强令会计机构、会计人员隐匿、故意销毁依法应当保存的会计凭证、会计账簿或财务会计报告,涉及金额在 50 万元以上或依法负有提交会计凭证、会计账簿或财务会计报告义务的,还可能构成《刑法》第 162 条之一的隐匿、故意销毁会计凭证、会计账簿、财务会计报告罪,构成该罪最高可被判处 5 年有期徒刑并处 20 万元罚金;该罪可成立单位犯罪，构成单位犯罪时，对单位判处罚金并可对直接负责的主管人员和其他责任人员处以前述处罚。

3. 加强企业内部控制体系建设与监督工作

自 2008 年财政部、中国证监会、审计署、原中国银监会、原中国保监会联合发布《企业内部控制基本规范》以来，国资委陆续发布《关于加快构建中央企业内部控制体系有关事项的通知》《关于加强中央企业内部控制体系建设与监督工作的实施意见》《关于加强中央企业资金内部控制管理有关事项的通知》等文件，要求在中央企业中建立健全内部控制。内控的具体要求可参见《企业内部控制基本规范》第三章至第六章及相关的企业内部控制应用指引。

此外，根据《关于加强中央企业内部控制体系建设与监督工作的实施意见》等规范之意旨，应对以下部分予以重视：

(1)实行内部控制的领导责任制。《关于加强中央企业内部控制体系建设与监督工作的实施意见》《关于加快构建中央企业内部控制体系有关事项的通知》均要求企业主要领导人员作为内控工作第一责任人，负责组织领导建立、健全覆盖各业务领域、部门、岗位，涵盖各级子企业全面有效的内控体系，对内部控制有效执行负总责。

(2)改进投资管理、资金管理和工程项目、产权(资产)交易流转等业务领域各岗位的职责权限和审批程序。《关于加强中央企业内部控制体系建设与监督工作的实施意见》《关于加快构建中央企业内部控制体系有关事项的通知》《关于加强中央企业资金内部控制管理有关事项的通知》均要求企业在前述领域重要岗位加强授权管理和权力制衡，形成相互衔接、相互制衡、相互监督的内控体系工作机制。

(3)提高内控流程信息化，减少人为违规操控因素。《关于加强中央企业内部控制体系建设与监督工作的实施意见》《关于加强中央企业资金内部控制管理有关事项的通知》均要求企业提升内控体系信息化水平，逐步实现内控体系与业务信息系统互联互通、有机融合，将控制触发条件和控制标准、缺陷认定标准等内控要求嵌入信息系统，减少人为违规操控因素。

(4)加强内部控制的外部审计。《关于加强中央企业内部控制体系建设与监督工作的实施意见》提出发挥外部审计的专业性和独立性，企业可以委托外部审计机构对部分子企业内控体系有效性开展专项审计，出具内控体系审计报告,并要求内控体系监管不到位、风险事件和合规问题频发的企业必须聘请具有相应资质的社会中介机构进行审计评价。

二、内控体系评价与合规

(一)合规管理

本部分的合规目标:首先,确保内控测试与评价工作的程序合规、方法合理、评价结果客观、整改建议可行;其次,提升监督内部控制制度设计与执行的有效性,保证内部审计独立性,促进构建完善的内部控制体系。

(二)合规风险

本部分的主要合规风险是未保障内部审计独立性的风险。国家机关、事业单位、社会团体等单位的内部审计机构或者履行内部审计职责的内设机构应当根据审计署《关于内部审计工作的规定》,企业有义务开展内部审计并保障内部审计的独立性,主要包括:(1)组织结构上的独立性保障。国有企业内部审计机构或者履行内部审计职责的内设机构应当在企业党组织、董事会(或者主要负责人)直接领导下开展内部审计工作,向其负责并报告工作。国有企业应当按照有关规定建立总审计师制度。(2)内部审计人员独立性约束和保护制度。内部审计人员必须遵守内部审计规范和职业道德规范,不得参与可能影响独立、客观履行审计职责的工作,且在遭受打击、报复、陷害时,单位党组织、董事会(或者主要负责人)应当及时采取保护措施,并对相关责任人员进行处理。

附录:内控管理相关合规要求

1.《会计法》(2017 年修订)

2.《企业国有资产法》

3. 中共中央办公厅、国务院办公厅《印发〈关于进一步推进国有企业贯彻落实"三重一大"决策制度的意见〉》(中办发〔2010〕17 号)

4. 审计署《关于内部审计工作的规定》

5. 国务院国有资产监督管理委员会《关于加强中央企业资金内部控制管理有关事项的通知》(国资发监督〔2021〕19 号)

6. 国务院国有资产监督管理委员会《关于印发〈关于深化中央企业内部审计监督工作的实施意见〉的通知》(国资发监督规〔2020〕60 号)

7. 国务院国有资产监督管理委员会《关于印发〈关于加强中央企业内部控制体系建设与监督工作的实施意见〉的通知》(国资发监督规〔2019〕101 号)
8. 国务院国有资产监督管理委员会、财政部《关于加快构建中央企业内部控制体系有关事项的通知》(国资发评价〔2012〕68 号)
9. 财政部、中国证券监督管理委员会、审计署、原中国银行业监督管理委员会、原中国保险监督管理委员会《关于印发企业内部控制配套指引的通知》(财会〔2010〕11 号)
10. 财政部、中国证监会、审计署、原中国银行业监督管理委员会、原中国保险监督管理委员会《关于印发〈企业内部控制基本规范〉的通知》(财会〔2008〕7 号)

第四节　企业内部监督管理与合规风险

一、监督计划管理与合规

(一)合规管理

本部分的合规目标:确保制订完善的内部监督计划,设置科学、合理的组织架构,明确职责分工,坚持内部监督的客观公正性,以避免道德风险。

(二)合规风险

本部分的主要合规风险是未建立内部监督制度的风险。企业应当根据《企业内部控制基本规范》及其配套办法,制定内部控制监督制度,明确内部审计机构(或经授权的其他监督机构)和其他内部机构在内部监督中的职责权限,规范内部监督的程序、方法和要求。

二、监督工作管理与合规

(一)合规管理

本部分的合规目标:首先,确保内部监督程序、内部监督方法符合有关行业标准和企业内部规章制度的要求,监督部门充分履行监督职能;其次,保持内部监督部门及其专业判断的独立性和客观性,使监督团队的业务技能和监督质量满足内部监督业务的需求。

(二)合规风险

1. 未履行内部监督职责,构成国有企业人员失职罪的风险

国家机关工作人员玩忽职守,履行内部监督职责严重失职,致使公共财

产、国家和人民利益遭受重大损失的,可能构成国有企业人员失职罪。根据最高人民法院《关于如何认定国有控股、参股股份有限公司中的国有公司、企业人员的解释》的规定,“国有公司、企业委派到国有控股、参股公司从事公务的人员,以国有公司、企业人员论”。其中,从事公务特指代表国家机关、国有公司等履行组织、领导、监督、管理等职责。通常而言,代表投资主体行使监督、管理职权的人员属于前述从事公务的国有公司、企业人员。不过,不具备职权内容的劳务活动、技术服务工作,如销售人员、研究人员等所从事的工作,一般不认为是公务。根据最高人民检察院、公安部《关于公安机关管辖的刑事案件立案追诉标准的规定(二)》的规定,前述国有公司人员因未履行内部监督职责,造成:(1)直接经济损失数额在50万元以上;(2)公司破产、停业、停产一年以上,或者被吊销许可证或营业执照、责令关闭、撤销、解散的,即可能构成国有公司人员失职罪,最高可被判处7年有期徒刑。

2. 未履行内部监督职责,对职工签订的合同承担民事责任的风险

根据最高人民法院《关于在审理经济纠纷案件中涉及经济犯罪嫌疑若干问题的规定》第3条的规定:“单位直接负责的主管人员和其他直接责任人员,以该单位的名义对外签订经济合同,将取得的财物部分或全部占为己有构成犯罪的,除依法追究行为人的刑事责任外,该单位对行为人因签订、履行该经济合同造成的后果,依法应当承担民事责任。”因此,企业未履行内部监督和风险控制职责,职工以单位的名义对外签订经济合同、将取得的财物部分或全部占为己有构成犯罪的,企业(单位)的失职行为与该职工因签订、履行合同造成的后果存在因果关系,企业(单位)可能需要承担民事责任。

附录:内部监督管理相关合规要求

1.《刑法》(2020年修正)

2.《企业国有资产法》

3.《企业国有资产监督管理暂行条例》(2019年修订)

4. 国务院办公厅《关于加强和改进企业国有资产监督防止国有资产流失的意见》(国办发〔2015〕79号)

5. 国务院国有资产监督管理委员会《关于印发〈关于深化中央企业内部审计监督工作的实施意见〉的通知》(国资发监督规〔2020〕60号)
6. 国务院国有资产监督管理委员会《关于印发〈关于加强中央企业内部控制体系建设与监督工作的实施意见〉的通知》(国资发监督规〔2019〕101号)
7. 财政部、中国证券监督管理委员会、审计署、原中国银行业监督管理委员会、原中国保险监督管理委员会《关于印发〈企业内部控制基本规范〉的通知》(财会〔2008〕7号)

◇ 第五节　企业党群工作管理与合规风险

一、纪检监察管理与合规

(一)合规管理

本部分的合规目标:预防和遏制违法违纪违规行为的发生,确保及时查处企业内部违法违规违纪行为,公正、客观地受理和调查违法违纪违规行为,追究相关人员责任,确保案件处理程序符合党纪国法的规定,避免、减少和挽回企业经济损失,维护企业声誉和良好社会形象。

(二)合规风险

1. 国有企业公务人员违反廉洁规定,构成刑事犯罪的风险

特别提示以下几点:

(1)贪污罪量刑的特别提示。贪污数额特别巨大,并使国家和人民利益遭受特别重大损失的,处无期徒刑或者死刑,并处没收财产。被判处死刑缓期执行的,依法减为无期徒刑后,终身监禁,不得减刑、假释。

(2)受贿罪中"财物""为他人谋取利益""故意"认定的特别提示。"财物",包括需要支付货币的其他利益,如会员服务、旅游等。"为他人谋取利益"包括:实际或者承诺为他人谋取利益的;明知他人有具体请托事项的;履职时未被请托,但事后基于该履职事由收受他人财物的。特定关系人索取、收受他人财物,国有企业公务人员知道后未退还或者上交的,应当认定国有企业公务人员具有受贿故意。

(3)国有企业公务人员出于贪污、受贿的故意,非法占有公共财物、收受他人财物之后,将赃款赃物用于单位公务支出或者社会捐赠的,不影响贪污罪、受贿罪的认定,但量刑时可以酌情考虑。

2. 国有企业领导班子、领导干部在党风廉政建设中违反或者未能正确履行职责的风险

领导班子、领导干部在党风廉政建设中违反或者未能正确履行职责的,应当追究责任,责任追究从批评教育、诫勉谈话、书面检查到党纪政纪处分,或者给予调整职务、责令辞职、免职和降职等组织处理。

3. 国有企业领导人违反廉洁从业行为规范的风险

国有企业领导人员违反廉洁从业行为规范的,应当承担责任;责任承担从警示谈话、调离岗位到降职、免职处理。如果其中有共产党员的,依照《中国共产党纪律处分条例》给予相应的党纪处分。涉嫌犯罪的,依法移送司法机关处理。

4. 国有企业中的党员违反党风廉政规定的风险

国有企业中的党员违反廉洁纪律的,可能会受到纪律处分和政务处分。

5. 纪委案件处理超过职权和专业范围的风险

纪委职责主要为履行全面从严治党监督责任,协助党委开展党风廉政建设和反腐败工作,依据《中国共产党纪律处分条例》,对党员涉及违反政治纪律、组织纪律、廉洁纪律、群众纪律、工作纪律、生活纪律的行为进行调查和处分。超出此范围,可能超出其职权范围和能力范围。

二、效能监察管理与合规

(一)合规管理

本部分的合规目标:确保企业,特别是国有企业符合效能监察相关规定;定期对各部门开展效能监察实施情况考核并生成报告;相关监察人员应当认真履行监察职责。

(二)合规风险

1. 效能监察对象妨碍效能监察,存在被给予纪律处分或涉嫌刑事犯罪的风险

被检查的经营管理者及其所在部门(单位)有下列情形之一的,所在企业可能将按人事管理权限对直接责任人和其主管负责人给予相应的纪律处分,涉嫌犯罪的,依法移送司法机关处理:(1)拒不执行监察决定,或者无正当理由拒不采纳监察建议的;(2)阻挠、拒绝监察人员依法行使职权的;(3)拒绝提供相关文件、资料和证明材料的;(4)隐瞒事实真相、出具伪证,或

者隐匿、毁灭证据的;(5)利用职权包庇违法违规违纪行为的。

2. 监察人员不认真履行监察职责,存在被给予纪律处分或涉嫌刑事犯罪的风险

监察人员有下列情形之一的,由所在企业根据情节给予相应的纪律处分,涉嫌犯罪的,依法移送司法机关处理:(1)玩忽职守,造成恶劣影响和严重后果的;(2)利用职权为自己或他人谋取私利的;(3)利用职权包庇或者陷害他人的;(4)滥用职权侵犯他人民主权利、人身权利和财产权利的;(5)泄露企业商业秘密的。

3. 违反效能监察相关规定,被给予监察处分决定的风险

以下事项,违反效能监察相关规定,可能会被给予监察处分决定:(1)违反国家法律法规和企业管理制度,按照人事管理权限应当给予相关责任人纪律处分的;(2)不按规定追缴违法所得,或者不按规定退赔不当得利的;(3)已经给企业或员工合法权益造成损害,未采取补救措施的。

三、职工代表大会管理与合规

(一)合规管理

本部分的合规目标:首先,定期协助相关部门完成《职代会材料草案》的起草与修订工作;其次,定期组织职工代表大会的召开,重视职工代表大会的意见和建议,重大事项需向职工代表大会报告,重大决定应由职工代表大会审议通过后实施。

(二)合规风险

1. 有关事项未听取职工代表大会的建议的风险

职工代表大会有权对企业生产经营重大决策进行审议并提出意见和建议。通常而言,这类事项包括:(1)企业主要负责人关于企业发展规划、年度生产经营管理的情况;(2)企业改革和制定重要规章制度情况;(3)企业用工、劳动合同和集体合同签订履行情况;(4)企业安全生产情况;(5)企业缴纳社会保险费和住房公积金情况等报告;(6)企业制定、修改或者决定的有关劳动报酬、工作时间、休息休假、劳动安全卫生、保险福利、职工培训、劳动纪律,以及劳动定额管理等直接涉及劳动者切身利益的规章制度或者重大事项方案。在国有控股企业中,职工代表大会有权:(1)听取和审议企业经营管理主要负责人关于企业投资和重大技术改造、财务预决算、企业业务招

待费使用等情况的报告,专业技术职称的评聘、公积金的使用、企业的改制等方案,并提出意见和建议;(2)审议通过企业合并、分立、改制、解散、破产实施方案中职工的裁减、分流和安置方案。根据《劳动合同法》第4条的规定,并参考"李某等诉上海市对外服务有限公司劳动合同纠纷案"[1]的裁判要旨,用人单位制定和修改重大规章制度需要经过职工代表大会讨论听取意见,否则可能构成程序违法,对劳动者不具约束力。

2. 有关事项未经职工代表大会公开的风险

以下事项应当经职工代表大会公开:企业负责人履职待遇、业务支出管理制度、年度预算及执行情况;此外,根据《安全生产法》的规定,重大事故隐患排查治理情况也应当通过职工代表大会公开。

3. 有关事项未向职工代表大会报告的风险

贯彻中央关于企业重大决策、重要人事任免、重大项目安排和大额度资金运作"三重一大"事项决策制度的执行情况,企业领导人员廉洁从业情况、涉及职工切身利益的重大事项的决策及执行情况、重要规章制度的制定及执行情况、实行厂务公开情况等,是职工代表大会民主评议的重要内容。另外,高技能人才培养规划的制定和实施情况,作为企业经营管理者业绩考核的内容之一,也应当定期向职工代表大会报告。

4. 有关事项未经职工代表大会审议通过的风险

以下事项应当经职工代表大会审议通过:集体合同草案;企业改制涉及重新安置企业职工的,企业所制定的职工安置方案。根据《劳动合同法》第4条的规定,并参考"李某等诉上海市对外服务有限公司劳动合同纠纷案"的裁判要旨,对于前述事项,用人单位可能未经职工代表大会审议即决定可能构成程序违法,对劳动者不具约束力。

5. 妨碍职工代表大会开展工作,由人民政府责令改正的风险

妨碍工会组织职工通过职工代表大会和其他形式依法行使民主权利的,由县级以上人民政府责令改正。此外,依据《企业民主管理规定》的规定,职工代表在法定工作时间内依法参加职工代表大会及其组织的各项活动,企业不得阻挠和打击报复,因职工代表正常履行职责而解除劳动合同,可能构成违法解除劳动合同,导致企业须按经济补偿标准的二倍向劳动者

---

[1] 参见上海市第一中级人民法院民事判决书,(2014)沪一中民三(民)终字第329号。

支付赔偿金。

附录:党群工作管理相关合规要求

1.《刑法》(2020 年修正)

2.《公司法》(2018 年修正)

3.《劳动法》(2018 年修正)

4.《劳动合同法》(2012 年修正)

5.《工会法》(2021 年修正)

6.《企业国有资产法》

7.《企业国有资产监督管理暂行条例》(2019 年修订)

8. 国务院办公厅《关于进一步完善国有企业法人治理结构的指导意见》(国办发〔2017〕36 号)

9. 国务院国有资产监督管理委员会《关于印发〈中央企业效能监察暂行办法〉的通知》(国资发纪检〔2006〕139 号)

10. 国务院国有资产监督管理委员会办公厅《关于加强中央企业效能监察工作的意见》(国资厅发纪委〔2004〕12 号)

11.《中国共产党纪律处分条例》(2018 年修订)

12.《中国共产党章程》(2022 年修改)

13.《中国共产党党内监督条例》(2016 年修订)

14.《中国共产党廉洁自律准则》(2015 年修订)

15. 中共中央纪律检查委员会《关于印发〈违反《国有企业领导人员廉洁从业若干规定》行为适用《中国共产党纪律处分条例》的解释〉的通知》(中纪发〔2012〕3 号)

16. 中共中央、国务院《印发〈关于实行党风廉政建设责任制的规定〉的通知》(中发〔2010〕19 号)

17. 中共中央办公厅、国务院办公厅《印发关于进一步推进国有企业贯彻落实"三重一大"决策制度的意见》(中办发〔2010〕17 号)

18. 中共中央办公厅、国务院办公厅《关于印发〈国有企业领导人员廉洁从业若干规定〉的通知》(中办发〔2009〕26 号)

19. 中共中央组织部、国务院国有资产监督管理委员会党委《关于加强和改进中央企业党建工作的意见》

20. 国务院国有资产监督管理委员会《关于印发〈中央企业负责人履职待遇、业务支出管理办法〉的通知》(国资发分配〔2015〕5 号)

21.《企业民主管理规定》(总工发〔2012〕12号)
22. 中共中央纪律检查委员会、中共中央组织部、国务院国有资产监督管理委员会、原监察部、中华全国总工会、中华全国工商业联合会《关于进一步做好职工代表大会民主评议国有企业领导人员工作的意见》
23. 国务院国有资产监督管理委员会党委、国务院国有资产监督管理委员会《关于建立和完善中央企业职工代表大会制度的指导意见》(国资党委群工〔2007〕120号)
24. 中共中央办公厅、国务院办公厅《印发〈关于进一步加强高技能人才工作的意见〉的通知》(中办发〔2006〕15号)
25. 中华全国总工会办公厅《关于规范召开企业职工代表大会的意见》(总工办发〔2011〕53号)

第六节　企业战略管理与合规风险

一、战略的制定、审议管理与合规

(一)合规管理

本部分的合规目标:首先,确保战略规划符合国家法律、法规和企业内部规章制度的要求;其次,对于国企等企业来说,企业应当设置相应部门负责战略信息收集、战略规划和编制,降低战略规划违反国家政策要求的风险。

(二)合规风险

1. 企业整体战略规划违反法律规定的风险

根据《中央企业发展战略和规划管理办法(试行)》的规定,由国务院国资委履行出资人职责的企业(以下简称企业)要明确负责发展战略和规划编制的工作机构,建立相应的工作制度并报国务院国资委备案。企业发展战略和规划应当包括下列主要内容:(1)现状与发展环境,包括企业基本情况、发展环境分析和竞争力分析等;(2)发展战略与指导思想;(3)发展目标;(4)3年发展、调整重点与实施计划;(5)规划实施的保障措施;(6)需要包括的其他内容。国有独资企业应当根据国务院国资委的审核意见,对企业发展战略和规划进行修订,国有控股、国有参股企业中由国务院国资委派出的股东代表、董事,应当在企业股东会或董事会上充分表述国务院国资委对企业发展战略和规划的审核意见。

2. 国有企业战略的编制与审批违反"三重一大"决策制度的风险

国有企业战略属于《关于进一步推进国有企业贯彻落实"三重一大"决策制度的意见》规定的重大事项，依法应当依照"三重一大"决策制度进行决策。国有企业"三重一大"事项决策应当具备的基本程序主要包括论证征询、听取党委（党组）意见、决策会议前的提前准备、会议决策、会议记录及存档、决策后的报告与实施、回避与纠错。其中，应当注意对于"三重一大"事项不得以个别征求意见等方式作出决策，且"三重一大"事项应先听取党委（党组）意见再进入董事会决策。企业领导人员违反"三重一大"决策制度的，属于《国有企业领导人员廉洁从业若干规定》中的违反决策程序决定企业生产经营的重大决策，可能受到警示谈话、调离岗位、降职、免职处理。

3. 职能战略编制的内容超出权限的风险

如职能战略的内容涉及《公司法》中股东会、董事会的职权范围内的事项，则应依照前述程序依公司股东会、董事会会议决议的方式作出，否则，其行为将构成无权代理。

二、战略的分解、落实管理与合规

（一）合规管理

本部分的合规目标：首先，确保将发展战略分解，制订实施计划，明确责任部门及各项规划目标的完成时间，依据发展规划以及实施计划、制订年度经营计划。其次，重视发展战略的宣传工作，通过内部各层级会议和教育培训等方式，将发展战略及其分解落实情况传递到内部各管理层级和全体员工，以实现企业的最终战略目标。

（二）合规风险

本部分的主要合规风险是董事、监事、高级管理人员未妥善执行公司战略造成公司损失构成违反勤勉义务的风险。如果公司的董事、监事、高级管理人员在经营管理过程中，未能尽到社会一般的诚实、勤勉而具有相当经验之人所应具备的注意，未妥善执行公司战略，造成公司财产损失，属于违反勤勉义务，公司可依据《公司法》第 149 条的规定，请求董事、监事、高级管理人员赔偿损失。不过，法院不会仅因事后的董事、高级管理人员未妥善执行公司战略造成公司损失这一结果即判断董事、监事、高级管理人员违反勤勉义务。通常而言，司法实践中在判断董事、监事、高级管理人员是否违反勤勉义务时，会具体考虑四个方面的因素：

(1)经营判断是否另有所图，而非出于公司利益。在"湖北恩施铁连物资贸易有限公司诉张某等损害公司利益责任纠纷案"[1]中，判决指出，审查董事的行为是否违反的勤勉义务的重点是行为是否出于善意，为了公司的根本利益而非个人利益，且尽到了一般普通人应具有的审慎注意义务。

(2)在经营判断的过程中，是否诚实、合理地进行信息收集与调查分析。在"慈溪富盛化纤有限公司等诉施某平损害股东利益责任纠纷案"中，[2]法院判决指出，董事、监事、高级管理人员必须像一个正常谨慎之人在类似处境下应有的谨慎那样履行义务，为实现公司的最大利益努力工作。因此，管理者在作出某一经营判断前，应当收集足够的信息，诚实而且有正当的理由相信该判断符合公司的最佳利益。

(3)经营判断是基于恶意所作出的。在"衡阳市南东有色金属有限公司与湖南安化渣滓溪矿业有限公司、溆浦县华能矿业有限公司侵害股东利益责任纠纷案"中，[3]法院认为，董事对公司事务具有独立的决定权，有权依照其对公司经营状况的判断独立作出相应的经营决策选择，只要该经营决策没有故意损害其他人的合法权益，即使该经营决策事后被证明对公司造成了损害，董事的该种基于公司经营状况作出商业决策的权利也应受到法律的保护，而无须承担责任。

(4)参与作出决定的人员与经营判断决定具有重大利益冲突。在"宫某等与孙某等公司利益责任纠纷上诉案"中，[4]判决指出，如果作出商业判断的董事与作出判断的内容没有利害关系，有正当理由相信其在当时情形下掌握的有关商业判断信息充分、妥当、可靠，其商业判断符合公司的最佳利益的，就应当认定为忠实、勤勉地履行了义务。

---

[1] 参见湖北省恩施土家族苗族自治州中级人民法院民事判决书，(2015)鄂恩施中民终字第00457号。

[2] 参见浙江省慈溪市人民法院民事判决书，(2007)慈民二初字第519号。

[3] 参见湖南省高级人民法院民事判决书，(2014)湘高法民二终字第73号。

[4] 参见安徽省合肥市中级人民法院民事判决书，(2017)皖01民终7360号。

三、战略的监控、调整管理与合规

（一）合规管理

本部分的合规目标：定期分析评估企业战略的执行情况，根据外部经济环境以及内部生产经营实际情况进行必要的调整，注重战略调整过程中的程序、权限等合规要求，避免企业发展战略因主观原因频繁变更，导致资源浪费。

（二）合规风险

1. 公司整体战略调整程序违反章程规定的风险

股东会有权对公司战略规划作出决定，党委会有权参与公司的发展战略的决策，董事会有权拟定公司战略规划，因而，公司整体战略调整须时由公司党委会参与决策，并以董事会、股东会决议的形式做出。

2. 企业战略的调整违反“三重一大”决策制度的风险

企业战略属于《关于进一步推进国有企业贯彻落实“三重一大”决策制度的意见》规定的重大事项，调整企业战略依法应当依照“三重一大”决策制度进行决策。

3. 职能战略调整内容超出权限的风险

如职能战略调整的内容涉及《公司法》中股东会、董事会的职权范围内的事项，则应依公司股东会、董事会决议的方式作出，否则，其行为将构成无权代理。

附录：企业战略管理相关合规要求

1.《公司法》（2018 年修正）
2. 中共中央办公厅、国务院办公厅《印发〈关于进一步推进国有企业贯彻落实“三重一大”决策制度的意见〉》（中办发〔2010〕17 号）
3. 中共中央办公厅、国务院办公厅《关于印发〈国有企业领导人员廉洁从业若干规定〉的通知》（中办发〔2009〕26 号）

第三章 企业财务层面潜在合规风险类型

第一节 企业预算管理与合规风险

一、全面预算编制与合规

（一）合规管理

本部分的合规目标：首先，确保预算编制与审批工作和程序符合企业的相关规章制度的要求；企业全面预算应当按照《公司法》等相关法律法规及企业章程的规定报经审议批准。其次，明确规范审批权限范围和流程，对重大不确定性因素进行说明，避免可能造成的企业资源浪费和管理效率低下。

（二）合规风险

1. 企业预算编制与调整程序违反公司章程的风险

年度财务预算方案属董事会拟定、股东会决定之事项，因此公司年度预算方案程序上可能需要分别以董事会会议、股东会会议决议之方式作成，超越公司章程所规定的权限制定的年度预算方案将构成无权代理。

2. 预算编制不符合编制依据、程序的风险

各预算责任部门应当依照预算编制依据编制预算，年度预算应依照规定程序编制与审批。

3. 未对重大不确定性因素进行说明的风险

预算编制情况说明应该对可能影响预算实现的重大不确定性因素等进

行详细说明。未对重大不确定因素进行详细说明,可能影响后续对预算的调整。

二、预算执行、调整与合规

(一)合规管理

本部分的合规目标:首先,确保预算调整和执行符合企业内部规章制度的要求,预算指标分解落实到内部各部门、各环节和各岗位。其次,明确规定预算执行责任主体、预算资金支出的审批要求、预算执行情况的报告与预警机制等预算执行、调整的相关要求,确保预算得到严格执行。

(二)合规风险

1. 未执行预算的风险

年度预算一经批复下达,即具指令性,各预算责任部门必须组织实施。无预算或审批手续不全的支出,不得申请支付,财务部门不予支付。

2. 销售费用、管理费用和投资支出预超出年度预算的风险

对于销售费用、管理费用和投资支出预算,建议企业控制在年度预算下达指标范围内,不得超支。

3. 预算分析或执行偏差过大的风险

企业可以对预算执行偏差超过一定比例的部门和事项,制定相应的控制、问责或考核措施。

4. 预算未及时调整的风险

可能影响预算实现的重大不确定性因素出现时,有关部门应当提出预算调整申请。

附录:全面预算管理相关合规要求

《企业内部控制应用指引第15号——全面预算》(财会〔2010〕11号)

◇ 第二节 企业资金管理与合规风险

一、资金计划管理与合规

(一)合规管理

本部分的合规目标:首先,确保企业根据经营计划与筹资投资计划,编制资金预算计划。其次,企业应当严格执行资金预算,所有资金收付业务必须经财务部及相关负责人审核,资金的使用、调拨必须严格执行授权审批规定。

(二)合规风险

1. 未按要求提报资金计划的风险

预算编制应符合企业的规定。建议企业应当确定资金预算的责任主体,确定资金预算编制的职责与问责机制。

2. 未执行或未完全执行资金计划的风险

建议企业对资金预算执行值与预算值存在较大偏差的情况,明确处理措施。例如,要求进行分析说明或进行企业内部问责与考核。

二、收款管理与合规

(一)合规管理

本部分的合规目标:首先,做好收款管理,防范以债顶账、以物顶账等合规风险,加速资金回笼,提高资金周转率。其次,保证银行收款的合规性,整合支票、汇票等票据信息,确保收付款数据的记录和披露符合相关程序及要求,减少坏账损失,防范财务危机。

(二)合规风险

1. 以债权顶账的风险

当双方达成合意以债权顶账时,视乎合同的具体内容和交易习惯并结合诚信原则,该顶账之合意可能属于债权转让、第三人代为履行或合意抵销。应当注意,根据"无锡盛业海港股份有限公司诉国民信托有限公司合同纠纷案"[1]的裁判要旨,法院会根据合同条款所使用的词句,结合相关条款的内容、合同的性质和目的,以及交易习惯、诚实信用原则对合同条款进行实质性地解释,因此,具体选择何种方式,企业应在合同中作出清楚明白的约定。关于债权转让、第三人代为履行或债务抵消所涉的风险有所不同,具体而言:

(1)债权转让中的风险。通过债权转让顶账,即将对第三人所享有的债权,例如,应收账款、借款、第三人的货物给付义务转让给相对人,借此清偿对相对人所负约定范围内之债务或作为约定范围内的对价。在债权转让的情形中,企业应注意以下几点:

第一,确保主债权可以转让,根据《民法典》第545条的规定,原则上可以转让的债权都可以转让,不过对于根据债权性质不得转让、按照当事人约定不得转让、依照法律规定不得转让的债权,不得转让。其中,对于约定不得转让的债权,就非金钱债权而言,如果债权人与债务人约定不得转让,仅在受让人属善意时方可取得债权;就金钱债权而言,受让人取得债权原则上不受债权人与债务人间不得转让约定的限制。因此,企业在顶账时应确认主债权可以转让,否则,在企业欲通过顶账受让债权时可能无法取得债权,在企业通过顶账清偿债务时可能构成违约。

第二,检视从权利是否可一并转让。债权的从权利,是指与主债权相联系的,但自身并不能独立存在的权利。例如,通过抵押合同设定的抵押权、质押合同设定的质权、保证合同设定的保证债权、定金合同设定的定金债权等,都属于由主债权的从合同设定的从权利。违约金债权、损害赔偿请求权、留置权、债权解除权、债权人撤销权、债权人代位权等,则属于由主债权或者依照法律的规定产生的债权的从权利。通常而言,债权的从权利作为债权的一部分内容,债权人转让其债权的,附属于主债权的从权利也一并由受让人取得。即通常情况下,客户享有的从权利将一并转让,但是,如果债权的从权利是专属于债权人的权利,则不会发生同时转移的效果。此外,根据《民法典》第696条及最高人民法院《关于适用〈中华人民共和国民法典〉有关担保制度的解释》第39条的规定,对于保证或担保物权,如果债权人与担保人间有特别约定禁止转让,亦不会发生同时转移的效果。因此,企业在

[1] 参见北京市东城区人民法院民事判决书,(2019)京0101民初4729号。

顶账时应确认从权利可否一并转让,否则,在企业通过顶账受让债权时可能无法取得相应从权利,在企业通过顶账清偿债务时可能构成违约。

第三,及时通知债务人及保证人,根据《民法典》第546条及第696条的规定,债权转让时,应当通知债务人或保证人,否则对债务人或保证人不发生效力。尽管现行规范并未明确规定由受让人通知债务人及保证人的效力,但根据"重庆港务物流集团实业有限公司与重庆冶金轧钢厂金融不良债权追偿纠纷再审案"[1]的裁判要旨,原则上受让人之通知满足要求,但通知之内容必须令债务人或保证人"可以确认债权转让行为真实性"。此外,尽管前述案例亦肯定债权受让人可事后以起诉方式通知保证人债权转让事实,但这并不意味着债权受让人可一直拖延至最后起诉保证人。因为保证或担保物权还受担保期间的影响。因此,为避免不必要的风险,无论是企业通过顶账受让债权还是通过顶账清偿债务,应尽可能及时通知债务人及保证人。

第四,构成债权债务概括转让或构成债务加入的风险。在某些情况下,债权人与债务人可能互负债务,如果债权债务转让合同中载有表明企业欲同时承担相对人债务的条款,可能被视为债权债务的概括转让,或者被解释为企业欲加入与相对人共同承担债务。因此,如企业仅欲受让债权或清偿债务,不欲概括承受客户的债权债务或加入客户与其债务人间的债权债务关系,应当在债权债务转让合同中清楚明白地作出约定。

第五,检视债权上可能存在的抗辩事由,根据《民法典》第548条的规定,即使受让人取得债权,债务人对债权人的抗辩仍可适用于受让人。债务人可能享有多种类型的抗辩,例如,不可抗力、诉讼时效届满等法定抗辩事由,债务人撤销权等在实际订立合同以后发生的债务人可据以对抗原债权人的事由,或者因原债权人的违约或作出免责的意思表示等原债权人的行为引起的债务人的抗辩权,以及债务人已经对原债权人清偿债务等债务人的行为所产生的可以对抗原债权人的抗辩事由。因此,企业在顶账时应确认债权上的抗辩,否则,在企业通过顶账受让债权时可能受到债务人抗辩的影响,在企业通过顶账清偿债务时可能构成违约。

(2)第三人代为履行的风险。通过第三人代为履行顶账,即约定由第三

---

〔1〕 参见最高人民法院民事裁定书,(2016)最高法民申3020号。

人提供给付，借此清偿其对相对人所负约定范围内之债务或作为约定范围内的对价。应当注意的是，合同具有相对性，债权人只能向债务人主张权利，一旦发生违约情事，债权人原则上也只能向债务人主张违约责任。即在构成第三人代为履行的情况下，债权人原则上仅能够向债务人主张违约责任，无法直接向第三人主张权利。在“宁夏金泰实业有限公司与宁夏基荣实业发展有限公司联营合同纠纷上诉案”[1]中，判决指出，合同中约定了由第三人代为履行部分债务，但并没有将原债务全部转让的情况下，第三人代为履行债务并没有实质变更原合同债权债务关系的主体地位。当债务不能完全得到履行时，债权人仍然只能基于原债权债务关系向原债务人请求实现债权。因此，在通过第三人代为履行顶账时，如企业接受第三人履行，应注意第三人不属合同相对人，无法直接向其主张权利的风险，如企业通过第三人代为清偿债务，应确保第三人依照合同履行义务，第三人未履行义务或未完全履行，企业仍然构成违约。

（3）合意抵销的风险。双方互负债务时，可通过合意抵销顶账，即与相对人达成合意，各以其约定范围内的债权充当债务的清偿，而使其债务与对方的债务在约定金额内相互消灭。由于法律原则上不对合意抵销的债务性质、履行期限、抵销程序做限制，因此企业与相对人合意抵销时，应当自行注意并审查双方的债务性质、履行期限并根据需要约定抵销程序。

2. 以物顶账的风险

双方达成合意以物顶账，属于对债之履行标的的变更或附条件变更，即双方变更、补充了原买卖合同的内容或达成了新的合同，约定给付特定的物，借此清偿其对相对人所负约定范围内之债务或作为约定范围内的对价。通常情况下，在债务清偿期届满后，或在买卖合同订立时直接加入以物顶账的约定，属于意思自治的范围，企业自行注意并审查双方的债务性质、履行期限等即可。不过，在债务清偿期届满前达成的以物顶账约定，可能被部分法院视为流抵契约，依照《民法典》第401条的规定，债权人无法于清偿期届满时直接取得约定物的所有权，仅可就约定物优先受偿。例如，在“广西嘉美房地产开发有限责任公司与杨某鹏民间借贷纠纷再审案”[2]中，判决即认

〔1〕参见最高人民法院民事判决书，（2005）民二终字第35号。
〔2〕参见最高人民法院民事判决书，（2013）民提字第135号。

为当事人在债务清偿期届满前达成的以物抵债协议构成非典型的担保，债权人依照合同约定请求直接获得所有权，违反了禁止流抵的原则，因此不得直接请求取得所有权。不过，亦有最高人民法院判决持相反观点，认为债务清偿期限届满前，债务人与债权人对某特定物进行协商作价，达成如到期不能清偿债务，则以相当价值的该标的物抵销债务的以物抵债协议，不属流质契约，合法有效。

3. 通过顶账清偿债务的涉税风险

根据《企业所得税法》及《增值税暂行条例》之规定，公司通过以货物顶账清偿债务，应被视为销售货物与清偿债务两个行为，其中，因涉及货物销售，企业可能同时产生企业所得税纳税义务与增值税纳税义务，因此，在企业通过以货物顶账清偿债务时，应确保及时按税法规定确认收入或计征增值税销项税额，否则可能被税收执法机关认定为偷税追缴税款并处以行政处罚。

4. 未及时按规定送存现金并及时入账的风险

根据《现金管理暂行条例》《现金管理暂行条例实施细则》的规定，开户单位收入的现金，一般应于当日送存银行，当日送存确有困难的，由开户银行确定送存时间，此外，单位的现金收入不得以个人储蓄方式存入，根据《现金管理暂行条例实施细则》的规定，将单位的现金收入以个人储蓄方式存入可能导致企业被处以罚款。

5. 歧视非现金结算的风险

根据《现金管理暂行条例》及《现金管理暂行条例实施细则》的规定，公司在销售活动中不得对现金结算给予比转账结算优惠待遇或只收现金拒收支票、银行汇票、本票。根据《现金管理暂行条例实施细则》的规定，违反前述规定可能导致企业被处以罚款。

6. 支票欠缺必要记载事项或载有有害记载事项的风险

依照《票据法》的规定，支票的必要记载事项包括以下 6 项：(1) 表明"支票"的字样，即表明该票据为支票种类，而非本票或者是汇票；(2) 无条件支付的委托，通常不一定要一模一样记载前述几个字，只要表明委托付款人付款是无条件的即可；(3) 确定的支票的金额；(4) 付款人的名称，应当注意，支票的付款人只可能是银行或者其他金融机构；(5) 出票日期；(6) 出票人的签章。欠缺必要记载事项的票据属无效票据。其中，根据《票据法》第 85 条的规定，支票于出票之时，可以不记载金额，而由出票人授权持票人补记。因此，原则上出票人可以签发未记载支票金额的支票，但是持票人在提示付款之时必须要在出票人授权范围内进行补记。此外，对于法定的必要记载事项，不得对其做出意思相悖的记载，常见的有害记载事项即拒绝无条件支付的委托的记载内容，例如，载有“非经出票人同意，付款人不得付款”等内容，该类记载属有害记载事项，将导致相应票据无效。当企业受领的支票欠缺必要记载事项或载有有害记载事项时，支票无效，因此企业无法行使票据权利，只能依循基础关系寻求相应救济。

7. 未及时提示付款（转账）的风险

根据《票据法》第 91 条的规定，公司取得支票后，应在开票之日起 10 日内向付款人提示付款，超出期限的，付款人可拒绝付款。因此，企业受领支票，应注意及时提示付款，否则相应银行或金融机构可能拒绝付款，造成企业须直接向出票人或前手追索。此外，根据《票据法》第 17 条的规定，持票人对支票出票人的权利，自出票日起 6 个月内不行使即消灭，如果企业未在 6 个月内向出票人请求付款，将造成企业丧失票据权利，只能依循基础关系寻求相应救济。

8. 背书不连续的风险

企业通过背书转让而受领支票的，根据《票据法》第 31 条的规定，背书的连续是证明持票人取得票据权利合法性的依据，以背书转让的票据，背书应当连续。参考“华夏银行股份有限公司济南分行诉中国农业银行南通市经济技术开发区支行和南通市蓝泽精细化工公司票据纠纷案”的裁判要旨[1]持票人对其持有的背书不连续的票据，未能举证证明其以其他合法方式取得票据的，不享有票据权利。因此，如果企业通过背书转让受领支票，应确保支票背书的连续性，否则除付款人可能拒绝付款外，如企业无法举证证明以合法方式取得票据，将造成企业丧失票据权利，只能依循基础关系寻求相应救济。

9. 支票因其他原因被拒绝付款的风险

除因超过票据权利时效或者因支票欠缺必要记载事项或载有有害记载

[1] 参见张金锁：《银行风险与规避法律实务应用全书》，中国法制出版社 2011 年版，第 153～155 页。

事项导致票据无效外,支票尚可能因其他原因被拒绝付款,例如,当出票人签发的支票金额超过其付款时在付款人处实有的存款金额时,其签发的支票属于空头支票,付款人可拒绝付款。此外,部分支票样式上可能设有"密码"一栏,尽管密码不属于《票据法》规定的必要记载事项,但付款人可能以未填写密码或密码不符为由拒绝付款。因此,企业应当注意,即使支票符合法定要件,仍存在被拒绝付款的可能,如被拒绝付款,应妥善保全相关说明并及时行使追索权。

10. 未及时依法行使追索权的风险

根据《票据法》的规定,支票被拒绝付款的情况下,持票人可向出票人、背书人或保证人行使追索权,但应注意以下问题:

(1)追索权的行使期限。根据《票据法》第 17 条的规定,票据权利的期限为:对支票出票人的权利,为自出票日起 6 个月;对前手的追索权,为自被拒绝承兑或者被拒绝付款之日起6 个月。超出期限而不行使的,票据权利消灭。

(2)提供被拒绝付款的有关证明。根据《票据法》第 62 条、第 65 条的规定,持票人行使追索权时,应当提供被拒绝付款的有关证明。持票人不能出示拒绝证明、退票理由书或者未按照规定期限提供其他合法证明的,丧失对其前手的追索权。因此,企业应在被拒绝付款时要求付款人出具拒绝证明并妥善保全,否则可能丧失对前手的追索权。

(3)及时书面通知的义务。根据《票据法》第 66 条、第 67 条的规定,持票人应当自收到被拒绝付款的有关证明之日起3 日内,将被拒绝事由书面通知其前手,且通知应当记明支票的主要记载事项,并说明该支票已被退票。尽管未及时通知不影响企业行使追索权,但因延期通知给其前手或者出票人造成损失的,前手或出票人可请求企业赔偿损失。

(4)行使追索权的范围。根据《票据法》第 70 条的规定,持票人行使追索权可以请求被追索人支付的金额和费用包括:①被拒绝付款的支票金额;②支票金额自到期日或者提示付款日起至清偿日止的利息;③取得有关拒绝证明和发出通知书的费用。

(5)提供相关票据和文书的义务。根据《票据法》第 70 条的规定,被追索人清偿债务时,持票人应当交出汇票和有关拒绝证明,并出具所收到利息和费用的收据。因此,企业应妥善保全相关票据及文书,并在被追索人清偿债务时及时提供相关票据及文书。

11. 远期支票的风险

目前交易中，常见记载实际签发票据日后之日期为发票日，通称“远期支票”。尽管《票据法》并未禁止远期支票，但企业作为持票人，须承担发票人在实际发票日后票据信用变动的风险。

12. 票据关系与基础关系分离的影响

通常而言，企业受领支票，在法律上有一定的原因，例如，企业与客户买卖货物，客户签发支票用以支付货款，此时企业与客户间的买卖关系即基础关系；同理，企业据买卖关系而取得的请求客户支付货款的权利即基础关系中的权利。应当注意的是，票据关系与基础关系原则上是分离的，因此，即使企业因超过期限或票据无效而丧失票据权利，仍可依循基础关系而寻求救济；同理，由于票据关系与票据关系分离，在通过诉讼等途径解决纠纷时可能造成适用法律与管辖法院方面的不同，企业应结合实际情况选择最为合适的请求权基础。

13. 汇票欠缺必要记载事项或载有有害记载事项的风险

依照《票据法》的规定，汇票的必要记载事项包括如下 7 项：(1)表明“汇票”的字样；(2)无条件支付的委托；(3)确定的金额；(4)付款人名称；(5)收款人名称；(6)出票日期；(7)出票人签章。欠缺必要记载事项的票据属无效票据。其中，应当注意的是，汇票与支票不同，汇票中的金额及收款人名称不可由出票人授权补记。此外，对于法定的必要记载事项，不得对其做出意思相悖的记载，该类记载属于有害记载事项，将导致相应票据无效。常见的有害记载事项即拒绝无条件支付的委托的记载内容，如载有“非经出票人同意，付款人不得付款”等内容。当企业受领的汇票欠缺必要记载事项或载有有害记载事项时，汇票无效，因此企业无法行使票据权利，只能依循基础关系寻求相应救济。

14. 未及时提示承兑的风险

对于定日付款或者出票后定期付款的汇票，企业可提示付款人承兑，不过，根据《票据法》第 39 条、第 40 条的规定，持票人应当自出票日起一个月内，且在汇票到期日前向付款人提示承兑。如果企业未按照前述规定期限提示承兑的，将丧失对前手的追索权。

15. 未及时提示付款的风险

根据《票据法》第 53 条的规定,对于见票即付的汇票,持票人应自出票日起一个月内向付款人提示付款;对于定日付款、出票后定期付款或者见票后定期付款的汇票,自到期日起 10 日内向承兑人提示付款。尽管依照《票据法》的规定企业原则上不会因迟延提示付款而丧失票据权利,但付款人或承兑人仍可能据此拒绝付款。此外,根据《票据法》第 17 条的规定,持票人对汇票出票人和承兑人的权利,自票据到期日起 2 年不行使即消灭,其中,对于见票即付的汇票,自出票日起 2 年不行使即消灭,如果企业未在相应期限内请求出票人或承兑人付款,将造成企业丧失票据权利,只能依循基础关系寻求相应救济。

16. 背书不连续的风险

企业通过背书转让而受领汇票的,应当注意背书的连续是证明持票人取得票据权利合法性的依据,背书不连续可能造成汇票被拒绝承兑或被拒绝付款,甚至导致企业丧失票据权利。

17. 汇票因其他原因被拒绝承兑或付款的风险

除因超过票据权利时效或者因支票欠缺必要记载事项或载有有害记载事项导致票据无效外,汇票尚可能因其他原因被拒绝承兑或被拒绝付款。例如,出票人与付款人之间的资金关系存在瑕疵,导致付款人拒绝承兑。因此,企业应当注意,即使汇票符合法定要件,仍存在被拒绝承兑或被拒绝付款的可能,如汇票被拒绝承兑或被拒绝付款,应妥善保全相关拒绝说明并及时行使追索权。

三、付款管理与合规

(一)合规管理

本部分的合规目标:首先,确保现金付款对象、范围、手续等付款内容满足国家法律法规规定及企业内部规章制度的要求。其次,票据汇款时应当审慎签发支票,规避债权顶账、以物顶账及相关涉税风险,确保付款业务真实完整地得到记录并恰当地反映于财务报告,保证账实相符。

(二)合规风险

1. 超出规定范围和限额使用现金付款的风险

根据《现金管理暂行条例》及《现金管理暂行条例实施细则》的规定,现金仅能在《现金管理暂行条例》第5条所规定的范围及限额内使用。

2. 坐支现金的风险

从企业的现金收入中直接支付现金，即属坐支现金，《现金管理暂行条例》和《现金管理暂行条例实施细则》均禁止坐支现金，且根据《现金管理暂行条例实施细则》的规定，违反前述规定可能导致企业被处以罚款。

3. 违规向个人银行结算账户付款的风险

根据《人民币银行结算账户管理办法》的规定，企业仅可在《人民币银行结算账户管理办法》第39条规定的范围内将单位款项转入个人银行结算账户，且超过5万元的，应向银行提供相应证明。企业违反前述规定，可能受到中国人民银行处罚。

4. 错误汇兑的风险

在通过银行汇兑付款的情况下，通常而言，因需要企业填写载有准确收款人相关信息的汇兑凭证而较少出现填写错误导致错误汇兑的情况，但仍可能存在将钱款汇到无权受款人的银行账户的情况。尽管原则上在无权受款人支取钱款前，钱款的实际所有人是银行，但司法实践中通常自实质角度来理解得利，而将无权受款人视作得利人。根据《民法典》第985条的规定，得利人没有法律根据取得不当利益的，受损失的人可以请求得利人返还取得的利益。因此，企业可依循不当得利返还请求权请求无权受款人返还相应款项。

不过，应当注意的是，不当得利返还请求权仅属普通债权，如果开户银行基于与无权受款人之间的合同约定或依照法律规定，将无权受款人账户内的钱款划扣，以实现其或第三人对无权受款人的债权，可能无法排除银行依照法律规定的强制执行。此外，部分判决亦否认开户银行或第三人属于不当得利人，例如，在“贵州汇益丰汽车贸易有限公司、贵州银行股份有限公司遵义红花岗支行不当得利纠纷再审案”[1]中，判决认为，汇款人和收款方之间的债权请求权，与收款方和银行间的债权，是相互独立的两个法律关系，银行的划扣行为与汇款人的损失之间不具有法律上的因果关系，不属于得利人。换言之，在此情况下，企业将亦无法通过对银行或第三人直接行使不当得利返还请求权追回钱款。

---

〔1〕 参见贵州省高级人民法院民事裁定书，(2019)黔民申4910号。

5. 通过顶账清偿债务或作为对价的风险

当企业通过顶账清偿债务或作为对价时,应注意以债权顶账、以物顶账及相关涉税的风险。

6. 票据付款的风险

企业通过票据付款时,应当谨慎签发盖有签章的支票,避免签发空头支票或与银行预留印鉴不符的支票。

四、银行账户管理与合规

(一)合规管理

本部分的合规目标:首先,确保银行账户的开设符合有关法律和规章制度的要求,确保银行账户的开立、审批、使用、核对、清理严格有效。其次,做好网银管理,严格按规定执行现金盘点和银行对账单的核对,确保能真实、完整、及时地反映银行账户开设情况。

(二)合规风险

1. 违规开立银行账户的风险

根据《人民币银行结算账户管理办法》的相关规定,企业的存款账户分为基本存款账户、一般存款账户、临时存款账户和专用存款账户四类,企业不得实施多头开立基本存款账户、违反规定在异地开立账户、违反相应用途的规定开立账户,或者以伪造、变造证明文件欺骗银行开立银行结算账户等违规开立账户的行为。违反前述规定,企业可能被中国人民银行处以罚款。

2. 未及时通知变更开户资料的风险

根据《人民币银行结算账户管理办法》第 47 条的规定,单位的法定代表人或主要负责人、住址以及其他开户资料发生变更时,应于 5 个工作日内书面通知开户银行并提供有关证明。违反前述规定,未及时通知变更开户资料,企业可能被中国人民银行处以罚款。

3. 未及时申请撤销账户的风险

根据《人民币银行结算账户管理办法》第 49 条的规定,当存款人:(1)被撤并、解散、宣告破产或关闭的;(2)注销、被吊销营业执照的,应于 5 个工作日内向开户银行提出撤销银行结算账户的申请。违反前述规定,未及时申请撤销账户,企业可能被中国人民银行处以罚款。

4. 未落实网银安全管理的风险

银行账户网银开通、U盾申请及补办须经企业财务主管部门审批或办理备案，且网银审批流程至少设置两级。此外，网银付款人、审核人、审批人U盾必须分离保管和使用，不得长期挂机，需定期更换U盾密码。未落实网银安全管理的风险，可能导致企业管理人员侵占企业财产。

5. 未核对银行存款的风险

企业应定期核对银行存款日记账与银行对账单，如果存在长期或大量银行未达账项、银行对账单没有银行印章、无交易对方单位名称及摘要，相同金额的款项频繁借贷，与公司董事、监事、高级管理人员、股东或实际控制人有频繁的资金收支等情形，表明可能存在企业管理人员侵占企业财产的行为。

五、现金管理与合规

（一）合规管理

本部分的合规目标：首先，确保现金盘点和日常管理符合国家法律法规和企业内部规章制度的要求。其次，企业应当完善个人借款制度，规避企业管理人员侵占企业财产的风险，保证企业现金资产安全。最后，重视借款还款流程中的涉税问题，严格把控现金管理的各个流程，避免出现借款不善等风险行为。

（二）合规风险

1. 现金超出限额留存现金的风险

库存现金限额，是指为保证各单位日常零星支付，按规定允许留存的现金的最高数额。根据《现金管理暂行条例》及《现金管理暂行条例实施细则》的规定，库存现金限额由开户行根据开户单位的实际需要和距离银行远近等情况核定。库存现金限额一经核定，企业应当严格遵守，不得随意突破。如因生产和业务发展、变化需要增加或者减少库存现金限额的，应当向开户银行提出申请，由开户银行核定，单位不得擅自超出核定限额增加库存现金。根据《现金管理暂行条例实施细则》的规定，违反前述规定可能导致企业被处以罚款。

2. 未进行库存现金清查的风险

现金的清查包括出纳员每日的盘点核对和企业专人不定期的清查。对于清查结果,如果有挪用现金、以白条或不符合财务制度的凭据抵库的情况,应及时予以纠正;对于超限额留存的现金,应及时送存银行;对于账款不符,应查明原因并及时处置。

3. 董事、监事、高级管理人员借款程序违反公司章程的风险

无论以何种方式,董事、监事、高级管理人员向企业借款都包含了与企业订立借款合同的过程。根据《公司法》的规定,董事、监事、高级管理人员未经股东同意,不得与公司订立合同或者进行交易。应当注意,根据《公司法》之要求,董事、监事、高级管理人员与公司订立合同,应符合公司章程的规定,公司应当注意不明确的章程规定可能引起的风险。董事、监事、高级管理人员向公司借款的程序违反公司章程时,公司对其所获收益享有归入权,如造成损失,公司亦可请求相关责任人赔偿损失。

此外,《公司法》第 115 条规定,公司不得直接或者通过子公司向董事、监事、高级管理人员提供借款。违反前述规定,董事、监事、高级管理人员与公司订立的合同可被请求确认无效。在"甘肃喜客商贸有限公司和姜某民间借贷纠纷二审案"[1]中,判决肯定了《公司法》第 115 条可适用于有限责任公司。但是,在"王某与被申请人郴州市苏仙区汇金小额贷款有限公司借款合同纠纷再审案"[2]中,判决表示《公司法》第 115 条的规定为《公司法》第四章组织股份有限公司的设立和组织机构的条款,该条款所说的公司应当为股份有限公司,有限责任公司不应适用该条款。

4. 企业管理人员侵占企业财产的风险

企业管理人员利用职务便利,通过与企业订立借款合同的方式挪用或占有公司的财产的,有可能构成挪用资金罪或职务侵占罪。其中,如果企业管理人员仅暂时使用企业财产且对其没有非法占有目的的,则可能构成挪用资金罪;如果高管人员以非法占有的主观犯意侵占企业财产的,则可能构成职务侵占罪。此外,如果前述人员受委托而负有监管企业资产的职责,实施前述行为则可能分别构成挪用公款罪与贪污罪。

5. 借款管理不善的风险

国有公司、企业委派到公司从事公务的人员,以国有公司、企业人员论。

---

〔1〕 参见甘肃省兰州市中级人民法院民事判决书,(2018)甘 01 民终 3196 号。

〔2〕 参见湖南省郴州市中级人民法院民事裁定书,(2020)湘 10 民申 106 号。

前述人员因未履行内部监督职责，违规借款，造成企业资金损失，可能构成国有企业人员失职罪、滥用职权罪。

6. 员工借款的涉税风险

根据《企业所得税法实施条例》及《营业税改征增值税试点实施办法》的相关规定，员工向企业借款可能涉及相关税款纳税义务问题，具体而言：

(1)无论是非用于生产经营的员工借款，还是用于生产经营的备用金等借款，如果向员工收取利息或违约金等费用，企业须依法确认收入。根据《企业所得税法实施条例》的规定，借款利息或违约金分别属于利息收入与其他收入。因此，如果向员工收取利息或违约金等费用，企业须依法确认收入，否则可能被税收执法机关认定为偷税追缴税款并处以行政处罚。此外，尽管现行《营业税改征增值税试点实施办法》规定单位或者个体工商户为聘用的员工提供服务不属销售服务，但 2019 年 11 月 27 日公布的《中华人民共和国增值税法(征求意见稿)》中删除了单位或者个体工商户为聘用的员工提供服务属于非经营活动之规定，该法的修改可能会在未来导致该等情形下须计提增值税。

(2)如果企业无偿向员工提供借款，且该借款不属于生产经营中的合理的支出，如福利性借款，企业须依法确认收入。根据《企业所得税法实施条例》的规定，将劳务用于职工福利或者利润分配等用途的，应当视同为提供劳务。同时，劳务收入包括从事金融保险服务取得的收入。因此，企业为员工提供的无偿福利性借款可能被认定为视同提供劳务，企业须依法确认收入，否则可能被税收执法机关认定为偷税追缴税款并处以行政处罚。此外，尽管现行《营业税改征增值税试点实施办法》规定单位或者个体工商户为聘用的员工提供服务不属销售服务，但 2019 年 11 月 27 日公布的《中华人民共和国增值税法(征求意见稿)》中删除了单位或者个体工商户为聘用的员工提供服务属于非经营活动之规定，该法的修改可能会在未来导致该等情形下须计提增值税。

(3)向员工提供借款，且借款年度终了未归还借款，企业须依法代扣、代缴个人所得税。根据财政部、国家税务总局《关于企业为个人购买房屋或其他财产征收个人所得税问题的批复》的规定，企业员工向企业借款购买所有权登记在自己名下的房屋，且借款年度终了未归还借款，对企业其他人员取得的上述所得，应按照“工资、薪金所得”项目计征个人所得税。因此，对于前述情况，企业应当依法代扣、代缴个人所得税，否则可能被税收执法机关认定为偷税追缴税款并处以行政处罚。

六、票据管理与合规

(一)合规管理

本部分的合规目标：首先，确保企业票据的收取和使用符合有关法律和企业规章制度的要求。其次，加强与资金相关的票据的管理，明确各种票据的购买、保管、领用、背书转让、承兑、注销等环节的职责权限和处理程序，确保票据的购买、保管、使用、销毁等应有完整记录，使得企业票据账实相符，避免发生无法承兑等情形。

(二)合规风险

1. 票据收取的相关风险

如果企业受领票据，应确保其载有必要记载事项，及时提示付款或承兑等。

2. 签发盖有印鉴的空白支票的风险

根据《票据法》的规定，支票的金额与收款人名称均可补记，因此，持票人可能超越授权范围在开具盖有印鉴的空白支票记载相关内容，尽管无权补记构成票据伪造，依照《票据法》的相关规定，企业不对其变造事项负责，但通常而言企业较难提出证据证明相关事实，因此为避免风险，企业应谨慎处理盖有印鉴的空白支票。

3. 签发空头支票或者签发与其预留的签章不符的支票

《票据法》及《票据管理实施办法》禁止签发空头支票或者签发与其预留的签章不符的支票，企业应确保在签发支票或其他结算凭证支付款项时，存款户有足够的存款余额或保证金，以及确认支票上的出票人的签章与在银行预留签章一致。违反前述规定，企业可能被中国人民银行处以罚款。此外，如企业到期未及时付款或清偿相关债务的，可能被认定为票据诈骗罪，票据诈骗罪可成立单位犯罪，如构成本罪，相关责任人最高可能被处以无期徒刑并处罚金，企业可能被处罚金。

4. 未及时挂失止付的风险

根据《票据法》的规定，票据丧失，失票人可以及时通知票据的付款人挂失止付；如企业未及时通知挂失止付，则持票人向付款人提示付款、付款人依法向持票人付款的，付款人不承担责任。

5. 未及时申请公示催告的风险

根据《民事诉讼法》的规定，持票人因票据被盗、遗失或者灭失，可以申请公示催告，通过法院的除权判决宣告票据失效，并可依据除权判决向付款人请求支付。根据《票据法》的规定，失票人通知票据付款人挂失止付应当在3日内向法院申请公示催告或另行提起诉讼，并由法院向付款人发出止付通知；付款人或者代理付款人自收到挂失止付通知书之日起12日内没有收到法院的止付通知书的，自第13日起，持票人提示付款、付款人依法向持票人付款的，付款人不再承担责任。因此，如企业在挂失止付后未及时申请公示催告，则持票人在相应期限后向付款人提示付款并依法向持票人付款的，付款人不承担责任。

6. 未及时提示承兑的风险

对于定日付款或者出票后定期付款的汇票，根据《票据法》第39条及第40条的规定，持票人应当自出票日起一个月内，且在汇票到期日前向付款人提示承兑。如果企业未按照前述规定期限提示承兑的，将丧失对前手的追索权。

7. 承兑附有条件的风险

根据《票据法》第43条的规定，付款人承兑汇票不得附有条件，否则即视为拒绝承兑，因此企业应确保承兑人承兑汇票的记载是无条件。

8. 企业承兑汇票的风险

根据《票据法》第44条的规定，付款人承兑汇票后，应当承担到期付款的责任。因此，如企业作为付款人承兑汇票，即须承担到期付款的责任。此外，受票据关系的无因性影响，即使企业与出票人或前手之间存在抗辩事由，企业原则上亦无法以自己与出票人或者与持票人的前手之间的抗辩事由对抗持票人。

9. 有追索权票据贴现的风险

在企业与票据受让人所订立的贴现合同中，如果包含了票据被拒绝承兑或被拒绝付款，票据受让人可向企业行使追索权的约定，即为有追索权票据贴现。对于有追索权票据贴现，如票据到期被拒绝承兑或被拒绝付款，则票据受让人可对企业行使追索权。

10. 作为背书人的风险

如果企业在票据贴现同时将票据背书转让，则企业将成为票据背书人，根据《票据法》的相关规定,如票据到期拒绝承兑或被拒绝付款,则由出票人、背书人、承兑人和保证人对持票人承担连带责任,持票人可以不按照汇票债务人的先后顺序,对其中任何一人、数人或者全体行使追索权。因此,企业将票据背书转让后,如票据被拒绝承兑或被拒绝付款,仍可能被后手或持票人行使追索权。此外,即使企业进行无追索权票据贴现,如企业同时将票据背书转让予贴现人,企业与贴现人之间的合同约定不可对抗后手或持票人的追索权,企业在背书转让时记载无追索权事项之内容,亦属无效。

11. 贴现人不具资质的风险

根据最高人民法院《全国法院民商事审判工作会议纪要》的规定,票据贴现属于国家特许经营业务,合法持票人向不具有法定贴现资质的当事人进行"贴现"的,该行为应当认定无效,贴现款和票据应当相互返还。因此,企业应确保贴现人具有相应资质,否则相关法律行为可能被确认为无效。

12. 违规票据融资的风险

在票据贴现过程中,有可能出现企业与第三人开具无真实交易背景的银行承兑汇票,而后通过银行贴现获得融资的情形,该行为即属典型的违规票据融资,尽管现行法律未设定违规票据融资的行政责任,但通常而言该行为被贴现合同所禁止,企业可能须承担相应违约责任。此外,如企业到期未及时付款的,可能被认定为票据诈骗罪,票据诈骗罪可成立单位犯罪,如构成本罪,相关责任人最高可能被处以无期徒刑并处罚金,企业可能被处罚金。

七、筹资管理与合规

(一)合规管理

本部分的合规目标:首先,确保资金的筹融资流程、手续等方案内容符合国家法律法规和企业内部规章制度的要求。其次,重点关注借款事项的审批与执行,合法合规进行借贷款融资,有效利用财务杠杆,降低筹资成本。最后,应严格把控,做好借款偿还审批流程,确保资产安全,提高企业运营效率。

(二)合规风险

1. 金融借款目的不符合产业政策的风险

《促进产业结构调整暂行规定》规定,对于对属于《产业结构调整指导目录》中的限制类及淘汰类的新建项目,各金融机构不得发放贷款。企业应确保金融借款的目的符合产业政策,否则相关借款可能不获金融机构批准。

2. 未按约定使用贷款的风险

根据《贷款通则》的规定,借款人应当按借款合同约定用途使用贷款,如果企业违反合同约定的贷款目的,企业被贷款人提前终止授信并被加收利息。此外,如企业将金融机构信贷资金高利转贷他人,还可能构成高利转贷罪,高利转贷罪可成立单位犯罪,构成本罪的,相关责任人最高可能被处以7年以下有期徒刑并处罚金,企业可能被处罚金。

3. 未如实提供贷款人要求的资料的风险

根据《贷款通则》第19条的规定,借款人有义务如实提供贷款人要求的资料并配合贷款人的审查。如果企业提供不实资料,以欺骗手段取得银行或者其他金融机构贷款,可能构成骗取贷款罪,贷款诈骗罪可成立单位犯罪,构成本罪的,相关责任人最高可能被处以7年以下有期徒刑并处罚金,企业可能被处罚金。如企业到期未及时付款或清偿相关债务的,可能被认定为构成贷款诈骗罪,构成本罪的,相关责任人最高可能被处无期徒刑并处罚金。

4. 合同的监督措施的风险

在金融借款合同中,可能包含一系列监督措施,如约定借款资金的托管、重大事项应事先告知并征得贷款人同意、限制抵押物转让等。企业应充分注意金融借款合同中的此类条款并采取相应措施,避免构成违约。此外,根据《贷款通则》的规定,企业有义务接受贷款人对其使用信贷资金情况和有关生产经营、财务活动的监督,违反前述规定可能导致企业被贷款人提前终止授信。

八、担保管理与合规

(一)合规管理

本部分的合规目标:首先,确保对外担保业务符合国家法律法规和企业内部规章制度的要求,确保担保内容明确清晰,严格把关担保业务的审批流程。其次,重点关注担保业务的执行与监控,保证担保业务相关数据能满足财务报告和信息披露的程序及要求。

(二)合规风险

1. 对外担保决定程序违反公司章程的风险

担保、抵押等重大事项属董事会拟定、股东会决定、党委会参与决策的事项,因此公司融资决策可能需要分别由董事会会议、股东会会议决议的方式做成,超越公司章程所规定的权限做出的对外担保将构成无权代理。

2. 对外借款决定程序违反"三重一大"决策制度的风险

企业对外担保决定可能属于《关于进一步推进国有企业贯彻落实"三重一大"决策制度的意见》规定的重大事项,依法应当依照"三重一大"决策制度进行决策。企业领导人员违反"三重一大"决策制度的,属于《国有企业领导人员廉洁从业若干规定》中的违反决策程序决定企业生产经营的重大决策,可能被警示谈话、调离岗位、降职、免职处理。

3. 担保范围、保证期限、担保实现顺序约定不明的风险

企业在对外提供担保时,应当清楚明确地规定保证范围,依照《民法典》的规定,担保范围约定不明的情况下,担保范围包括主债权及其利息、违约金、损害赔偿金、保管担保财产和实现担保物权或实现债权的费用。如企业提供保证,则在约定不明的情况下,保证期间为主债务履行期限届满之日起6个月。如果企业对外提供担保时担保实现顺序约定不明,债务人自己提供物的担保的,债权人应当先就该物的担保实现债权;企业提供物的担保的,债权人可以就物的担保实现债权,也可以请求企业承担保证责任。

4. 不同担保方式的风险

企业在对外提供担保时,可供选择的方式主要包括保证、抵押以及质押。不同的担保方式可能令企业承担不同的风险:

(1)保证,是指保证人和债权人约定,当债务人不履行到期债务或者发生当事人约定的情形时,保证人履行债务或者承担责任。其中,保证可进一步分为一般保证与连带保证,前者指保证合同中约定债务人不能履行债务时,由保证人承担保证责任;后者指保证人和债务人对债务承担连带责任。鉴于连带保证下企业将对债务承担连带责任,如企业不欲提供连带保证,应明确作出债务人应当先承担责任的约定。

(2)抵押,是指为担保债务的履行,担保人不转移不动产的占有,将该不动产抵押给债权人,债务人不履行到期债务或者发生当事人约定的实现抵押权的情形,债权人有权就该财产优先受偿。由于抵押权属物权,企业提供

抵押时无法约定担保期限，抵押权与主债权同时存在，即只要主债权存在，抵押权就存在，企业就要承担担保责任。

(3)质押，是指为担保债务的履行，担保人将其动产或权利移交债权人占有，债务人不履行到期债务或者发生当事人约定的情形，债权人有权就该财产优先受偿。同抵押权类似，质押无法约定担保期限。此外，由于质押需要移转占有、交付权利凭证或办理质押登记，企业将在质押期限内无法使用相应财产。

5. 怠于行使代位权与撤销权的风险

在被担保人为企业提供反担保时，企业可行使债权人的保全合同的权利，依照《民法典》的相关规定，债务人怠于行使其债权或者与该债权有关的从权利，影响债权人的到期债权实现的，债权人可以向法院请求以自己的名义代位行使债务人对相对人的权利，例如，被担保人对第三人享有债权已届清偿期限但怠于履行的，若可能影响企业到期债权实现，企业可向法院请求以自己的名义代位行使被担保人对被担保人的债务人的权利。此外，债务人以放弃其债权、放弃债权担保、无偿转让财产等方式无偿处分财产权益，或者恶意延长其到期债权的履行期限，影响债权人的债权实现的，债权人可以请求法院撤销债务人的行为。因此，如果被担保人恶意转移财产，企业可通过行使撤销权撤销相应法律行为。如果怠于行使上述权利导致被担保人转移财产，可能导致企业遭受损失。

6. 保管质物的义务

根据《民法典》的规定，如被担保提供质物，企业有义务保管质物，不得擅自处分，保管不善致使质押财产毁损、灭失或擅自处分造成被担保人损害的，企业可能被请求承担赔偿责任。

九、财务印鉴管理与合规

(一)合规管理

本部分的合规目标：首先，确保财务印鉴刻制、销毁经过恰当的授权审批。其次，确保财务印鉴使用经过授权，且使用记录完整。最后，加强财务印鉴的管理，不得由一个人保管支付款项所需的全部印章，避免财务印章遭无权使用。

(二)合规风险

本部分的合规风险主要是财务印章被无权使用构成表见代理的风险。根据《民法典》的规定,无代理权人(无权印章使用人)虽然做出无权代理行为,却因为本人的行为而在表面上产生代理权存在的外观,造成相对人信赖无权代理人有代理权,此时本人(企业)对相对人负责,该无权代理行为对本人发生效力。鉴于财务专用章可用于支付结算等相关活动文书的签章,财务印章被无权使用可能在一定情况下被认为构成表见代理,此时企业须承担无权使用人法律行为的相应效果,因此,企业应谨慎处理印鉴的使用审批,避免财务印章遭无权使用。

附录:资金管理相关合规要求

1.《刑法》(2020 年修正)

2.《民法典》

3.《公司法》(2018 年修正)

4.《企业所得税法》(2018 年修正)

5.《民事诉讼法》(2021 年修正)

6.《票据法》(2004 年修正)

7.《企业所得税法实施条例》(2019 年修订)

8.《增值税暂行条例》(2017 年修订)

9.《票据管理实施办法》(2011 年修订)

10.《现金管理暂行条例》(2011 年修订)

11.《人民币银行结算账户管理办法》(2020 年修改,中国人民银行令〔2020〕第 2 号)

12.《营业税改征增值税试点实施办法》(财税〔2016〕36 号)

13.《促进产业结构调整暂行规定》(国发〔2005〕40 号)

14.《支付结算办法》(银发〔1997〕393 号)

15.《贷款通则》(中国人民银行令〔1996〕2 号)

16.《现金管理暂行条例实施细则》(银发〔1988〕288 号)

第三节　企业财务管理与合规风险

一、会计核算管理与合规

（一）合规管理

本部分的合规目标：首先，确保企业的会计政策和程序满足国家法律法规和相关监管机构的要求；其次，不断完善会计科目、会计凭证等企业会计管理体系建设，确保企业财务信息能够被真实、准确、完整地处理，满足财务报告和信息披露的要求。

（二）合规风险

1. 滥用会计政策、会计估计变更的风险

根据《企业会计制度》及《企业会计准则第 28 号——会计政策、会计估计变更和差错更正》的规定，会计政策的变更仅在：（1）法律、行政法规或者国家统一的会计制度等要求变更；（2）会计政策变更能够提供更可靠、更相关的会计信息两种情形下方可以进行。如企业进行会计估计变更，其依据应当真实、可靠。滥用会计政策、会计估计变更除构成会计差错须更正外，财政部门可能依照《会计法》第 42 条对企业进行行政处罚，企业及相关责任人可能受到罚款，会计人员可能被限制执业。此外，如果滥用会计政策或会计估计变更。导致少计收入或多计支出，可能被税收执法机构认定为偷税，企业可能被重新核定并追缴税款、滞纳金并受到罚款。

2. 未披露会计政策、会计估计变更相关信息的风险

根据《企业会计制度》及《企业会计准则第 28 号——会计政策、会计估计变更和差错更正》的规定，发生会计政策与会计估计变更后，企业应依循《企业会计准则第 28 号——会计政策、会计估计变更和差错更正》第 15 条、第 16 条的规定，在附注中披露相关信息。违反前述规定，财政部门可能依照《会计法》第 42 条对企业进行行政处罚，企业及相关责任人可能被处以罚款，会计人员可能被禁止执业；如前述信息属于重要事实，相关部门可能依照《企业财务会计报告条例》第 40 条的规定对企业及相关责任人处罚款，会计人员可能被限制执业。

3. 随意设置会计科目的风险

根据《企业会计制度》的规定,各单位原则上不允许自行设置一级会计科目,符合国家统一会计制度和集团企业相关规定,在不影响会计核算要求、会计报表指标汇总和对外统一会计报表的前提下,可以根据实际情况自行设置和使用末级会计科目。违反前述规定,随意设置会计科目,财政部门可能依照《会计法》第42条对企业进行行政处罚,企业及相关责任人可能被处以罚款,会计人员可能被限制执业。

4. 未依法设置会计账簿或私设会计账簿的风险

根据《会计法》的相关规定,企业有义务设置会计账簿且不得私设会计账簿,违反前规定,财政部门可能对企业进行行政处罚,企业及相关责任人可能被处以罚款,会计人员可能被限制执业。

5. 不当使用会计科目的涉税风险

企业应当依照会计制度和会计准则设置和使用会计科目,不当设置可能导致相关支出无法被抵扣,造成经济损失。如果因不当设置、使用会计科目导致少计收入或多计支出,可能被税收执法机构认定为偷税,企业可能被重新核定并追缴税款、滞纳金并被处以罚款。

6. 未按照规定填制、取得原始凭证或者填制、取得的原始凭证不符合规定的风险

根据《会计法》的相关规定,对《会计法》第10条所规定的经济业务事项进行会计核算时必须填制或者取得原始凭证。违反前述规定,财政部门可能对企业进行行政处罚,企业及相关责任人可能受到罚款,会计人员可能被限制执业。

7. 伪造、变造、擅自变更会计凭证的风险

根据《会计法》的规定,会计凭证必须符合国家统一的会计制度的规定,原始凭证记载的各项内容均不得涂改;原始凭证有错误的,应当由出具单位重廾或者更正,更正处应当加盖出具单位印章。原始凭证金额有错误的,应当由出具单位重开,不得在原始凭证上更正。因此,擅自变更原始凭证可能构成变造会计凭证。伪造、变造或者擅自变更会计凭证,财政部门可能依照《会计法》第43条的规定对企业进行行政处罚,企业及相关责任人可能被处以罚款,会计人员可能被限制执业。

二、债权债务管理与合规

（一）合规管理

本部分的合规目标：首先，确保应收账款与应付账款业务符合国家法律法规以及企业有关规章制度，减少履约风险和税收合规风险。其次，加强应收账款与收款管理，加速资金回笼，提高资金周转率，减少坏账损失，防范财务风险。最后，正确核算应付账款，确保付款业务完整地得到记录并恰当地反映于财务报告，保证账实相符。

（二）合规风险

1. 未保全证据的风险

根据《民事诉讼法》的规定，企业对自己提出的主张，有责任提供证据，企业在与客户对应收账款进行对账的过程中所形成的《应收账款征询函》《应收账款承诺函》《对账确认书》等对账文书属于证明债权存在及债权金额的重要书证，如企业不慎遗失、毁损相关文书，可能导致企业在诉讼或其他纠纷解决程序中难以举证，处于不利地位。

2. 怠于行使权利导致诉讼时效期间届满的风险

应收账款属于普通金钱债权，根据《民法典》第 188 条的规定，其时效期间为 3 年，怠于行使权利导致诉讼时效期间届满，将导致债务人可提出不履行义务的诉讼时效抗辩。此外，尽管催告属向义务人提出履行请求可引起诉讼时效中断，但企业所发出的催告中应明确包含请求履行债务的意思，并确保催告可到达债务人处。

即使诉讼时效未届满，企业仍受《民法典》第 7 条所规定的诚信原则约束。根据“徐某与上海川行百货有限公司房屋租赁合同纠纷案”[1]的裁判要旨，如长期未主张相关请求，属于违背诚实信用原则的矛盾行为。因此，即使诉讼时效未届满，企业亦应当及时做出行使权利的意思表示，尤其是在债务人已履行通知义务或处于纠纷解决程序中的情况下，企业应当及时提出相关权利请求，否则可能构成矛盾行为导致相关请求无法被支持。

3. 确认应收账款损失的涉税风险

根据《企业资产损失所得税税前扣除管理办法》及《国家税务总局关于

---

〔1〕 参见上海市第二中级人民法院民事判决书，（2014）沪二中民二（民）终字第 392 号。

企业所得税资产损失资料留存备查有关事项的公告》的规定,企业确认资产损失时,应确保资产损失相关的证据齐全,包括具有法律效力的外部证据和特定事项的企业内部证据。企业在确认应收账款损失时,应取得符合《企业资产损失所得税税前扣除管理办法》第 22 条规定的证据。违反前述规定,可能导致税收执法机关税务检查时缺少相应资产损失凭证,企业可能被重新核定并追缴税款、滞纳金并被处以罚款。

三、财务报告编制与合规

(一)合规管理

本部分的合规目标:首先,保证财务报告的编制符合国家法律法规以及企业内部相关规章制度的要求,减少财务合规风险。其次,保证财务报告能够公允地反映企业的财务状况和经营成果,控制其他实体企业的企业应当做好下属企业财务报表管理。最后,确保企业财务报告真实、准确、完整,符合披露程序和要求。

(二)合规风险

1. 在编制年度财务会计报告前,未依法全面清查资产、核实债务的风险

依照《企业财务会计报告条例》第 20 条的规定,企业在编制年度财务会计报告前,应全面清查资产、核实债务,违反前述规定,财政部门可能依照《企业财务会计报告条例》第 39 条对企业进行行政处罚,企业及相关责任人可能被处以罚款,会计人员可能被限制执业。

2. 提前或者延迟结账日结账的风险

《企业财务会计报告条例》第 19 条规定有相应的结账日,企业应在规定的结账日进行结账。提前或者延迟结账,财政部门可能依照《企业财务会计报告条例》第 39 条对企业进行行政处罚,企业及相关责任人可能被处以罚款,会计人员可能被限制执业。

3. 违规合并报表的风险

控制有其他实体的企业应当根据《企业会计准则第 33 号——合并财务报表》的相关规定,在控制范围内编制合并报表,违规未合并或超范围合并属违反编制依据编制财务报表,财政部门可能依照《企业财务会计报告条例》第 39 条对企业进行行政处罚,企业及相关责任人可能被处以罚款,会计人员可能被限制执业。如导致重要事实不实,相关部门可能依照《企业财务

会计报告条例》第40条的规定对企业及相关责任人处以罚款,会计人员可能被限制执业。

4. 未统一会计政策与会计期间的风险

控制有其他实体的企业应当依照《企业会计准则第33号——合并财务报表》的相关规定,企业与企业控制的实体应统一会计政策与会计期间。如不一致的,应当按照母公司的会计期间对子公司财务报表进行调整;或者要求子公司按照母公司的会计期间另行编报财务报表。因此,企业应当要求被控制的实体与企业统一会计政策与会计期间。

5. 年度财务会计报告未经审计的风险

根据《公司法》第164条的规定,公司的年度财务会计报告应经会计师事务所审计。因此,企业编制的年度财务会计报告须送外部会计师事务所审计。

四、关联方管理与合规

(一)合规管理

本部分的合规目标:首先,确保关联交易符合国家法律法规和企业内部规章制度的要求,避免关联交易合规风险。其次,按照公平公正的定价原则和交易方式实现关联交易,杜绝利润转移。最后,确保所有关联交易均经适当权限的审批,使得关联交易的记录和披露符合披露程序及要求。

(二)合规风险

1. 关联交易程序违规的风险

《公司法》禁止公司的控股股东、实际控制人、董事、监事、高级管理人员利用其关联关系损害公司利益。此外,根据《企业会计准则第36号——关联方披露》第3条的规定,一方控制、共同控制另一方或对另一方施加重大影响,以及两方或两方以上同受一方控制、共同控制或重大影响的,即构成关联方,《企业国有资产法》禁止国有控股企业以不公平的价格与关联方进行交易。违规进行关联交易的风险,具体而言涉及以下三方:

(1)对于董事、监事、高级管理人员而言,根据《公司法》的规定,董事、监事、高级管理人员未经股东会同意不得与公司进行交易,违反前述规定,公司可对董事、监事、高级管理人员进行关联交易所获收益行使归入权,如造成损失的,企业可请求赔偿损失。此外,根据最高人民法院《关于如何认定国有控股、参股股份有限公司中的国有公司、企业人员的解释》的规定,国有公司、企业委派到国有控股、参股公司从事公务的人员,以国有公司、企业人员论。前述人员如以明显高于市场的价格向自己的亲友经营管理的单位采购商品,或者以明显低于市场的价格向自己的亲友经营管理的单位销售商品,或向自己的亲友经营管理的单位采购不合格商品的,可能构成为亲友非法牟利罪。如前述人员因滥用职权或怠于履行监管职责,致使违规关联交易造成企业财产损失的,可能构成国有企业人员失职罪、滥用职权罪。

(2)对于控制股东、实际控制人而言,根据《公司法》第 21 条的规定,如其利用关联关系与公司进行交易,造成损失的,公司可请求赔偿损失。

(3)对于其他关联方而言,根据《企业国有资产法》的规定,企业不得无偿向关联方提供资金、商品、服务或者其他资产,不得以不公平的价格与关联方进行交易。此外,公司董事会对公司与关联方的交易作出决议时,该交易涉及的董事不得行使表决权,也不得代理其他董事行使表决权。违反前述规定,相关责任人可能受到行政处分。

2. 未依法披露关联方及关联交易的风险

根据《企业会计制度》的相关规定,除非在合并报表中一并披露,否则企业应披露关联方及关联交易的相关信息。如违反前述规定,财政部门可能依照《企业财务会计报告条例》第 39 条对企业进行行政处罚,企业及相关责任人可能被处以罚款,会计人员可能被限制执业。如导致重要事实不实,相关部门可能依照《企业财务会计报告条例》第 40 条的规定对企业及相关责任人处以罚款,会计人员可能被限制执业。

五、发票管理与合规

(一)合规管理

本部分的合规目标:首先,确保企业发票的形式、使用及报送等事项符合有关法律和企业规章制度的要求。其次,加强发票的管理,明确增值税等各种发票的购买、保管、领用、背书转让、注销等环节的职责权限和处理程序。最后,发票的购买、保管、使用、销毁等应有完整记录,防止空白票据的遗失和被盗用。

（二）合规风险

1. 未开具发票、开具发票形式不符规定的风险

依《发票管理办法》的相关规定，企业销售商品对外发生经营业务收取款项，企业原则上即应当向客户开具发票，此外，开具发票时，应当按照规定的时限、顺序、栏目，全部联次一次性开具发票并加盖发票专用章，应开具发票而不开具，或开具发票形式不符规定的，企业可能被没收违法所得并被处以罚款。

2. 未报送开票数据的风险

根据《发票管理办法》第23条的规定，企业应按期向主管税务机关报送开具发票的数据，违反前述规定，未报送开票数据，企业可能被没收违法所得并被处以罚款。

3. 虚开发票的风险

《发票管理办法》禁止开具与实际经营业务情况不符的发票，违反前述规定，企业除可能被处以罚款外，根据《刑法》的规定，尚可能构成虚开增值税专用发票罪，本罪可成立单位犯罪，除相关责任人最高可能被处无期徒刑并处罚没财产外，企业可能被处罚金。

4. 未妥善保管发票的风险

根据《发票管理办法》第29条的规定，企业应当按照税务机关的规定存放和保管发票，不得擅自损毁，违反前述规定，企业可能被处以罚款。对于企业受领的发票，根据《税收征收管理法》的相关规定，企业应妥善保管，违反前述规定，可能导致税收执法机关税务检查时缺少相应会计凭证或会计凭证被伪造、变造，企业可能被税收执法机关重新核定并追缴税款、滞纳金并被处以罚款。

5. 将不符规定的发票入账的风险

根据《发票管理办法》及《税收征收管理法》的相关规定，不符合规定的发票，不得作为财务报销凭证。如企业明知发票数与实际经营情况不符仍入账，可能构成偷税，税务机关可追缴税款、滞纳金并作出行政处罚。即使企业善意取得虚开的增值税专用发票，税务机关仍可不予抵扣进项税款或者不予出口退税，并追缴已经抵扣的进项税款或者取得的出口退税。

六、会计档案管理与合规

(一)合规管理

本部分的合规目标:首先,会计档案管理符合国家法律法规和企业内部规章制度的要求。其次,保证会计档案出借、保管、销毁等管理规范有序,实现标准化管理。

(二)合规风险

1. 会计资料应当归档而未归档的风险

下列会计资料应当进行归档:(1)会计凭证,包括原始凭证、记账凭证;(2)手工记账单位的会计账簿,包括总账、明细账、日记账、固定资产卡片及其他辅助性账簿;(3)财务会计报告,包括月度、季度、半年度、年度财务会计报告;(4)其他会计资料,包括银行存款余额调节表、银行对账单、纳税申报表、银行贷款相关资料、会计档案移交清册、会计档案保管清册、会计档案销毁清册、会计档案鉴定意见书及其他具有保存价值的会计资料。

2. 仅以电子形式保存的会计档案不符合规定的风险

同时满足下列条件的,形成的属于归档范围的电子会计资料方可仅以电子形式保存,形成电子会计档案:(1)形成的电子会计资料来源真实有效,由计算机等电子设备形成和传输;(2)使用的会计核算系统能够准确、完整、有效地接收和读取电子会计资料,能够输出符合国家标准归档格式的会计凭证、会计账簿、财务会计报表等会计资料,设定了经办、审核、审批等必要的审签程序;(3)使用的电子档案管理系统能够有效接收、管理、利用电子会计档案,符合电子档案的长期保管要求,并建立了电子会计档案与相关联的其他纸质会计档案的检索关系;(4)采取有效措施,防止电子会计档案被篡改;(5)建立电子会计档案备份制度,能够有效防范自然灾害、意外事故和人为破坏的影响;(6)形成的电子会计资料不属于具有永久保存价值或者其他重要保存价值的会计档案。未符合上述要求的,企业可能被处以行政处罚。

3. 会计档案出借的程序不符合规定的风险

会计档案一般不得对外借出。确因工作需要且根据国家有关规定必须借出的,应当严格履行各单位财务负责人、单位负责人签字并加盖单位公章审批程序。未严格履行出借程序的,相关人员可能遭受企业内部处罚,企业可能被处以行政处罚。

4. 会计档案保管期限不符合规定的风险

会计档案的保管期限分为永久、定期两类。定期保管期限一般分为10年和30年。会计档案的保管期限，从会计年度终了后的第一天算起。

5. 会计档案销毁程序不符合规定的风险

单位应当定期对已到保管期限的会计档案进行鉴定，并形成会计档案鉴定意见书。经鉴定，仍需继续保存的会计档案，应当重新划定保管期限；对保管期满，确无保存价值的会计档案，可以销毁。可以销毁的会计档案，应当按照以下程序销毁：(1)单位档案管理机构编制会计档案销毁清册，列明拟销毁会计档案的名称、卷号、册数、起止年度、档案编号、应保管期限、已保管期限和销毁时间等内容；(2)单位负责人、档案管理机构负责人、会计管理机构负责人、档案管理机构经办人、会计管理机构经办人在会计档案销毁清册上签署意见；(3)单位档案管理机构负责组织会计档案销毁工作，并与会计管理机构共同派员监销。监销人在会计档案销毁前，应当按照会计档案销毁清册所列内容进行清点核对；在会计档案销毁后，应当在会计档案销毁清册上签名或盖章。电子会计档案的销毁还应当符合国家有关电子档案的规定，并由单位档案管理机构、会计管理机构和信息系统管理机构共同派员监销。

七、税务管理与合规

(一)合规管理

本部分的合规目标：首先，确保企业按照国家税收法律法规及相关规章制度的要求进行税务管理。其次，贯彻落实税收优惠减免办理与备案、税务核算与监察、税务档案管理等管理抓手，保证税务核算、缴纳、记录和披露真实、准确、完整。

(二)合规风险

1. 不当税务筹划构成财务造假的风险

根据《会计法》及《税收征收管理法》的规定，企业应按照国家统一的会计制度的规定填制或编制会计凭证、会计账簿、财务会计报告和其他会计资料，企业在税务筹划时应确保不采取违规编制会计账簿、财务会计报告和其他会计资料的方式进行，违反前述规定，企业及相关责任人可能被处以罚款，会计人员可能被限制执业。

2. 不当税务筹划构成偷税的风险

根据《税收征收管理法》的规定,纳税人(扣缴义务人)伪造、变造、隐匿、擅自销毁账簿、记账凭证,或者在账簿上多列支出或者不列、少列收入,或者进行虚假的纳税申报,不缴或者少缴应纳税款的,是偷税。企业在税务筹划时应避免采取可能构成偷税的交易安排、会计处理或进行虚假纳税申报,违反前述规定,企业可能被重新核定并追缴税款、滞纳金并受到罚款。此外,纳税人采取欺骗、隐瞒手段进行虚假纳税申报或者不申报,逃避缴纳税款数额较大并且占应纳税额10%以上的,还可能构成逃税罪。

3. 未及时依法进行纳税申报的风险

根据《税收征收管理法》的规定,纳税人、扣缴义务人必须依照法律、行政法规的规定,或者税务机关依照法律、行政法规的规定确定的申报期限、申报内容如实办理纳税申报,报送纳税申报表、财务会计报表以及税务机关根据实际需要要求纳税人报送的其他纳税资料。未及时进行纳税申报,企业可能被处以罚款,未如实进行纳税申报,企业可能被重新核定并追缴税款、滞纳金并被处以罚款。此外,纳税人采取欺骗、隐瞒手段进行虚假纳税申报或者不申报,逃避缴纳税款数额较大并且占应纳税额10%以上的,还可能构成逃税罪。

4. 未及时依法足额缴纳、预缴税款的风险

根据《税收征收管理法》的规定,纳税人、扣缴义务人应按照法律、行政法规的规定或者税务机关依照法律、行政法规的规定确定的期限,缴纳或者预缴税款。违反前述规定,在规定期限内不缴或者少缴应纳税款的,企业将被税收执法机关采取强制执行措施追缴税款、滞纳金并被处以罚款。

5. 未留存税收优惠事项相关资料的风险

根据《税收征收管理法》的相关规定,企业应及时归集、妥善保存享受税收优惠事项有关的合同、协议、凭证、证书、文件、账册、说明等资料,并依照不同的税收优惠事项保存相应的年限,企业未能按照税务机关要求提供留存备查资料,或者提供的留存备查资料与实际生产经营情况、财务核算情况、相关技术领域、产业、目录、资格证书等不符,如导致税收执法机关税务检查时缺少相应会计凭证,企业可能被税收执法机关认定为偷税而重新核定并追缴税款、滞纳金并被处以罚款。

6. 未协助税收执法机关检查的风险

根据《税收征收管理法》第56条的规定，纳税人、扣缴义务人必须接受税务机关依法进行的税务检查，如实反映情况，提供有关资料，不得拒绝、隐瞒。违反前述规定，可能导致企业被处以罚款。

7. 未留存账簿、记账凭证、完税凭证及其他有关资料

根据《税收征收管理法》第24条的规定，纳税人、扣缴义务人必须按照国务院财政、税务主管部门规定的保管期限保管账簿、记账凭证、完税凭证及其他有关资料。违反前述规定，企业可能被处以罚款，如导致税收执法机关税务检查时缺少相应会计凭证，企业将被重新核定并追缴税款、滞纳金并受到罚款。

八、成本管理与合规

（一）合规管理

本部分的合规目标：首先，确保工程项目成本支出符合国家法律法规及企业内部会计制度的要求。其次，落实企业成本管理战略，控制成本支出，确保企业财务信息真实、准确、完整。最后，加强成本控制工作，实施全过程成本动态管理，提升企业经营效益。

（二）合规风险

本部分的合规风险主要是不当成本核算的涉税风险。根据《企业所得税法》的规定，企业实际发生的与取得收入有关的、合理的支出，包括成本、费用、税金、损失和其他支出，准予在计算应纳税所得额时扣除。因此，未准确核算可能导致确认收入时结转的产品成本不准确，核算成品过低可能导致企业应纳税所得额虚高；核算成本过高企业可能被重新核定并追缴税款、滞纳金并被处以罚款。

附录：财务管理相关合规要求

1.《刑法》(2020年修正)

2.《民法典》

3.《个人所得税法》(2018年修正)

4.《企业所得税法》(2018年修正)

5.《公司法》(2018 年修正)

6.《会计法》(2017 年修正)

7.《民事诉讼法》(2021 年修正)

8.《税收征收管理法》(2015 年修正)

9.《企业国有资产法》

10.《发票管理办法》(2019 年修订)

11.《增值税暂行条例》(2017 年修订)

12.《企业财务会计报告条例》

13.《会计基础工作规范》(2019 年修改)

14.《会计档案管理办法》(2015 年修订)

15. 国家税务总局《关于企业所得税资产损失资料留存备查有关事项的公告》(国家税务总局公告 2018 年第 15 号)

16.《企业资产损失所得税税前扣除管理办法》(国家税务总局公告 2011 年第 25 号)

17.《企业会计准则第 33 号——合并财务报表》(财会〔2014〕10 号)

18.《企业会计准则第 28 号——会计政策、会计估计变更和差错更正》(财会〔2006〕3 号)

19.《企业会计制度》(财会〔2000〕25 号)

20.《企业产品成本核算制度(试行)》(财会〔2013〕17 号)

第四章 企业业务层面潜在合规风险类型

◇ 第一节 企业生产管理与合规风险

一、生产安全合规管理

本部分的合规目标：首先，应当建立健全安全生产管理机构，加大安全生产投入和经常性维护管理。其次，定期开展员工安全生产教育，建立安全生产事故应急预警和报告机制。最后，健全严格的安全经营管理体系、操作规范和应急预案，确保突发事件得到及时妥善处理。通过多种方式注重劳动者在生产、工作过程中的职业健康保护与合规，积极承担社会责任与义务，打造良好的企业形象。

二、生产安全合规风险

（一）违反安全管理规定构成刑事犯罪的风险

在生产、作业中违反有关安全管理的规定，因而发生重大伤亡事故或者造成其他严重后果的，构成重大责任事故罪。在生产、作业中违反有关安全管理的规定，有下列情形之一，具有发生重大伤亡事故或者其他严重后果的现实危险的，构成危险作业罪：(1)关闭、破坏直接关系生产安全的监控、报警、防护、救生设备、设施，或者篡改、隐瞒、销毁其相关数据、信息的；(2)因存在重大事故隐患被依法责令停产停业、停止施工、停止使用有关设备、设施、场所或者立即采取排除危险的整改措施，而拒不执行的；(3)涉及安全生产的事项未经依法批准或者许可,擅自从事金属冶炼、建筑施工,以及危险物品生产、经营、储存等高度危险的生产作业活动的。安全生产设施或者安全生产条件不符合国家规定,因而发生重大伤亡事故或者造成其他严重后果的,直接负责的主管人员和其他直接责任人员构成重大劳动安全事故罪。在安全事故发生后,负有报告职责的人员不报或者谎报事故情况,贻误事故抢救,情节严重的,构成不报、谎报安全事故罪。

(二)生产经营单位的主要负责人、安全生产管理机构以及安全生产管理人员未依法履行职责的风险

生产经营单位的主要负责人对本单位安全生产工作负有职责,包括:(1)建立健全安全生产责任制;(2)制定和实施安全生产规章制度、操作流程以及安全生产教育和培训;(3)建立落实安全风险分级管控和隐患排查治理等。未履行职责的,主要负责人可能被给予行政处罚,企业被责令停产停业;未履行职责导致安全事故的,主要负责人可能会被给予撤职处分并被处以罚款。

生产经营单位的安全生产管理机构以及安全生产管理人员应当履行相关安全职责,包括:(1)组织或参与拟订本单位安全生产规章制度、操作规程;(2)组织或参与本单位安全生产教育和培训,如实记录安全生产教育和培训情况;(3)检查本单位的安全生产状况,及时排查生产安全事故隐患,提出改进安全生产管理的建议;(4)制止和纠正违章指挥、强令冒险作业、违反操作规程的行为等。未履行规定的安全管理职责的,将被处以罚款;导致安全事故的,将被暂停或吊销与安全生产相关的资格并处以罚款。

(三)安全生产必需资金投入不足的风险

生产经营单位应当具备安全生产条件所必需的资金投入。安全生产资金投入不足,导致不具备安全生产条件的,将被责令改正或停产停业;导致发生安全事故的,主要负责人将被给予撤职处分。

(四)对生产人员的安全管理不符合规定的风险

企业对生产人员的安全管理应当符合以下要求:(1)设置安全生产管理机构或者配备安全生产管理人员、注册安全工程师;(2)金属冶炼、建筑施工的主要负责人和安全生产管理人员按照规定经考核合格;(3)对从业人员、被派遣劳动者、实习学生进行安全生产教育和培训,并如实告知有关的安全生产事项;(4)如实记录安全生产教育和培训情况;(5)将事故隐患排查治理

情况如实记录并向从业人员通报;(6)特种作业人员经专门的安全作业培训并取得相应资格。违反前述要求的,单位可能被责令改正、处以罚款或责令停产停业等,直接负责的主管人员和其他责任人员可能被处以罚款。

(五)安全生产管理人员配置不符合规定的风险

《安全生产法》第24条规定,矿山、金属冶炼、建筑施工、运输单位和危险物品的生产、经营、储存、装卸单位,应当设置安全生产管理机构或者配备专职安全生产管理人员。前款规定以外的其他生产经营单位,从业人员超过100人的,应当设置安全生产管理机构或者配备专职安全生产管理人员;从业人员在100人以下的,应当配备专职或者兼职的安全生产管理人员。

(六)对建设项目的生产安全管理不符规定的风险

企业对建设项目的生产安全管理应当符合以下要求:(1)对用于生产、储存、装卸危险物品的建设项目进行安全评价;(2)进行安全设施设计并报经有关部门审查同意;(3)按照批准的安全设施设计施工;(4)对施工项目进行安全管理;(5)在竣工投入生产或者使用前,安全设施应当经验收合格。违反前述规定,企业、直接负责的主管人员和其他直接责任人员可能被处以行政处罚。

(七)安全设备、设施等的安全管理不符合规定的风险

企业对于安全设备、设施等的安全管理应当符合以下要求:(1)有较大危险因素的生产经营场所和有关设施、设备上设置明显的安全警示标志。对于临时阻断通道、拆除安全设施、挖土方或施工、检修临时中断的情况,责任方要在明显位置设置警戒线、警示灯,并悬挂警示牌;在检修烟道、除尘器、粉磨系统、除尘管道、水井等大型设备时,要在进出门或通道上设置明显标志,实行挂牌制度并由专人负责确认。(2)安全设备的设计、制造、安装、使用、检测、维修、改造和报废,应当符合国家标准或者行业标准。(3)对安全设备进行经常性维护、保养,并定期检测,保证正常运转。(4)不得关闭、破坏直接关系生产安全的监控、报警、防护、救生设备、设施,或者篡改、隐瞒、销毁其相关数据、信息。(5)危险物品的容器、运输工具应当经具有专业资质的机构检测、检验合格,取得安全使用证或者安全标志。(6)不得使用应当淘汰的危及生产安全的工艺、设备。违反前述规定的,企业、直接负责的主管人员和其他直接责任人员可能被处以罚款;情节严重的,企业将被责令停产停业。

(八)危险作业的安全生产管理不符合规定的风险

进行爆破、吊装、动火、临时用电以及国务院应急管理部门会同国务院有关部门规定的其他危险作业,应当安排专门人员进行现场安全管理。违反前述规定的,企业和直接责任人员将被处以行政处罚。

危险作业应当经过审批。危险作业前,建议企业设置审批程序,并制定相关安全要求,包括但不限于:(1)制定安全措施;(2)进行安全教育和培训;(3)对作业现场及作业涉及的设备、设施、工器具等进行检查,保证危险作业现场符合安全生产现场管理要求。作业时,建议企业完善相关安全要求,包括但不限于作业人员配备合格的安全防护用具,特种作业人员应当持证上岗;遇到危险时,应当停止作业、迅速撤离等。

(九)将生产项目外包给不具备安全生产资质的单位的风险

企业不得将生产经营项目、场所、设备发包或者出租给不具备安全生产条件或者相应资质的单位或者个人。生产经营项目、场所发包或者出租给其他单位的,企业应当与承包单位、承租单位签订专门的安全生产管理协议,或者在承包合同、租赁合同中约定各自的安全生产管理职责。违反前述规定的,企业、其直接负责的主管人员和其他直接责任人员将被处以行政处罚。

(十)生产经营场所位置和员工宿舍设置不符合规定的风险

储存和使用危险物品的车间、仓库不得与员工宿舍在同一座建筑内,且与员工宿舍的距离应当符合安全要求;生产经营场所和员工宿舍应当设有符合紧急疏散需要、标志明显、保持畅通的出口,不得占用、锁闭、封堵生产经营场所或者员工宿舍出口、疏散通道。违反前述规定的,企业、其直接负责的主管人员和其他直接责任人员将被处以行政处罚。

(十一)特种设备的使用、维护和管理不符合规定的风险

企业在生产经营过程中可能会使用特种设备。对特种设备的使用、维护和管理,应当符合以下要求:(1)按照规定办理使用登记;(2)建立符合要求的特种设备安全技术档案,且依法设置使用登记标志、定期检验标志;(3)对使用的特种设备进行经常性维护保养和定期自行检查,对其使用的特种设备的安全附件、安全保护装置进行定期校验、检修,并作出记录的;(4)按照安全技术规范的要求及时申报并接受检验;(5)按照安全技术规范的要求进行锅炉水(介)质处理;(6)制定特种设备事故应急专项预案;

(7)应当使用取得许可生产并经检验合格的特种设备,不得使用国家明令淘汰、已经报废的特种设备;(8)特种设备出现故障或者发生异常情况,应当对其进行全面检查、消除事故隐患,方能继续使用;(9)特种设备存在严重事故隐患,无改造、修理价值,或者达到安全技术规范规定的其他报废条件,应当依法履行报废义务,并办理使用登记证书注销手续。违反前述规定的,企业可能被处以责令改正、停止使用或被罚款等行政处罚。

(十二)对特种设备安全管理人员的管理不符合规定的风险

企业在生产经营过程中使用特种设备时,应当配备具有相应资格的特种设备安全管理人员、检测人员和作业人员。同时,应当对特种设备安全管理人员、检测人员和作业人员进行安全教育和技能培训。违反前述规定的,企业将遭受行政处罚。

特种设备安全管理人员、检测人员和作业人员不履行岗位职责,违反操作规程和有关安全规章制度,造成事故的,将被吊销相关资格。

企业应当按时组织人员进行特种作业培训、考核、取证,特种作业人员台账还应当及时更新。

(十三)对消防设施、器材和消防隐患的管理不符合规定的风险

企业对消防设施、器材和消防隐患的管理应当符合规定,包括:(1)消防设施、器材或者消防安全标志的配置、设置应当符合国家标准、行业标准,且应当保持完好有效;(2)不得损坏、挪用或者擅自拆除、停用消防设施、器材;(3)不得占用、堵塞、封闭疏散通道、安全出口或者有其他妨碍安全疏散行为;(4)不得埋压、圈占、遮挡消火栓或者占用防火间距;(5)不得占用、堵塞、封闭消防车通道,妨碍消防车通行;(6)人员密集场所在门窗上不得设置影响逃生和灭火救援的障碍物;(7)对火灾隐患经消防救援机构通知后应当及时采取措施消除。违反前述规定的,企业可能被处以行政处罚。

企业的主要负责人是企业消防安全第一责任人,职责包括:(1)制定消防安全制度、消防安全操作规程;(2)确定逐级消防安全责任人,签订逐级消防安全责任书;(3)组织防火安全检查、及时消除火灾隐患,及时上报消防安全方面的问题;(4)针对本单位的特点对职工进行消防宣传教育。

(十四)危险化学品的储存、使用和运输不符合规定的风险

根据法律法规的规定,企业储存、使用和运输危险化学品应当注意以下风险:

1. 储存、使用危险化学品不符合规定的风险

企业在储存和使用危险化学品时,应当注意:(1)不得使用国家禁止使用的危险化学品;(2)使用危险化学品应当取得危险化学品安全使用许可证;(3)企业应当对其铺设的危险化学品管道设置明显的标志,并对危险化学品管道定期检查、检测;(4)进行可能危及危险化学品管道安全的施工作业,企业应当按照规定书面通知管道所属单位,或与管道所属单位共同制定应急预案、采取相应的安全防护措施,如果企业是管道所属单位,则应当指派专门人员到现场进行管道安全保护指导;(5)企业储存危险化学品时,应当在作业场所和安全设施、设备上设置明显的安全警示标志,且应在作业场所设置通信、报警装置;(6)危险化学品应当储存在专用仓库内,专用仓库应设专人负责管理,对于储存的剧毒化学品以及储存数量构成重大危险源的其他危险化学品,应在专用仓库内单独存放,且实行双人收发、双人保管制度;(7)企业应建立危险化学品出入库核查、登记制度;(8)危险化学品专用仓库应设置明显标志;(9)重复使用的危险化学品包装物、容器,应在重复使用前进行检查;(10)企业应当根据其储存的危险化学品的种类和危险特性,在作业场所设置相关安全设施、设备,且应按照国家标准、行业标准或者国家有关规定对安全设施、设备进行经常性维护、保养以及定期进行检测、检验;(11)依照相关规定对安全生产条件定期进行安全评价;(12)危险化学品的储存方式、方法或者储存数量应当符合国家标准或者国家有关规定;(13)危险化学品专用仓库应当符合国家标准、行业标准的要求。违反前述规定的,企业可能被处以行政处罚。

2. 运输、装卸危险化学品不符合规定的风险

企业在运输和装卸危险化学品的过程中,应当注意:(1)配备专职安全管理人员;(2)运输危险化学品的企业应取得危险货物道路运输许可,通过道路运输剧毒化学品的企业应取得剧毒化学品道路运输通行证;(3)危险化学品道路运输应当配备押运人员,且驾驶人员、装卸管理人员、押运人员、申报人员、集装箱装箱现场检查员应当取得从业资格上岗作业;(4)企业应当根据危险化学品的危险特性采取相应的安全防护措施,配备必要的防护用品和应急救援器材;(5)不得超过运输车辆的核定载质量装载危险化学品;(6)使用安全技术条件符合国家标准要求的车辆运输危险化学品;(7)运输危险化学品的车辆应经公安机关批准方可进入危险化学品运输车辆限制通

行的区域;(8)危险化学品运输车辆应当悬挂或者喷涂警示标志,悬挂或者喷涂的警示标志应符合国家标准要求;(9)运输剧毒化学品或者易制爆危险化学品途中需要较长时间停车,驾驶人员、押运人员应当向当地公安机关报告;(10)剧毒化学品、易制爆危险化学品在道路运输途中丢失、被盗、被抢或者发生流散、泄露等情况,驾驶人员、押运人员应当采取必要的警示措施和安全措施,并向当地公安机关报告。违反前述规定的,企业可能被处以行政处罚。

企业应当根据所经营使用的压缩气体、易燃液体和腐蚀品等危险化学品的特性,对其存储、运输和装卸等流程作出特别规定。在运输和装卸危险化学品时,应当注意:(1)装卸前,应对搬运工具及车辆进行必要的通风和清扫;(2)装卸作业应由专人在现场负责指挥,装卸、运输作业人员应按所装运危险化学品的性质,佩戴相应的防护用品,装卸时应轻装、轻卸,严禁摔拖、重压和摩擦,不得损毁包装容器,并注意安全标志,堆放稳妥;(3)禁止用电瓶车、翻斗车、铲车、自行车等运输爆炸物品,禁止用叉车、铲车、翻斗车搬运易燃、易爆气体等危险化学品;(4)装运危险化学品的车辆,应设危险品标志,罐车应挂静电导链,指派专人押运等。

附录:生产计划管理相关合规要求

1.《安全生产法》(2021 年修正)
2.《消防法》(2021 年修正)
3.《刑法》(2020 年修正)
4.《特种设备安全法》
5.《危险化学品安全管理条例》(2013 年修订)
6.《特种设备安全监察条例》(2009 年修订)
7.《生产经营单位安全培训规定》(2015 年修正)
8.《建设项目安全设施“三同时”监督管理办法》(2015 年修正)

◆ 第二节 企业采购管理与合规风险

一、大宗原材料、辅材及备件采购与合规

(一)合规管理

本部分的合规目标:首先,明确大宗原材料、辅材及备件采购计划流程,对采购计划进行恰当的审批。其次,对采购和付款过程的职责分工、权限范围和审批程序作出明确规定,避免在招投标、采购等环节出现商业贿赂腐败等违规行为。最后,采购采用招标方式的,应当合理确定招投标的范围、标准、实施程序和评标规则,严肃处理采购合同过程中的违约结果,确保大宗原材料、辅材及备件采购活动符合国家法律法规和企业内部规章制度的要求。

(二)合规风险

1. 必须招标的采购项目未进行招标的风险

全部或者部分使用国有资金投资或者国家融资的工程建设项目中,项目的勘察、设计、施工、监理以及与工程建设有关的重要设备、材料等的采购必须进行招标。其中,"全部或者部分使用国有资金投资或者国家融资",是指使用预算资金200万元人民币以上,并且该资金占投资额10%以上,或者使用国有企业事业单位资金,并且该资金占控股或者主导地位。

上述"预算资金",是指《预算法》规定的预算资金,包括一般公共预算资金、政府性基金预算资金、国有资本经营预算资金、社会保险基金预算资金。"占控股或者主导地位"参照《公司法》第216条关于控股股东和实际控制人的理解。此外,国有企业事业单位通过投资关系、协议或者其他安排,能够实际支配项目建设的,也属于占控股或者主导地位。项目中国有资金的比例,应当按照项目资金来源中所有国有资金之和计算。对于上述必须进行招标的项目而不招标,或者将必须进行招标的项目化整为零,或者以其他任何方式规避招标的,需要承担责任;责任承担从责令限期改正、罚款,到对单位直接负责的主管人员和其他直接责任人员依法给予处分。对全部或者部分使用国有资金的项目,可以暂停项目执行或者暂停资金拨付。

值得注意的是，必须进行招标的项目而不招标的，双方签订的合同是否有效，在司法实践中认定不一。有的法院认为，《招标投标法》第 3 条是管理性强制性规定，违反该规定不必然导致合同无效，可参考"无棣县人民医院与潍坊市华冠园林绿化有限公司承揽合同纠纷上诉案"[1]；有的法院认为，《招标投标法》第 3 条是效力性强制性规定，违反该规定的合同无效，可参考"河南民润建筑工程有限公司、漯河市郾城区靳庄粮食种植专业合作社建设工程施工合同纠纷案"[2]。

对于不属于依法必须进行招标的项目，或不属于工程建设项目的其他项目，如果约定采用招标投标程序，即适用《招标投标法》之规定。在"山东同兴食品有限公司诉杭州纳驰投资有限公司合资、合作开发房地产合同纠纷案"[3]中，判决指出，《招标投标法》不仅适用于工程建设项目的招标投标活动，也适用于其他项目的招标投标。此外，根据"龙元建设集团股份有限公司与上海振龙房地产开发有限公司建设工程施工合同纠纷案"[4]的裁判要旨，即便不属于依法必须进行招标的项目，双方当事人约定适用招标投标程序的，应当受到《招标投标法》约束。

不当选择招标方式，可能存在以下风险：(1)原则上，国有资金占控股或者主导地位的依法必须进行招标的项目，应当公开招标，不得任意进行邀请招标。根据《招标投标法实施条例》第 8 条的规定，仅在技术复杂、有特殊要求或者受自然环境限制，只有少量潜在投标人可供选择，或者采用公开招标方式的费用占项目合同金额的比例过大的情况下，经项目审批、核准部门认定或申请有关行政监督部门作出认定，才能适用邀请招标。(2)如涉及进口机械设备、电气设备、仪表仪器等机电产品的采购，则可能须采取国际招标。根据《机电产品国际招标投标实施办法(试行)》的规定，通过招标方式采购原产地为中国关境外的机电产品，属于全部或者部分使用国有资金投资项目、国家融资项目中进行国际采购的机电产品，必须进行国际招标。其中，机电产品，是指机械设备、电气设备、交通运输工具、电子产品、电器产品、仪器仪表、金属制品等及其零部件、元器件，《机电产品国际招标投标实施办法

[1] 参见山东省滨州市中级人民法院民事判决书，(2018)鲁 16 民终 297 号。
[2] 参见河南省漯河市中级人民法院民事判决书，(2020)豫 11 民终 1330 号。
[3] 参见最高人民法院民事裁定书，(2016)最高法民申 2446 号。
[4] 参见最高人民法院民事裁定书，(2018)最高法民申 5322 号。

(试行)》附件1中列举了机电产品的范围。

2. 招标过程中涉嫌犯罪的风险

具体包括以下几种情况:(1)投标人与招标人串通投标,损害国家、集体、公民的合法利益的,可能构成串通投标罪。(2)招标人接受投标人的行贿以帮助投标人中标的,可能构成受贿罪。(3)必须进行招标的项目的招标人向他人透露已获取招标文件的潜在投标人的名称、数量或者可能影响公平竞争的有关招标投标的其他情况,或者泄露标底的,可能构成国有公司、企业、事业单位人员滥用职权罪。

3. 不得以不合理的条件限制或者排斥潜在投标人

企业在招标公告、投标邀请书中,不得以不合理的条件限制或者排斥潜在投标人;在编写招标采购文件的过程中,不得含有倾向性或者排斥潜在投标人的内容。否则,一方面,投标人可提出异议,从而影响招标活动的进度;另一方面,根据《招标投标法》第51条的规定,企业可能被行政监督部门责令改正及罚款。

4. 以招标方式进行采购项目变更、终止的风险

如果采购项目通过招标方式进行,一旦发出招标公告、招标邀请书,应尽量避免修改招标文件,如确实需要修改,且修改的内容可能影响资格预审申请文件或者投标文件编制的,企业应当在提交资格预审申请文件截止时间至少3日前,或者投标截止时间至少15日前,以书面形式通知所有获取资格预审文件或者招标文件的潜在投标人。此外,如企业需终止招标项目,应当:(1)发布终止招标公告,或者以书面形式通知受邀请的或已获取资格的所有潜在投标人;(2)退还潜在投标人购买资格预审文件或者招标文件的费用、退还收取的投标保证金及银行同期存款利息。如未履行前述义务,确保时限符合规定,造成投标人损失的,投标人得请求企业承担缔约过失责任,并且可能被行政监督部门罚款,直接责任人遭受处分。

5. 未依照招标文件和中标人的投标文件与中标人订立采购合同的风险

确定中标人后,企业不得在发出中标通知书后无正当理由改变中标结果,或无正当理由不与中标人订立合同,或在订立合同时向中标人提出附加条件,造成投标人损失的,投标人可请求企业赔偿损失;此外,企业可能被行政监督部门处以罚款,对直接责任人处以处分。如果双方不按照招标文件和中标人的投标文件订立合同,或者订立背离合同实质性内容的协议,可能

被行政监督部门处以罚款。

6. 标的物的交付和风险转移

一般而言，标的物的所有权自交付时转移，标的物毁损灭失的风险也随之转移；因此，在相关交易中，应当对交付及交付地点进行具体约定。此外，风险转移的以下几点需特别留意：(1)如因买方过错导致迟延交付的，买方应当自其违反合同约定之日起承担标的物毁损灭失的风险；(2)买方迟延收取标的物的，标的物毁损灭失的风险自买方违反约定之日起由买方承担；(3)卖方不交付标的物单证和资料的，不影响标的物风险转移；(4)卖方因质量问题根本违约致使不能实现合同目的，买方拒绝接受标的物或者解除合同的，标的物风险不转移；(5)买方即便承担风险，也不影响买方要求卖方承担相关违约责任的权利。

7. 采购过程中发生商业贿赂的风险

在采购过程中，采购管理人员可能接受供应商的礼品、佣金、捐赠、赞助或者招待、会务、旅游等，此类行为可能构成非国家工作人员受贿罪，如采购管理人员同时受委托负有监督、管理国有资产的职权，则可能构成受贿罪。

8. 采购过程中发生商业腐败的风险

在采购过程中，采购管理人员可能利用职务便利实施关联交易，或者违反忠实义务侵害企业利益，如自行从供应商处低价购买原材料后加价转售企业，此等行为可能构成职务侵占罪。在"任某翰、刘某职务侵占案"[1]中，判决指出，行为人利用负责企业原材料采购的职务便利，开设企业自行采购原材料，加价后销售给所任职企业从中牟取差价，构成职务侵占罪。如采购管理人员同时受委托负有监督、管理国有资产的职权，则可能构成贪污罪。

9. 标的物质量和验收的风险

企业应当特别注意采购合同中的质量及验收条款。首先，建议企业在采购合同中对标的物的质量作尽可能地具体约定。其次，应重视对标的物质量、数量、包装、规格等情况的查验、测试或者鉴定。采购合同中应当尽可能明确检验的时间、地点、标准、方法、买方发现质量问题提出异议的时间以及卖方答复的时间等。根据《民法典》第621条的规定：(1)买卖合同约定检验期限的，买方应当在检验期间内将标的物的数量或者质量不符合约定的

---

〔1〕 参见上海市虹口区人民法院刑事判决书，(2008)虹刑初字第923号。

情形通知卖方;买方怠于通知的,视为标的物的数量或者质量符合约定。(2)买卖合同没有约定检验期限的,买方应当在发现或者应当发现标的物的数量或者质量不符合约定的合理期限内通知卖方。(3)买方在合理期限内未通知或者自标的物收到之日起2年内未通知卖方的,视为标的物的数量或者质量符合约定,但对标的物有质量保证期的,适用质量保证期,不适用该2年的规定。同时,根据最高人民法院《关于审理买卖合同纠纷案件适用法律问题的解释》第13条的规定,即便买受人已经支付了货款甚至已经开始使用标的物,买方仍可在规定期间提出异议,但是买卖合同对此另有约定的除外。

10. 采购合同违约处理的风险

以下几点需要特别留意:

(1)违约责任。卖方不履行合同义务或者履行合同义务不符合约定的,应当承担继续履行、采取补救措施或者赔偿损失等违约责任。要注意的是,采购合同中应当对赔偿损失的具体数额或计算方式作具体约定,避免后续证明损失时出现证据提供上的困难;同时,约定的赔偿损失以产生了具体损失为前提。

(2)约定的惩罚性违约金。建议企业在采购合同中对惩罚性违约金的具体数额或计算方式作具体约定;在诉讼中,约定的违约金低于实际损失的,可以请求增加。该违约金具有惩罚性质,应当在合同中具体约定。

(3)合同解除。合同解除分为法定解除和约定解除。首先,法定解除包括以下四种情形:①因不可抗力致使不能实现合同目的;②在履行期限届满前,当事人一方明确表示或者以自己的行为表明不履行主要债务;③当事人一方迟延履行主要债务,经催告后在合理期限内仍未履行;④当事人一方迟延履行债务或者有其他违约行为致使不能实现合同目的。满足法定合同解除条件的,当事人可以解除合同。其次,企业还可以在采购合同中约定合同解除的其他情形。最后,合同解除后,尚未履行的,终止履行;已经履行的,当事人可以请求恢复原状或者采取其他补救措施,并有权请求赔偿损失。

(4)约定的赔偿损失、惩罚性违约金与合同解除的适用。首先,约定的赔偿损失的目的在于填补受损失方的损失,而约定的惩罚性违约金的目的在于担保合同履行,因此二者可以共同适用。其次,当违约方的违约行为达到合同解除的标准时,守约方有权解除合同;合同解除后,可以采取恢复原状、采取补救措施或赔偿损失(可根据合同约定的损失赔偿条款进行赔偿)等方式,恢复到双方尚未签订合同时的状态。再次,合同解除不影响约定的惩罚性违约金的适用;约定的违约金低于实际损失的,可以请求增加。但合同解除后,不得再请求继续履行。最后,需要注意的是,赔偿损失和违约金的总额如果过分高于实际损失,在司法实践中法院会根据案件的具体情况、当事人的违约程度、违约造成的后果以及诚信原则等因素进行酌减。

二、采购业务结算、付款与合规

(一)合规管理

本部分的合规目标:首先,确保应付账款与付款管理满足国家法律法规的规定及企业内部规章制度的要求。其次,加强采购验收管理,确定验收方式,由专门的验收机构或验收人员对采购项目进行验收,出具验收证明。最后,正确核算应付账款,注意区分定金和预付款,保证采购业务全流程账实相符。

(二)合规风险

1. 未严格审核付款依据的风险

严格审核采购预算、合同、相关单据凭证、审批程序等内容,并严格审查采购发票的真实性、合法性和有效性,避免付款与收货不一致,导致经济损失。

2. 未及时支付价款导致合同违约的风险

企业不仅应当按照采购合同约定数额足额付款,还应当按照合同约定的方式和期限支付价款;违反合同约定的,构成违约,将承担违约责任。

附录:采购管理相关合规要求

1.《民法典》

2.《招标投标法》(2017 年修正)

3.《招标投标法实施条例》(2019 年修订)

4.《必须招标的工程项目规定》

5. 最高人民法院《关于审理买卖合同纠纷案件适用法律问题的解释》(法释〔2020〕17 号)

6.《企业内部控制应用指引第 7 号——采购业务》(财会〔2010〕11 号)

7.《国有企业采购操作规范》(T/CFLP 0016—2019)

◇ 第三节 企业销售管理与合规风险

一、销售计划管理与合规

(一)合规管理

本部分的合规目标:选择符合法律规定、科学合理的销售政策和策略,根据市场行情与企业发展情况确保定期及时修订企业月度、年度销售计划,管理销售渠道,避免出现横、纵向垄断等不正当交易。

(二)合规风险

1. 销售计划中的商业安排构成垄断协议的风险

根据《反垄断法》的相关规定,垄断行为主要包括垄断协议、滥用市场支配地位和具有限制竞争效果的经营者集中三种类型。其中,依《禁止垄断协议暂行规定》第 6 条的规定,垄断协议不仅包括经营者之间的正式书面协议,经营者之间进行过意思联络或信息交流,各自通过内部的生产、销售计划或安排达成实质上具有一致性的市场行为亦属于达成垄断协议。因此,企业内部制定的销售计划中如包含联合销售、独家采购等商业安排内容,也可能构成垄断协议。当达成并实施垄断协议时,行政监督部门可没收违法所得,并对企业处以上一年度销售额 1% 以上 10% 以下的罚款,造成损失的,亦可请求赔偿损失,具体而言:

(1)公司与集团内部其他公司或企业、公司与子公司或控制公司之间为进行市场协调而做出的销售安排,仍可能构成垄断协议。此外,根据深圳中理外轮理货有限公司实施垄断协议案之意旨,反垄断机关不会仅因为企业之间存在关联关系而否定垄断行为存在,如果关联企业间无直接或间接的控制或被控制关系,各自的生产经营具有独立性,仍可能被认定为具有竞争关系,因而不得达成与实施垄断协议。

(2)联合销售安排可能构成横向垄断。横向垄断协议,是指具有竞争关系的经营者之间达成的垄断协议,如与同业企业达成的协议。如果企业欲与其他公司或企业(包括子公司、控制公司或集团内的其他公司)进行联合销售而制定相应销售计划,应注意联合销售安排是否包含统一销售价格、划分销售客户或地域范围、交换销售信息等可能产生排除、限制竞争效果的内容，当联合销售安排包含前述内容时，可能构成分割销售市场的横向垄断协议。

（3）独家采购、地域或客户限制安排可能构成纵向垄断协议。纵向垄断协议，是指与交易相对人达成的垄断协议，如与客户达成的协议。构成纵向垄断协议的情形包括：①如果企业的商业安排中包含要求客户（包括子公司、控制公司或集团内的其他公司）仅从企业采购特定商品，或设定最低采购目标致使客户从企业购买的商品占到其所需的全部或绝大部分等，即可能属于独家采购；②如果企业通过经销商进行销售，同时，企业的商业安排中包含在特定经销区域对一个或若干经销商供货，且该经销商也承诺不向其他经销区域销售，或者企业限定经销商只能将商品售予或不得售予特定客户，即可能构成地域或客户限制。其中，客户限制可进一步分为主动销售限制与被动销售限制，主动销售指经销商向特定受众发出广告或促销信息，从而促成交易；被动销售指客户主动接洽某个经销商而产生一笔销售交易。限制被动销售，通常作为价格固定的方式之一，很可能构成国务院反垄断执法机构认定的其他垄断协议。因此，如果企业的销售计划中包含独家采购、地域或客户的被动销售限制，可能构成纵向垄断协议。

（4）其他形式的垄断协议。除前述的联合销售、独家采购、地域或客户限制外，《反垄断法》第13条与第14条还规定了不同形式的垄断协议，其中横向垄断协议包括：①固定或者变更商品价格；②限制商品的生产数量或者销售数量；③分割销售市场或者原材料采购市场；④限制购买新技术、新设备或者限制开发新技术、新产品；⑤联合抵制交易；⑥反垄断执法机构认定的其他垄断协议。纵向垄断协议包括：①固定向第三人转售商品的价格；②限定向第三人转售商品的最低价格；③反垄断执法机构认定的其他垄断协议。

2. 与滥用市场支配地位和经营者集中有关的风险

（1）可能与滥用市场支配地位有关的风险。根据国家市场监管总局印发的《企业境外反垄断合规指引》的相关规定，企业应当对从事经营活动的市场、主要竞争者和自身市场力量做出评估和判断，并以此为基础评估和规范业务经营活动。当企业在某一市场中具有较高市场份额时，应当注意其市场行为的商业目的是否为限制竞争、行为是否对竞争造成不利影响，避免出现滥用市场支配地位的风险。

(2)可能与经营者集中有关的风险。大多数司法辖区设有集中申报制度,企业在全球范围内开展合并、收购、设立合营企业等交易时,同一项交易(包括在中国境内发生的交易)可能需要在多个司法辖区进行申报。企业在开展相关交易前,应当全面了解各相关司法辖区的申报要求,充分利用境外反垄断执法机构的事前商谈机制,评估申报义务并依法及时申报。企业收购境外目标企业还应当特别注意目标企业是否涉及反垄断法律责任或者正在接受反垄断调查,评估该法律责任在收购后是否可能被附加至母公司或者买方。

二、客户管理与合规

(一)合规管理

本部分的合规目标:首先,建立符合国家和企业政策要求的客户档案,采用科学合理的客户信用管理,制定恰当的信用金额和结算方式以符合企业的信用政策,能真实、及时地反映该客户的信用状况。其次,对所有销售订单的交付进行监控,避免出现销售过程中的商业贿赂行为等违法行为,保障企业利益。

(二)合规风险

1. 交换客户信息构成垄断协议的风险

根据《反垄断法》的相关规定,垄断行为主要包括垄断协议、滥用市场支配地位和具有限制竞争效果的经营者集中三种类型。其中,垄断协议不仅包括排除、限制竞争的协议或决定,也包括其他协同行为。具体而言:交换客户敏感信息可能构成横向垄断协议。在公司与其他企业(包括子公司、控制公司或集团内的其他公司)之间存在竞争关系的情况下,如果交换包含客户清单、客户采购内容、客户采购数量、客户采购价格等可能属于或用以推断现行的或者将来的价格信息或数量信息的敏感内容的策略性信息,可能构成非价格横向垄断协议。因此企业应当注意,尽量避免对具体的价格、数量、成本、客户、商业计划等竞争性敏感信息的交换。

2. 商业贿赂风险

企业或企业员工在与交易相对方(客户)或对客户有影响力的第三人交易、接触的过程中,为谋取交易机会或竞争优势所实施的不当行为可能构成商业贿赂。典型的可能构成商业贿赂行为包括账外暗中支付回扣、赠送礼品或提供招待、举办会议或组织旅游等,具体涉及以下三个方面:

第一,可能成为商业贿赂对象的交易对象。

《反不正当竞争法》第 7 条明确将禁止商业贿赂的对象定为三类:客户的工作人员、受客户委托办理相关事务的单位或者个人、利用职权或者影响力影响交易的单位或者个人。根据《刑法》第 164 条、第 389 条、第 390 条的规定,国家机关工作人员、对国家工作人员有影响力的人员及国家机关以及国有公司、企业、事业单位、人民团体可成为行贿罪的对象。

(1)客户的工作人员。目前,对于未明示入账向不属于国家机关、国有公司、企业、事业单位、人民团体的客户本身违规支付折扣、佣金是否构成商业贿赂尚存在争议,原则上,企业直接向客户,即采购方公司或企业本身提供折扣、优惠、返利等,在符合明示及如实入账的条件下,不属于商业贿赂,但向客户的工作人员等个人给予财物则很可能构成商业贿赂。《反不正当竞争法》第 7 条明确将客户的工作人员列为商业贿赂的行为对象;《刑法》第 164 条亦规定,为谋取不正当利益,给予公司、企业或者其他单位的工作人员以财物构成对非国家工作人员行贿罪。

(2)受客户委托办理相关事务的单位或者个人。通常情况下,除客户的中介人、行纪人外,受客户委托办理相关事务的单位或者个人尚可能包括为客户提供商业调查、法律咨询服务的机构或个人等临时的受托人,这类受委托处理相关事项的单位或个人被称为"中间人"。尽管《反不正当竞争法》允许向中间人提供佣金,但要求必须以明示方式向中间人支付佣金,且双方都必须如实入账。

(3)利用职权或者影响力影响交易的单位或者个人。除客户的工作人员及中间人外,交易之外的第三方,亦可能构成商业贿赂的对象。其中,第三方主要可以分为利用职权的第三方和利用影响力的第三方。利用职权的第三方既包括承担公共事务管理职能的单位及其工作人员等公权力行使人,也包括客户企业内部具有职权的管理人员。利用影响力的第三方一般包括与客户具有特殊的人际关系的对象,如客户或客户工作人员、中间人的近亲属、朋友、校友等;同时,客户具有重大信赖的对象也可能属于利用影响力的第三方,典型的具有重大信赖的对象包括行业协会、专家、医生、律师等,例如“在乐普(上海)医疗器械有限公司商业贿赂案”[1]中,乐普(上海)公司通过向参加某国际学术会议的授课专家给付讲课费、帮助制作 PPT 等影响专家授课内容的方式,以影响参会医生宣传产品、影响参会医生专业判断为目的,从而获得竞争优势,该行为被认定为利用影响力向影响交易的第三方进行商业贿赂。

(4)国家工作人员或对国家工作人员有影响力的人员。国家机关工作人员的概念应从行使公权力的角度实质理解。一方面,国家机关中从事劳务性工作的人员,如司机、清洁员,不属于国家机关工作人员;另一方面,除国家机关中从事公务的人员外,国家机关、国有公司、企业、事业单位委派到非国有公司、企业、事业单位、社会团体从事公务的人员,或者临时受委托或受权处理公务的人员,如协助行政管理的村委会、居委会成员、履行职责中的人大代表等,均可能属于国家工作人员。对国家工作人员有影响力的人员包括国家工作人员的近亲属或者其他与该国家工作人员关系密切的人,以及离职的国家工作人员或者其近亲属以及其他与其关系密切的人。根据最高人民法院、最高人民检察院《关于办理受贿刑事案件适用法律若干问题的意见》的规定,“特定关系人”,是指与国家工作人员有近亲属、情妇(夫)以及其他共同利益关系的人。不过应当注意,即使不具备近亲属关系或共同利益关系,某些具有职务便利的人员也可能属于对国家工作人员有影响力的人员,例如,在“薛某1对有影响力的人行贿罪上诉案”[2]中,薛某1对担任市委书记专职司机的段某1行贿,被认为构成对有影响力的行贿罪。

(5)国家机关、国有公司、企业、事业单位、人民团体。通常而言,在交易活动中以明示方式向客户支付折扣不构成商业贿赂,但是根据《刑法》第391条的规定,为谋取不正当利益,给予国家机关、国有公司、企业、事业单位、人民团体以财物,或者在经济往来中,违反国家规定,给予各种名义的回扣、手续费,构成对单位行贿罪。

第二,典型的商业贿赂行为。

(1)未明示入账支付折扣、佣金。根据《反不正当竞争法》第7条之规定,企业在交易活动中,可以以明示方式向客户支付折扣,或者向中间人支

---

〔1〕 参见上海市青浦区市场监督管理局行政处罚决定书,沪监管青处字(2018)第292018000076号。

〔2〕 参见内蒙古自治区包头市中级人民法院刑事判决书,(2019)内02刑终173号。

付佣金。企业向客户支付折扣、向中间人支付佣金的，应当如实入账。接受折扣、佣金的客户或中间人也应当如实入账。支付折扣，企业必须在原始凭证（包括发票、验收凭证、资金结算凭证、合同协议、其他有效文字说明材料等）、记账凭证、法定明细账、科目汇总表、总账按规定会计科目对折扣或折让予以及时正确地反映，并按规定如实明确表述。

应当注意的是，支付折扣时一些不恰当的会计处理仍存在法律风险，例如，通过虚构销货退回或折让虚开红字发票，或者将折扣记入成本或销售费用、管理费用等处理方式，均属于未如实入账。尽管 2019 年修正的《反不正当竞争法》删改了“在帐外暗中给予对方单位或者个人回扣的，以行贿论处”的规定，但原国家工商局《关于禁止商业贿赂行为的暂行规定》第 5 条第 1 款“在帐外暗中给予对方单位或者个人回扣的，以行贿论处”及第 3 款“本规定所称帐外暗中，是指未在依法设立的反映其生产经营活动或者行政事业经费收支的财务帐上按照财务会计制度规定明确如实记载，包括不记入财务帐、转入其他财务帐或者做假帐等”之规定尚未被执法机构修订，相关行为依然有可能被作为商业贿赂处罚。此外，即使未被执法机构认定为商业贿赂，不恰当的会计处理亦可能构成税法违法或违反会计准则的行为。

执法机构要求支付折扣必须符合商业实质，即令购买主体获得利益，亦不得混淆支付给中间人的佣金与支付给实际购买人的折扣。例如，在“湖南省新华书店有限责任公司桃源县分公司商业贿赂案”[1]中，执法机构认为当事人向桃源县文昌中学给付“折扣”，作为实际购买主体的学生并没有实际得利，不属于法律意义上和商业惯例上的折扣。

因此，任何费用均应当明示、如实入账，正确列入名目，取得对应相符的发票、收据等有效凭证，不得进行账外暗中的“暗箱操作”或“现金支付”。

（2）赞助。首先，以个人为赞助对象的赞助行为存在重大风险。对个人的赞助通常表现为赞助官员等国家工作人员或交易相对方领导或普通员工出国考察、旅游、参加培训、会议或继续教育。《反不正当竞争法》明确禁止为谋取竞争优势而向客户的工作人员提供财物，同时，国家工作人员很可能具有一定管理公共事实的职权，而构成利用职权影响交易的个人。因此，对个人的赞助很可能被认定为商业贿赂。在“凯西医药咨询（上海）有限公司

---

〔1〕 参见湖南省常德市工商行政管理局行政处罚决定书，常工商行处字〔2018〕4 号。

商业贿赂案"[1]中,凯西医药咨询(上海)有限公司为提高药品在中国市场的销量,邀请医院相关医生在开展学术会议的过程中外出旅游,被认定为商业贿赂。其次,以单位为赞助对象的赞助行为存在构成未明示入账支付折扣、对利用影响力的第三方行贿的可能。如果直接以客户为赞助对象,则赞助行为可能被认定为支付折扣,企业应当明示并如实入账;如果是赞助行业协会、学术会议等第三方机构,则应当进一步检视赞助附带的商业推介条款或者第三方机构的真实性、中立性、无不正当目的,否则可能构成对利用影响力的第三方的贿赂。

(3)捆绑销售。捆绑销售,是指在向顾客供应一种商品或服务的同时,又要求其购买另一种商品或服务。捆绑销售除可能构成垄断行为外,还可能构成未明示入账支付折扣。例如,免费或者以不合理的低价出售一种产品,但同时又捆绑销售另一种产品,且捆绑销售行为具有排除竞争的效果,即可能属于支付折扣,应当遵循明示且如实入账的原则。例如,在"安徽宣草之医疗器械有限公司诉宣城市工商行政和质量技术监督管理局行政处罚决定上诉案"[2]中,判决认为,安徽宣草之医疗器械有限公司与旌德县人民医院签订销售协议,并向该医院免费投放一台 YD-600 尿液分析仪,而该分析仪不属于在销售商品时附赠的小额广告礼品。该公司投放 YD-600 尿液分析仪的目的系销售该仪器的配套试纸,构成商业贿赂。

(4)其他形式的商业贿赂行为。根据原国家工商局《关于禁止商业贿赂行为的暂行规定》第 2 条及最高人民法院、最高人民检察院《关于办理受贿刑事案件适用法律若干问题的意见》第 2 条至第 8 条之规定,原则上,提供任何利益都可以构成贿赂。因此,实践中可能存在的提供干股、承诺代为理财但支付显然高于合理水平的收益、挂名领薪、长期无偿使用权,或者以明显低于市场的价格出售或以明显高于市场的价格购买等行为均可能构成商业贿赂。

第三,商业贿赂的法律责任。

(1)民事责任。《反不正当竞争法》第 17 条第 2 款规定,经营者的合法

---

[1] 参见上海市普陀区市场监督管理局行政处罚决定书,普市监案处字[2017]第 070201710624 号。

[2] 参见安徽省宣城市中级人民法院行政判决书,(2016)皖 18 行终 97 号。

权益受到不正当竞争行为损害的，可以向法院提起诉讼。因此，如果企业因商业贿赂行为对其他企业或个人造成损失的，应当承担民事赔偿责任。民事赔偿的数额按照受侵害方因被侵权所受到的实际损失确定；如果实际损失难以计算，将按照侵权人因侵权所获得的利益确定。赔偿数额还应当包括经营者为制止侵权行为所支付的合理开支。

此外，一些特定活动中的商业贿赂可能有专门规定，例如，根据《招标投标法》的相关规定，投标人以向招标人或者评标委员会成员行贿的手段谋取中标的，中标无效。给他人造成损失的，依法承担赔偿责任。

（2）行政责任。《反不正当竞争法》设有法律推定条款，依据《反不正当竞争法》第 7 条第 3 款之规定，企业的员工进行贿赂的，应当认定为企业的行为；但是，企业有证据证明该员工的行为与企业为谋取交易机会或者竞争优势无关的除外。为推翻推定，企业不仅需要证明对工作人员的贿赂行为不知情，还要证明未从中获得交易机会或竞争优势，或其获得交易机会或竞争优势与工作人员的贿赂行为无关。因此，企业应当加强内控，积极进行诸如内部培训、不定期抽查等反商业贿赂合规建设，勉力搜集员工"个人实施"商业贿赂的证据，以降低员工的个人行为可能为企业带来的法律风险。

根据《反不正当竞争法》第 19 条的规定，企业进行商业贿赂的，最高可处 300 万元罚款，情节严重的，吊销营业执照。

（3）刑事责任。对于员工个人而言，为谋取不正当利益给予国家工作人员财物，或者在经济往来中违反国家规定，给予国家工作人员财物，数额较大的，或者违反国家规定，给予国家工作人员各种名义的回扣、手续费，可能构成行贿罪，最高可判处无期徒刑，并处罚金或者没收财产。为谋取不正当利益，给予国家机关、国有公司、企业、事业单位、人民团体财物，或者在经济往来中，违反国家规定，给予国家机关、国有公司、企业、事业单位、人民团体各种名义的回扣、手续费，可能构成对单位行贿罪，可处 3 年以下有期徒刑或者拘役，并处罚金。为谋取不正当利益，给予公司、企业或者其他单位的工作人员财物，则可能构成对非国家工作人员行贿罪，最高可判处 10 年有期徒刑，并处罚金。为谋取不正当利益，向国家工作人员的近亲属或者其他与该国家工作人员关系密切的人，或者向离职的国家工作人员或者其近亲属以及其他与其关系密切的人行贿的，可能构成对有影响力的人行贿罪，最高可判处 10 年有期徒刑，并处罚金。

其中,“谋取不正当利益”不仅包括违反法律法规谋取不法利益,根据最高人民法院、最高人民检察院《关于办理商业贿赂刑事案件适用法律若干问题的意见》第9条的规定,在招标投标、政府采购等商业活动中,违背公平原则,给予相关人员财物以谋取竞争优势的,也属于“谋取不正当利益”。

对于企业而言,行贿罪、对单位行贿罪、对非国家工作人员行贿罪、对有影响力的人行贿罪均可成立单位犯罪,构成单位行贿罪的,对单位判处罚金,并对其直接负责的主管人员和其他直接责任人员,处5年以下有期徒刑或者拘役,并处罚金;构成对单位行贿罪、对非国家工作人员行贿罪的单位犯罪的,对单位判处罚金,并对其直接负责的主管人员和其他直接责任人员依照对单位行贿罪处罚。构成对有影响力的人行贿罪的单位犯罪的,对单位判处罚金,并对其直接负责的主管人员和其他直接责任人员,处3年以下有期徒刑或者拘役,并处罚金。

我国刑法上的单位犯罪本质上属于一种代位责任,因而成立单位犯罪应证明公司成员或雇员所实施之行为构成对法人行为的代理,具体而言,除相应罪名明文规定可成立单位犯罪外,尚需实现三项要件:①公司名义,即公司成员或雇员以公司名义实行的行为,或代表公司实行的行为;②公司利益,即公司成员或雇员实行的行为是为实现公司之利益,或其至少认识到实现公司利益是一种可能的附随结果;③公司意思,只有公司成员或雇员基于公司之意思所实行之行为方构成单位犯罪,因此,依照公司决策机构或负责人决定而实行的行为或职务权限、劳动合同范围内的行为方构成单位犯罪。

因此,企业建立适当的合规计划,设立完善的职权管理制度,确保反商业贿赂程序被认真善意地应用,持续改进定期测试及审查反商业贿赂机制等行为,可作为员工不具公司名义或不出于公司意思的证据。

三、销售定价管理与合规

(一)合规管理

本部分的合规目标:首先,确保价格的制定符合法律法规以及企业内部规章的规定。其次,确保制定的一般价格符合企业实际的生产及销售情况,与企业经营目标相一致,避免出现定价不当导致滥用市场支配地位的情况。最后,保证制定的价格公平合理,及时、真实地反映市场实际供求关系。

（二）合规风险

1. 定价管理不当构成滥用市场支配地位的风险

如前所述，根据《反垄断法》的相关规定，垄断行为主要包括垄断协议、滥用市场支配地位和具有限制竞争效果的经营者集中三种类型。如果经营者在相关市场内具有支配地位，且实施包括限定交易、拒绝交易、附加不合理交易条件在内的具有排除竞争效果的行为，则可能构成滥用市场支配地位。因此，企业的定价管理中包含忠诚折扣等内容时，可能构成滥用市场支配地位。对于滥用市场支配地位的经营者，行政监督部门可没收违法所得，并处以企业上一年度销售额1%以上10%以下的罚款，造成损失的，亦可请求赔偿损失，具体而言：

市场支配地位，是指经营者在相关市场内具有能够控制商品价格、数量或者其他交易条件，或者能够阻碍、影响其他经营者进入相关市场能力。构成滥用市场支配地位的前提是经营者在相关市场尚具有支配地位，国务院反垄断委员会《关于相关市场界定的指南》提供了相关市场的界定，包括相关地域市场和相关产品市场两方面；《反垄断法》第19条则规定了三种关键指标：（1）一个经营者在相关市场的市场份额达到1/2的；（2）两个经营者在相关市场的市场份额合计达到2/3的；（3）三个经营者在相关市场的市场份额合计达到3/4的。应当注意的是，不应仅凭借全国市场上某一大类产品存在产能过剩等情况简单排除企业不具市场支配地位，相关地域市场的范围可能因运输成本和特征、特定区域的需求者偏好等影响而缩小，相关产品市场范围可能因细分产品的特异性较大而缩小，在相关市场范围较小的情况下，企业仍有可能达到前述市场份额标准，从而具备市场支配地位。

定价管理时滥用忠诚折扣（最惠国待遇）可能被视为滥用市场支配地位。《反垄断法》禁止具有市场支配地位的经营者在没有正当理由的情况下，限定交易相对人只能与其或其指定的特定对象进行交易。实践中，限定交易的表现更为多样，在“利乐滥用市场支配地位案”[1]中，忠诚折扣包括追溯性累计销量折扣和个性化目标折扣。前者是指当客户采购量达到或超过阈值时，会出现采购量增多而总支付却减少的情况，或者是将两种类型的产品放在一起计算销量折扣；个性化目标折扣则是以特定客户一定时期内

---

〔1〕 参见原国家工商行政管理总局行政处罚决定书，（2016）1号。

采购产品达到或超过目标比例或个别固定的数量为条件给予的折扣,在实际操作中,利乐一般根据具体客户的情况单独制定采购比例要求,利乐的行为被反垄断执法机构认定为其他滥用市场支配地位的行为。因此,通过给予折扣设置诱导性的采购比例指标的安排,产生客户的锁定效应和对竞争对手的排挤效应,也可能被认定为滥用市场支配地位。

除前述的滥用忠诚折扣外,《反垄断法》第 17 条也规定了不同形式的垄断协议:(1)以不公平的高价销售商品或者以不公平的低价购买商品;(2)没有正当理由,以低于成本的价格销售商品;(3)没有正当理由,拒绝与交易相对人进行交易;(4)没有正当理由,限定交易相对人只能与其进行交易或者只能与其指定的经营者进行交易;(5)没有正当理由搭售商品,或者在交易时附加其他不合理的交易条件;(6)没有正当理由,对条件相同的交易相对人在交易价格等交易条件上实行差别待遇;(7)国务院反垄断执法机构认定的其他滥用市场支配地位的行为。

此外,定价管理中采取限定转售价格(渠道限价)可能构成纵向垄断协议。根据《反垄断法》的规定,固定交易相对方向第三人转售商品的价格,以及限定交易相对方向第三人转售商品的最低价格属纵向垄断协议。不仅如此,如果企业采取固定毛利率或折扣率等对价格具有影响的间接行为,也可能构成纵向垄断协议。

2. 定价管理构成价格违法行为的风险

即使经营者不具有市场支配地位或者与其他经营者达成垄断协议,某些不正当的定价行为仍可能构成价格违法行为。依据《价格法》第 14 条的规定,价格违法行为包括:(1)串通操纵市场价格;(2)低价倾销,即除依法降价处理鲜活商品、季节性商品、积压商品等商品外,为了排挤竞争对手或者独占市场,以低于成本的价格倾售;(3)哄抬价格,即捏造、散布涨价信息,推动商品价格过高上涨;(4)价格欺骗,即利用虚假的或者使人误解的标价形式或者价格手段,欺骗、诱导消费者或者其他经营者与其进行交易;(5)价格歧视,即提供相同商品或者服务,对具有同等交易条件的其他经营者实行不公平的待遇;(6)变相压抬价格,即在销售商品的过程中,采取了抬高等级或者压低等级等不正当的手段,变相提高或者压低价格;(7)违反法律法规的规定牟取暴利。其中,“违反法律、法规的规定牟取暴利”的行为由《制止牟取暴利的暂行规定》进一步规定。具体包括:(1)不按照规定明码标价或者在明码标示的价格之外索要高价;(2)谎称削价让利,或者以虚假的优惠价、折扣价、处理价、最低价以及其他虚假的价格信息,进行价格欺诈;(3)违反公平、自愿原则,强迫交易对方接受高价等行为。

价格欺骗属于最主要的价格违法行为,在实践中主要包括通过价格标识与通过价格手段进行价格欺骗两类。

通过价格标识进行价格欺骗包括:(1)标价签、价目表等所标示商品的价格、收费标准等有关内容与实际不符,并以此为手段诱骗他人购买;(2)对同一商品,在同一交易场所同时使用两种标价签或者价目表,以低价招徕顾客并以高价进行结算;(3)使用欺骗性或者误导性的语言、文字、图片、计量单位等标价,诱导他人与其交易;(4)标示的市场最低价、出厂价、批发价、特价、极品价等价格表示无依据或者无从比较;(5)降价销售所标示的折扣商品,其折扣幅度与实际不符;(6)销售处理商品时,不标示处理品和处理品价格;(7)采取价外馈赠方式销售商品时,不如实标示馈赠物品的品名、数量或者馈赠物品为假劣商品;(8)销售商品带有价格附加条件时,不标示或者含糊标示附加条件。

通过价格手段进行价格欺骗包括:(1)虚构原价,虚构降价原因,虚假优惠折价,谎称降价或者将要提价,诱骗他人购买;(2)销售商品前有价格承诺,不履行或者不完全履行;(3)谎称销售价格高于或者低于其他经营者的收购、销售价格,诱骗消费者或者经营者与其进行交易;(4)采取掺杂、掺假,以假充真,以次充好,短缺数量等手段,使数量或者质量与价格不符;(5)对实行市场调节价的商品和服务价格,谎称为政府定价或者政府指导价。

依据《价格违法行为行政处罚规定》的规定,违反前述《价格法》第14条的规定实施价格违法行为,除可能遭行政监督部门罚款、责令停业整顿、吊销营业执照外,还可能被公告价格违法行为。

四、销售合同管理与合规

(一)合规管理

本部分的合规目标:首先,明确客户的选择和合同的签订符合法律法规和企业的相关要求与程序。其次,保证签订的销售合同符合企业销售计划及价格标准。最后,确保所有销售都有合同保障,保证合同的签订及条款遵循相关法律法规及企业规定。

(二)合规风险

1. 合同条款涉及滥用市场支配地位内容的风险

根据《反垄断法》的相关规定,垄断行为主要包括垄断协议、滥用市场支配地位和具有限制竞争效果的经营者集中三种类型。如果经营者在相关市场内具有支配地位,而实施包括限定交易、拒绝交易、附加不合理交易条件在内的具有排除竞争效果的行为,则可能构成滥用市场支配地位。因此,企业的销售合同中包含长期最低定量采购限制条款时,可能构成滥用市场支配地位。对于滥用市场支配地位的经营者,行政监督部门可没收违法所得,并处以企业上一年度销售额1%以上10%以下的罚款,造成损失的,亦可请求赔偿损失,具体而言:

长期最低定量采购限制(照付不议)条款可能构成滥用市场支配地位。如果企业在合同中规定了限制最低采购数量条款,应注意其是否具有限定交易的效果。在"伊士曼公司滥用市场支配地位案"[1]中,伊士曼公司与下游企业签订并实施了含有限制最低采购数量的条款,根据合同条款,客户在任何情况下都应按照约定的年度最低采购量付款,而这些长期定量采购的采购量设定在客户实际需求量的六成至八成,反垄断执法机构认为,伊士曼公司的排他性协议中均设置了过高的最低采购要求,所产生的长期数量强制义务较重,使得交易相对方在转换供应商方面存在明显困难,带来了明显的限定交易结果,构成"没有正当理由,限定交易相对人只能与其进行交易或者只能与其指定的经营者进行交易"。因此,企业应当注意,对于含有限制最低采购数量条款的销售合同,应谨慎设置过高的最低采购要求或者保证采购量条款,因其可能产生限定交易的效果,构成滥用市场支配地位。

2. 企业作为销售合同(买卖合同)下出卖人的主要义务

通常情况下,企业作为销售合同(买卖合同)下的出卖人负有交付标的物并转移所有权、权利瑕疵担保义务及质量瑕疵担保义务三项主要义务。具体而言:

(1)交付标的物并转移所有权。企业在销售合同中的主要义务,就是交付产品和转移产品的所有权。交付产品,是将产品交付给客户,如果产品是用提取标的物的单证形态表现的,交付提取产品的单证也构成交付,如交付

---

[1] 参见上海市市场监督管理局行政处罚判决书,(2019)第00020170047号。

仓单。通常而言,在交付标的物的同时,企业负有转移产品所有权的义务,除非企业与客户有特别约定,产品所有权转移的原则是产品所有权自产品交付时起转移。

(2)权利瑕疵担保义务。权利瑕疵担保又称追夺担保,是指企业担保其出卖的产品的所有权完全转移于客户,第三人不能对产品享有任何权利的担保义务,如第三人的抵押权、法定优先权、知识产权等。因此,企业就交付的产品负有保证第三人不得向客户主张任何权利的义务。

(3)质量瑕疵担保义务。履行买卖合同债务,企业应当按照约定的质量要求交付产品。除此之外,如果企业在合同的附件中提供有关产品的质量说明的,该买卖产品质量说明是合同的组成部分,应当作为产品质量的约定。企业交付的产品不符约定的,属于违约;如果企业交付的产品不仅不符合质量要求,而且还致使不能实现合同目的,即构成产品质量的根本违约,客户享有拒绝受领权和合同解除权,可以行使拒绝受领权,且并不构成违约;也可以直接行使解除权而解除合同。

五、收入确认核算与合规

(一)合规管理

本部分的合规目标:首先,收入确认应当符合国家相关法律法规以及企业的有关规定,销售的确认、计量和报告应当符合国家统一的会计准则制度的规定。其次,保证企业收入的确认及时、准确地得到记录并恰当体现在财务报告中;确保应收账款明细表反映的信息准确、完整。

(二)合规风险

1. 会计准则、不同税法下收入确认时点不同的风险

现行会计准则、企业所得税法及增值税法下收入确认时点不同,导致纳税义务产生时点不同。如果未准确确认收入时点,即使在相应纳税期末已及时申报,亦可能招致税收执法机不必要的调查。具体而言:

《企业会计准则第14号——收入》规定,以客户取得相关商品控制权为原则作为确认收入的时点。通常而言,控制权移转规则类似于买卖合同中的风险转移规则,在无特别约定的情况下,货物交第三方的承运人运输,则交由第一承运人时发生控制权移转,即交由承运人时客户取得控制权,如企业自行配送,则货物直至交付客户时发生控制权移转;如客户自行提货,则

交付客户指定的运输地点及人员时发生控制权移转。

《企业所得税法实施条例》规定,以权责发生制为原则确认收入时点,权责发生制原则下与会计准则下的客户取得相关商品控制权为原则处理类似。

《增值税暂行条例》规定,纳税义务产生时点为开票时点,因此,企业只要开具了发票的就需要确认货物销售收入。

2. 遗漏视同销售收入确认的风险

根据《企业所得税法实施条例》《增值税暂行条例》的相关规定,某些关于货物的收入可能被视同销售,企业应注意查核企业发生非货币性资产交换,以及将货物用于捐赠、偿债、赞助、集资、广告、样品、职工福利或利润分配等用途的,或者将货物分配给股东或者投资者的,是否按税法规定视同销售货物确认收入。

3. 遗漏货物移送的风险

由于企业可能设立分支机构,应当注意,企业分支机构之间需要自其他机构调货时,可能构成视同销售的货物移送。根据《增值税暂行条例》的规定,企业设有两个以上机构并实行统一核算的,除相关机构设在同一县(市)的外,将货物从一个机构移送其他机构未做视同销售收入缴纳增值税的,如果是将货物从一个机构移送其他机构用于销售的,应作视同销售收入补征增值税。

六、开票和收款管理与合规

(一)合规管理

本部分的合规目标:首先,保证发票的开具合规合法,发票内容准确、与合同相符。其次,保证发票及时开具,并准确传递至客户处。最后,保证收款符合财务法规和企业规章的要求,对应收账款实行有效管理,及时催收,保证货款能及时、准确回收。

(二)合规风险

1. 未开具发票、开具发票形式不符规定的风险

依据《发票管理办法》的规定,企业销售商品对外发生经营业务收取款项,企业原则上即应当向客户开具发票,此外,开具发票时,应当按照规定的时限、顺序、栏目,全部联次一次性开具发票并加盖发票专用章,应未开具发

票而不开具、开具发票形式不符规定属于行政违法，可能被没收违法所得并处1万元以下罚款。

2. 虚开发票的风险

《发票管理办法》第22条禁止为客户开具与实际经营业务情况不符的发票。此外，由于企业采取先款后货销售，应尽量避免先收款即开票最后再发货，因可能造成增值税申报销售额高于会计确认收入，引起执法机构不必要的调查。除没收违法所得外，虚开发票金额在1万元以下的，行政机关可并处5万元以下的罚款；虚开金额超过1万元的，可并处5万元以上50万元以下的罚款。

3. 构成虚开增值税专用发票罪的风险

根据《刑法》的规定，虚开增值税专用发票，最高可判处无期徒刑，并处50万元以下罚金或者没收财产；同时本罪可成立单位犯罪，构成单位犯罪时，对单位处罚金，对单位直接负责的主管人员和其他直接责任人员最高可判处无期徒刑。虚开发票包括没有实际经营活动而开具发票，有实际经营活动但以少开多。

七、期货交易管理与合规

（一）合规管理

本部分的合规目标：首先，确保期货交易符合行业规范，国家法律法规要求以及企业制度要求。其次，确保期货交易符合企业的经营利益。最后，建立与企业业务规模、风险承受能力相匹配的资本约束机制和资本补充机制。

（二）合规风险

本部分的合规风险主要是不符合套期保值原则的风险。《期货交易管理条例》明确规定，国有控股企业进行境内外期货交易，应当遵循套期保值的原则，具体而言，国有控股企业应确保期货交易符合：(1)交易方向相反原则；(2)商品种类相同原则；(3)数量相等或相近原则；(4)月份相同或相近原则。违反套期保值原则，行政监督部门可给予警告，没收违法所得，并处违法所得1倍以上5倍以下的罚款；没有违法所得或者违法所得不满10万元的，并处10万元以上50万元以下的罚款，并对直接负责的主管人员和其他直接责任人员给予降级直至开除的纪律处分。

附录:销售管理相关合规要求

1.《著作权法》(2020 年修正)
2.《专利法》(2020 年修正)
3.《民法典》
4.《刑法》(2020 年修正)
5.《商标法》(2019 年修正)
6.《反不正当竞争法》(2019 年修正)
7.《产品质量法》(2018 年修正)
8.《民事诉讼法》(2021 年修正)
9.《反垄断法》(2022 年修正)
10.《企业所得税法实施条例》(2019 年修订)
11.《发票管理办法》(2019 年修订)
12.《增值税暂行条例》(2017 年修订)
13.《期货交易管理条例》(2017 年修订)
14. 财政部《关于修订印发〈企业会计准则第 14 号——收入〉的通知》(财会〔2017〕22 号)
15. 国家税务总局《关于确认企业所得税收入若干问题的通知》(国税函〔2008〕875 号)
16.《企业内部控制应用指引第 9 号——销售业务》(财会〔2010〕11 号)
17.《上海期货交易所交割细则(修订版)》(上海期货交易所公告〔2021〕90 号)
18.《上海期货交易所套利交易管理办法》(2018 年修订)
19. 国家市场监督管理总局《关于印发〈企业境外反垄断合规指引〉的通知》(国市监反垄发〔2021〕72 号)

第四节　企业社会责任管理与合规风险

一、职业健康安全管理与合规

(一)合规管理

本部分的合规目标:首先,建立健全安全生产管理机构,加大安全生产投入和经常性维护管理。其次,定期开展员工安全生产教育、实行特殊岗位资格认证制度以及建立安全生产事故应急预警和报告机制。再次,建立严格的安全经营管理体系、操作规范和应急预案，建立重大风险预警机制和突发事件应急处理机制，确保突发事件得到及时妥善处理。最后，按期对员工进行非职业性健康监护，对从事有职业危害作业的员工进行职业性健康监护。

通过多种方式注重劳动者在生产、工作过程中的职业健康保护与合规，积极承担社会责任与义务，打造良好的企业形象。

（二）合规风险

1. 劳动安全卫生制度、设施、条件等不符合规定的风险

用人单位应当建立健全劳动安全卫生制度，提供符合国家标准的劳动安全卫生设施。提供符合劳动安全卫生条件和必要的劳动防护用品。对从事有职业危害作业的劳动者应当定期进行健康检查，从事特种作业的劳动者必须经过专门培训并取得特种作业资格。

2. 对女职工特殊保护不符合规定的风险

用人单位应当建立预防和制止对女职工性骚扰的制度。禁止安排女职工从事矿山井下、国家规定的第四级体力劳动强度的劳动和其他禁忌从事的劳动；不得安排女职工在经期从事高处、低温、冷水作业和国家规定的第三级体力劳动强度的劳动；不得安排女职工在怀孕期间从事国家规定的第三级体力劳动强度的劳动和孕期禁忌从事的劳动。对怀孕七个月以上的女职工，不得安排其延长工作时间和夜班劳动；不得安排女职工在哺乳未满一周岁的婴儿期间从事国家规定的第三级体力劳动强度的劳动和哺乳期禁忌从事的其他劳动；不得安排其延长工作时间和夜班劳动。更详细的规定，参见《女职工劳动保护特别规定》。

3. 劳动合同签订时未履行告知义务，劳动合同缺少劳动条件条款，用人单位需给付经济补偿金

用人单位招用劳动者时，应当如实告知劳动者工作内容、工作条件、职业危害、安全生产状况、劳动报酬，以及劳动者要求了解的其他情况。劳动合同应当具备劳动保护、劳动条件和职业危害防护的条款。

4. 未提供符合规定的劳动条件，劳动者单方解除合同，用人单位需给付经济补偿金

用人单位未按照劳动合同约定提供劳动保护或者劳动条件的，劳动者可以解除劳动合同；劳动者据此解除合同，用人单位应当向劳动者支付经济补偿金。

5. 有毒物品作业场所不符合防范的特别要求,劳动安全卫生制度、设施、条件等不符合规定的风险

用人单位使用有毒物品作业的场所,除应当符合《职业病防治法》规定的职业卫生要求外,还必须符合下列要求:作业场所与生活场所分开,作业场所不得住人;有害作业与无害作业分开,高毒作业场所与其他作业场所隔离;设置有效的通风装置;可能突然泄漏大量有毒物品或者易造成急性中毒的作业场所,设置自动报警装置和事故通风设施。

6. 有毒物品作业场所不符合防范的特别要求的风险

在生产、作业中违反有关安全管理的规定,因而发生重大伤亡事故或者造成其他严重后果的,构成重大责任事故罪。在生产、作业中违反有关安全管理的规定,有下列情形之一,具有发生重大伤亡事故或者其他严重后果的现实危险的,构成危险作业罪:(1)关闭、破坏直接关系生产安全的监控、报警、防护、救生设备、设施,或者篡改、隐瞒、销毁其相关数据、信息的;(2)因存在重大事故隐患被依法责令停产停业、停止施工、停止使用有关设备、设施、场所或者立即采取排除危险的整改措施,而拒不执行的;(3)涉及安全生产的事项未经依法批准或者许可,擅自从事矿山开采、金属冶炼、建筑施工,以及危险物品生产、经营、储存等高度危险的生产作业活动的。安全生产设施或者安全生产条件不符合国家规定,因而发生重大伤亡事故或者造成其他严重后果的,直接负责的主管人员和其他直接责任人员构成重大劳动安全事故罪。在安全事故发生后,负有报告职责的人员不报或者谎报事故情况,贻误事故抢救,情节严重的,构成不报、谎报安全事故罪。

7. 生产经营单位的主要负责人未依法履行职责的风险

生产经营单位的主要负责人对本单位安全生产工作负有以下职责:(1)建立健全本单位安全生产责任制;(2)组织制定本单位安全生产规章制度和操作规程;(3)组织制定并实施本单位安全生产教育和培训计划;(4)保证本单位安全生产投入的有效实施;(5)督促、检查本单位的安全生产工作,及时消除生产安全事故隐患;(6)组织制定并实施本单位的生产安全事故应急救援预案;(7)及时、如实报告生产安全事故。

8. 生产经营单位的安全生产管理机构以及安全生产管理人员未依法履行职责的风险

生产经营单位的安全生产管理机构以及安全生产管理人员履行下列职

责:(1)组织或者参与拟订本单位安全生产规章制度、操作规程和生产安全事故应急救援预案;(2)组织或者参与本单位安全生产教育和培训,如实记录安全生产教育和培训情况;(3)组织开展危险源辨识和评估,督促落实本单位重大危险源的安全管理措施;(4)组织或者参与本单位应急救援演练;(5)检查本单位的安全生产状况,及时排查生产安全事故隐患,提出改进安全生产管理的建议;(6)制止和纠正违章指挥、强令冒险作业、违反操作规程的行为;(7)督促落实本单位安全生产整改措施。生产经营单位可以设置专职安全生产分管负责人,协助本单位主要负责人履行安全生产管理职责。

9. 生产经营单位的主要负责人和安全生产管理人员不具备相关知识或未通过考核的风险

《安全生产法》第27条规定,生产经营单位的主要负责人和安全生产管理人员必须具备与本单位所从事的生产经营活动相应的安全生产知识和管理能力。危险物品的生产、经营、储存、装卸单位以及矿山、金属冶炼、建筑施工、运输单位的主要负责人和安全生产管理人员,应当由主管的负有安全生产监督管理职责的部门对其安全生产知识和管理能力考核合格。危险物品的生产、储存、装卸单位以及矿山、金属冶炼单位应当有注册安全工程师从事安全生产管理工作。鼓励其他生产经营单位聘用注册安全工程师从事安全生产管理工作。注册安全工程师按专业分类管理,具体办法由国务院人力资源和社会保障部门、国务院应急管理部门会同国务院有关部门制定。

10. 未对从业人员进行安全生产教育的风险

《安全生产法》第28条规定,生产经营单位应当对从业人员进行安全生产教育和培训,保证从业人员具备必要的安全生产知识,熟悉有关的安全生产规章制度和安全操作规程,掌握本岗位的安全操作技能,了解事故应急处理措施,知悉自身在安全生产方面的权利和义务。未经安全生产教育和培训合格的从业人员,不得上岗作业。

11. 安全生产培训时长不符合规定的风险

生产经营单位主要负责人和安全生产管理人员初次安全培训时间不得少于32学时,每年再培训时间不得少于12学时。煤矿、非煤矿山、危险化学品、烟花爆竹、金属冶炼等生产经营单位主要负责人和安全生产管理人员初次安全培训时间不得少于48学时,每年再培训时间不得少于16学时。煤矿、非煤矿山、危险化学品、烟花爆竹、金属冶炼等生产经营单位必须对新上岗的临时工、合同工、劳务工、轮换工、协议工等进行强制性安全培训,保证其具备本岗位安全操作、自救互救以及应急处置所需的知识和技能后,方能安排上岗作业。生产经营单位新上岗的从业人员,岗前安全培训时间不得少于 24 学时。煤矿、非煤矿山、危险化学品、烟花爆竹、金属冶炼等生产经营单位新上岗的从业人员安全培训时间不得少于 72 学时,每年再培训的时间不得少于 20 学时。

12. 特种作业人员不具备资质的风险

生产经营单位的特种作业人员必须按照国家有关规定经专门的安全作业培训,取得相应资格,方可上岗作业。

13. 安全设备的使用、维护、检测等不符合规定的风险

安全设备的设计、制造、安装、使用、检测、维修、改造和报废,应当符合国家标准或者行业标准。生产经营单位必须对安全设备进行经常性维护、保养,并定期检测,保证正常运转。维护、保养、检测应当作好记录,并由有关人员签字。生产经营单位不得关闭、破坏直接关系生产安全的监控、报警、防护、救生设备、设施,或者篡改、隐瞒、销毁其相关数据、信息。

14. 将生产项目外包给不具备安全生产资质的单位的风险

生产经营单位不得将生产经营项目、场所、设备发包或者出租给不具备安全生产条件或者相应资质的单位或者个人。生产经营项目、场所发包或者出租给其他单位的,生产经营单位应当与承包单位、承租单位签订专门的安全生产管理协议,或者在承包合同、租赁合同中约定各自的安全生产管理职责;生产经营单位对承包单位、承租单位的安全生产工作统一协调、管理,定期进行安全检查,发现安全问题的,应当及时督促整改。

15. 发生生产安全事故后不报、谎报或迟报的风险

生产经营单位发生生产安全事故后,事故现场有关人员应当立即报告本单位负责人。单位负责人接到事故报告后,应当迅速采取有效措施,组织抢救,防止事故扩大,减少人员伤亡和财产损失,并按照国家有关规定立即如实报告当地负有安全生产监督管理职责的部门,不得隐瞒不报、谎报或者迟报,不得故意破坏事故现场、毁灭有关证据。

16. 特种设备未登记的风险

特种设备使用单位应当在特种设备投入使用前或者投入使用后 30 日

内,向负责特种设备安全监督管理的部门办理使用登记,取得使用登记证书。登记标志应当置于该特种设备的显著位置。

17. 特种设备使用单位未建立安全管理制度的风险

特种设备使用单位应当建立岗位责任、隐患治理、应急救援等安全管理制度,制定操作规程,保证特种设备安全运行。

18. 未配备特种设备安全管理人员的风险

特种设备使用单位,应当根据情况设置特种设备安全管理机构或者配备专职、兼职的特种设备安全管理人员。

19. 特种设备未定期维护和检测的风险

特种设备使用单位应当对其使用的特种设备进行经常性维护保养和定期自行检查,并作出记录。特种设备使用单位应当对其使用的特种设备的安全附件、安全保护装置进行定期校验、检修,并作出记录。特种设备使用单位应当按照安全技术规范的要求,在检验合格有效期届满前一个月向特种设备检验机构提出定期检验要求。特种设备安全管理人员应当对特种设备使用状况进行经常性检查,发现问题应当立即处理;情况紧急时,可以决定停止使用特种设备并及时报告本单位有关负责人。

20. 未依法履行特种设备报废义务的风险

特种设备存在严重事故隐患,无改造、修理价值,或者达到安全技术规范规定的其他报废条件的,特种设备使用单位应当依法履行报废义务,采取必要措施消除该特种设备的使用功能,并向原登记的负责特种设备安全监督管理的部门办理使用登记证书注销手续。

21. 未依法履行消防安全职责的风险

企业应当履行下列消防安全职责:(1)落实消防安全责任制,制定本单位的消防安全制度、消防安全操作规程,制定灭火和应急疏散预案;(2)按照国家标准、行业标准配置消防设施、器材,设置消防安全标志,并定期组织检验、维修,确保完好有效;(3)对建筑消防设施每年至少进行一次全面检测,确保完好有效,检测记录应当完整准确,存档备查;(4)保障疏散通道、安全出口、消防车通道畅通,保证防火防烟分区、防火间距符合消防技术标准;(5)组织防火检查,及时消除火灾隐患;(6)组织进行有针对性的消防演练;(7)法律法规规定的其他消防安全职责。单位的主要负责人是本单位的消防安全责任人。

22. 企业安全生产管理人员配置不符合规定的风险

根据《安全生产法》第24条的规定，矿山、金属冶炼、建筑施工、运输单位和危险物品的生产、经营、储存、装卸单位，应当设置安全生产管理机构或者配备专职安全生产管理人员。前述规定以外的其他生产经营单位，从业人员超过100人的，应当设置安全生产管理机构或者配备专职安全生产管理人员；从业人员在100人以下的，应当配备专职或者兼职的安全生产管理人员。

23. 未及时修订应急救援预案的风险

有下列情形之一的，生产安全事故应急救援预案制定单位应当及时修订相关预案：(1)制定预案所依据的法律、法规、规章、标准发生重大变化；(2)应急指挥机构及其职责发生调整；(3)安全生产面临的风险发生重大变化；(4)重要应急资源发生重大变化；(5)在预案演练或者应急救援中发现需要修订预案的重大问题；(6)其他应当修订的情形。

24. 未建立应急救援队伍的风险

《安全生产法》第82条规定，危险物品的生产、经营、储存单位以及矿山、金属冶炼、城市轨道交通运营、建筑施工单位应当建立应急救援组织；生产经营规模较小的，可以不建立应急救援组织，但应当指定兼职的应急救援人员。危险物品的生产、经营、储存、运输单位以及矿山、金属冶炼、城市轨道交通运营、建筑施工单位应当配备必要的应急救援器材、设备和物资，并进行经常性维护、保养，保证正常运转。

25. 应急预案未备案的风险

《生产安全事故应急条例》规定，生产经营单位应当针对本单位可能发生的生产安全事故的特点和危害，进行风险辨识和评估，制定相应的生产安全事故应急救援预案，并向本单位从业人员公布。生产安全事故应急救援预案应当符合有关法律、法规、规章和标准的规定，具有科学性、针对性和可操作性，明确规定应急组织体系、职责分工以及应急救援程序和措施。易燃易爆物品、危险化学品等危险物品的生产、经营、储存、运输单位，矿山、金属冶炼、城市轨道交通运营、建筑施工单位，以及宾馆、商场、娱乐场所、旅游景区等人员密集场所经营单位，应当将其制定的生产安全事故应急救援预案按照国家有关规定报送县级以上人民政府负有安全生产监督管理职责的部门备案，并定期组织演练，依法向社会公布。县级以上地方各级人民政府应当组织有关部门制定本行政区域内生产安全事故应急救援预案，建立应急救援体系。乡镇人民政府和街道办事处，以及开发区、工业园区、港区、风景区等应当制定相应的生产安全事故应急救援预案，协助人民政府有关部门或者按照授权依法履行生产安全事故应急救援工作职责。

26. 生产安全事故应急预案演练不符合要求的风险

易燃易爆物品、危险化学品等危险物品的生产、经营、储存、运输单位，矿山、金属冶炼、城市轨道交通运营、建筑施工单位，以及宾馆、商场、娱乐场所、旅游景区等人员密集场所经营单位，应当至少每半年组织一次生产安全事故应急救援预案演练，并将演练情况报送所在地县级以上地方人民政府负有安全生产监督管理职责的部门。县级以上地方人民政府负有安全生产监督管理职责的部门应当对本行政区域内上述规定的重点生产经营单位的生产安全事故应急救援预案演练进行抽查；发现演练不符合要求的，应当责令限期改正。

27. 应急预案未定期评估的风险

《生产安全事故应急预案管理办法》第 35 条指出，应急预案编制单位应当建立应急预案定期评估制度，对预案内容的针对性和实用性进行分析，并对应急预案是否需要修订作出结论。矿山、金属冶炼、建筑施工企业和易燃易爆物品、危险化学品等危险物品的生产、经营、储存、运输企业、使用危险化学品达到国家规定数量的化工企业、烟花爆竹生产、批发经营企业和中型规模以上的其他生产经营单位，应当每 3 年进行一次应急预案评估。应急预案评估可以邀请相关专业机构或者有关专家、有实际应急救援工作经验的人员参加，必要时可以委托安全生产技术服务机构实施。

28. 未配备安全事故排查专项资金的风险

生产经营单位应当保证事故隐患排查治理所需的资金，建立资金使用专项制度。

29. 安全事故排查结果未报送有关机关的风险

生产经营单位应当每季、每年对本单位事故隐患排查治理情况进行统计分析，并分别于下一季度 15 日前和下一年 1 月 31 日前向安全监管监察部门和有关部门报送书面统计分析表。统计分析表应当由生产经营单位主要负责人签字。对于重大事故隐患，生产经营单位除依照上述规定报送外，应当及时向安全监管监察部门和有关部门报告。重大事故隐患报告内容应当包括:(1)隐患的现状及其产生原因;(2)隐患的危害程度和整改难易程度分析;(3)隐患的治理方案。

30. 工作场所不符合职业卫生要求的风险

工作场所应当符合下列职业卫生要求:(1)职业病危害因素的强度或者浓度符合国家职业卫生标准;(2)有与职业病危害防护相适应的设施;(3)生产布局合理,符合有害与无害作业分开的原则;(4)有配套的更衣间、洗浴间、孕妇休息间等卫生设施;(5)设备、工具、用具等设施符合保护劳动者生理、心理健康的要求;(6)法律、行政法规和国务院卫生健康行政部门关于保护劳动者健康的其他要求。

31. 职业病危害项目未及时申报的风险

用人单位工作场所存在职业病目录所列职业病的危害因素的,应当及时、如实向所在地卫生行政部门申报危害项目,接受监督。

32. 职业病防治管理措施不符合规定的风险

用人单位应当采取下列职业病防治管理措施:(1)设置或者指定职业卫生管理机构或者组织,配备专职或者兼职的职业卫生管理人员,负责本单位的职业病防治工作;(2)制定职业病防治计划和实施方案;(3)建立健全职业卫生管理制度和操作规程;(4)建立健全职业卫生档案和劳动者健康监护档案;(5)建立健全工作场所职业病危害因素监测及评价制度;(6)建立健全职业病危害事故应急救援预案。

33. 未提供警示标志和警示说明的风险

对产生严重职业病危害的作业岗位,应当在其醒目位置,设置警示标识和中文警示说明。警示说明应当载明产生职业病危害的种类、后果、预防以及应急救治措施等内容。

34. 职业病防护设备、救援设施和防护用品未配备完善的风险

对可能发生急性职业损伤的有毒、有害工作场所,用人单位应当设置报警装置,配置现场急救用品、冲洗设备、应急撤离通道和必要的泄险区。对放射工作场所和放射性同位素的运输、贮存,用人单位必须配置防护设备和报警装置,保证接触放射线的工作人员佩戴个人剂量计。对职业病防护设备、应急救援设施和个人使用的职业病防护用品,用人单位应当进行经常性的维护、检修,定期检测其性能和效果,确保其处于正常状态,不得擅自拆除或者停止使用。

35. 未进行职业病危害因素日常和定期监测的风险

用人单位应当实施由专人负责的职业病危害因素日常监测，并确保监测系统处于正常运行状态。用人单位应当按照国务院卫生健康行政部门的规定，定期对工作场所进行职业病危害因素检测、评价。检测、评价结果存入用人单位职业卫生档案，定期向所在地卫生健康行政部门报告并向劳动者公布。

36. 职业卫生培训不符合规定的风险

用人单位的主要负责人和职业卫生管理人员应当接受职业卫生培训，遵守职业病防治法律法规，依法组织本单位的职业病防治工作。用人单位应当对劳动者进行上岗前的职业卫生培训和在岗期间的定期职业卫生培训，普及职业卫生知识，督促劳动者遵守职业病防治法律、法规、规章和操作规程，指导劳动者正确使用职业病防护设备和个人使用的职业病防护用品。

37. 职工工伤时用人单位的责任和义务

职工因工作遭受事故伤害或者患职业病需要暂停工作接受工伤医疗的，在停工留薪期内，原工资福利待遇不变，由所在单位按月支付。职工因工致残被鉴定为五级、六级伤残的，保留与用人单位的劳动关系，由用人单位安排适当工作。难以安排工作的，由用人单位按月发给伤残津贴，标准为：五级伤残为本人工资的70%，六级伤残为本人工资的60%，并由用人单位按照规定为其缴纳应缴纳的各项社会保险费。伤残津贴实际金额低于当地最低工资标准的，由用人单位补足差额。

38. 粉尘浓度超过国家卫生标准的风险

凡有粉尘作业的企业应采取综合防尘措施和无尘或低尘的新技术、新工艺、新设备，使作业场所的粉尘浓度不超过国家卫生标准。

39. 对可能产生职业病危害的建设项目未按要求进行评估和预防等的风险

企业对可能产生职业病危害的建设项目，应当进行职业病危害预评价、职业病防护设施设计、职业病危害控制效果评价及相应的评审，组织职业病防护设施验收，建立健全建设项目职业卫生管理制度与档案。

40. 防暑降温措施不符合规定的风险

具体参见原国家安全生产监督管理总局、原卫生部、人力资源和社会保障部、中华全国总工会《关于印发〈防暑降温措施管理办法〉的通知》的相关规定。

41. 职工听力保护不符合规定的风险

企业应根据相关规范的要求,结合自身实际情况制订本单位职工听力保护计划,并指定接受过专门培训的人员负责组织和实施。

42. 职业健康检查不符合规定的风险

对从事接触职业病危害的作业的劳动者,用人单位应当按照国务院卫生健康行政部门的规定组织上岗前、在岗期间和离岗时的职业健康检查,并将检查结果书面告知劳动者。职业健康检查费用由用人单位承担。用人单位不得安排未经上岗前职业健康检查的劳动者从事接触职业病危害的作业;不得安排有职业禁忌的劳动者从事其所禁忌的作业;在职业健康检查中发现有与所从事的职业相关的健康损害的劳动者,应当调离原工作岗位,并妥善安置;对未进行离岗前职业健康检查的劳动者不得解除或者终止与其订立的劳动合同。

43. 未建立职业健康监护档案的风险

用人单位应当为劳动者建立职业健康监护档案,并按照规定的期限妥善保存。职业健康监护档案应当包括劳动者的职业史、职业病危害接触史、职业健康检查结果和职业病诊疗等有关个人健康资料。

附录:职业健康安全管理相关合规要求

1.《安全生产法》(2021 年修正)
2.《消防法》(2021 年修正)
3.《刑法》(2020 年修正)
4.《劳动法》(2018 年修正)
5.《职业病防治法》(2018 年修正)
6.《特种设备安全法》
7.《劳动合同法》(2012 年修正)
8.《突发事件应对法》
9.《生产安全事故应急条例》
10.《危险化学品安全管理条例》(2013 年修订)
11.《女职工劳动保护特别规定》

12.《工伤保险条例》(2010 年修订)
13.《特种设备安全监察条例》(2009 年修订)
14.《生产安全事故报告和调查处理条例》
15.《劳动保障监察条例》
16.《使用有毒物品作业场所劳动保护条例》
17.《职业病诊断与鉴定管理办法》(2021 年)
18.《工作场所职业卫生管理规定》
19.《职业健康检查管理办法》(2019 年修订)
20.《生产安全事故应急预案管理办法》(2019 年修正)
21.《建设项目职业病防护设施“三同时”监督管理办法》
22.《生产经营单位安全培训规定》(2015 年修正)
23.《建设项目安全设施“三同时”监督管理办法》(2015 年修正)
24.《用人单位职业健康监护监督管理办法》
25.《工伤认定办法》(2010 年修订)
26.《生产安全事故信息报告和处置办法》
27.《安全生产事故隐患排查治理暂行规定》
28. 原国家安全生产监督管理总局办公厅《关于印发〈用人单位职业病危害因素定期检测管理规范〉的通知》(安监总厅安健〔2015〕16 号)
29. 原国家安全生产监督管理总局办公厅《关于印发〈用人单位职业病危害告知与警示标识管理规范〉的通知》(安监总厅安健〔2014〕111 号)
30. 原国家安全生产监督管理总局、原卫生部、人力资源和社会保障部、中华全国总工会《关于印发〈防暑降温措施管理办法〉的通知》(2012 年修订)(安监总安健〔2012〕89 号)
31. 原国家经济贸易委员会《关于印发〈劳动防护用品配备标准(试行)〉的通知》(国经贸安全〔2000〕189 号)

二、环保管理与合规

(一)合规管理

本部分的合规目标:首先,按照国家有关环境保护与资源节约的规定,结合企业实际情况,认真落实节能减排责任。其次,努力提升依靠科学技术,依靠技术创新,着力开发利用资源以及建立环境保护和资源节约监测考核体系;建立环境保护和资源节约的监控机制,定期开展监督检查,发现问题,及时采取措施予以纠正。最后,通过宣传教育等有效形式,不断提高员工的环境保护和资源节约意识,最终实现清洁生产和循环经济。

(二)合规风险

1. 构成污染环境罪、非法处置进口的固体废物罪和擅自进口固体废物罪的风险

违反国家规定,排放、倾倒或者处置有放射性的废物、含传染病病原体的废物、有毒物质或者其他有害物质,严重污染环境的,构成污染环境罪。违反国家规定,将境外的固体废物进境倾倒、堆放、处置的,处5年以下有期徒刑或者拘役,并处罚金;造成重大环境污染事故,致使公私财产遭受重大损失或者严重危害人体健康的,构成非法处置进口的固体废物罪。未经国务院有关主管部门许可,擅自进口固体废物用作原料,造成重大环境污染事故,致使公私财产遭受重大损失或者严重危害人体健康的,构成擅自进口固体废物罪。

2. 违法排放污染物、污染物排放超过标准的风险

实行排污许可管理的企业事业单位和其他生产经营者应当按照排污许可证的要求排放污染物;未取得排污许可证的,不得排放污染物。

3. 工业噪声污染的生产单位未申报造成环境噪声污染的设备信息的风险

在工业生产中因使用固定的设备造成环境噪声污染的工业企业,必须按照国务院生态环境主管部门的规定,向所在地的县级以上地方人民政府生态环境主管部门申报拥有的造成环境噪声污染的设备的种类、数量,以及在正常作业条件下所发出的噪声值和防治环境噪声污染的设施情况,并提供防治噪声污染的技术资料。造成环境噪声污染的设备的种类、数量、噪声值和防治设施有重大改变的,必须及时申报,并采取应有的防治措施。

4. 排放禁止排放的水污染物的风险

禁止向水体排放油类、酸液、碱液或者剧毒废液。禁止在水体清洗装贮过油类或者有毒污染物的车辆和容器。禁止向水体排放、倾倒放射性固体废物或者含有高放射性和中放射性物质的废水。向水体排放含低放射性物质的废水,应当符合国家有关放射性污染防治的规定和标准。禁止向水体排放、倾倒工业废渣、城镇垃圾和其他废弃物。禁止将含有汞、镉、砷、铬、铅、氰化物、黄磷等的可溶性剧毒废渣向水体排放、倾倒或者直接埋入地下等。

5. 工业固体废物的生产单位未建立污染环境防治责任制度的风险

产生工业固体废物的单位应当建立健全工业固体废物产生、收集、贮存、运输、利用、处置全过程的污染环境防治责任制度，建立工业固体废物管理台账，如实记录产生工业固体废物的种类、数量、流向、贮存、利用、处置等信息，实现工业固体废物可追溯、可查询，并采取防治工业固体废物污染环境的措施。

6. 转移工业固体废物的，应当核实受托方的资质

产生工业固体废物的单位委托他人运输、利用、处置工业固体废物的，应当对受托方的主体资格和技术能力进行核实，依法签订书面合同，在合同中约定污染防治要求。

7. 危险废物的生产单位未制定危险废物管理计划的风险

产生危险废物的单位，应当按照国家有关规定制定危险废物管理计划；建立危险废物管理台账，如实记录有关信息，并通过国家危险废物信息管理系统向所在地生态环境主管部门申报危险废物的种类、产生量、流向、贮存、处置等有关资料。产生危险废物的单位已经取得排污许可证的，执行排污许可管理制度的规定。

8. 危险废物的生产单位未制定意外事故的防范措施和应急预案的风险

产生、收集、贮存、运输、利用、处置危险废物的单位，应当依法制定意外事故的防范措施和应急预案，并向所在地生态环境主管部门和其他负有固体废物污染环境防治监督管理职责的部门备案；生态环境主管部门和其他负有固体废物污染环境防治监督管理职责的部门应当进行检查。

9. 转移危险废物未报批并按要求填写转移联单的风险

转移危险废物的，应当按照国家有关规定填写、运行危险废物电子或者纸质转移联单。具体规定参见《危险废物转移联单管理办法》。

10. 未按照规定检测水污染物的风险

实行排污许可管理的企业事业单位和其他生产经营者应当按照国家有关规定和监测规范，对所排放的水污染物自行监测，并保存原始监测记录。重点排污单位还应当安装水污染物排放自动监测设备，与生态环境主管部门的监控设备联网，并保证监测设备正常运行。具体办法由国务院生态环境主管部门规定。

11. 重点排污单位污染物检测和信息披露不符合规定的风险

重点排污单位应当按照国家有关规定和监测规范安装使用监测设备,保证监测设备正常运行,保存原始监测记录。重点排污单位应当如实向社会公开其主要污染物的名称、排放方式、排放浓度和总量、超标排放情况,以及防治污染设施的建设和运行情况,接受社会监督。

12. 未按照规定对大气污染物进行检测的风险

企业事业单位和其他生产经营者应当按照国家有关规定和监测规范,对其排放的工业废气和《大气污染防治法》第 78 条规定名录中所列有毒有害大气污染物进行监测,并保存原始监测记录。其中,重点排污单位应当安装、使用大气污染物排放自动监测设备,与生态环境主管部门的监控设备联网,保证监测设备正常运行并依法公开排放信息。监测的具体办法和重点排污单位的条件由国务院生态环境主管部门规定。

13. 突发环境事件应急不符合规定的风险

企业事业单位应当按照国家有关规定制定突发环境事件应急预案,报生态环境主管部门和有关部门备案。在发生或者可能发生突发环境事件时,企业事业单位应当立即采取措施处理,及时通报可能受到危害的单位和居民,并向生态环境主管部门和有关部门报告。

附录:环保管理相关合规要求

1.《刑法》(2020 年修正)

2.《固体废物污染环境防治法》(2020 年修订)

3.《土壤污染防治法》

4.《大气污染防治法》(2018 年修正)

5.《环境影响评价法》(2018 年修正)

6.《噪声污染防治法》

7.《水污染防治法》(2017 年修正)

8.《环境保护法》(2014 年修订)

9.《环境影响评价公众参与办法》(中华人民共和国生态环境部令第 4 号)

10.《环境保护主管部门实施按日连续处罚办法》(中华人民共和国环境保护部令第 28 号)

11.《企业环境信息依法披露管理办法》(中华人民共和国生态环境部令第 24 号)

12.《突发环境事件应急管理办法》

13.《危险废物转移管理办法》

14. 原环境保护部《关于印发〈建设项目环境保护事中事后监督管理办法(试行)〉的通知》(环发〔2015〕163号)

15. 财政部、国家发展和改革委员会、住房和城乡建设部《关于印发〈污水处理费征收使用管理办法〉的通知》(财税〔2014〕151号)

三、能源管理与合规

(一)合规管理

本部分的合规目标:首先,制定符合国家规定的能源管理制度,依据企业发展情况,做好能源管理的规划,严格把控企业运行过程中能耗使用情况,实现有序生产。其次,积极开发和使用节能产品,加强对能源的调配和管理,推动实施能源管理自动化、合规化,发展循环经济。

(二)合规风险

1. 单位产品超过能耗限额标准的风险

生产过程中耗能高的产品的生产单位,应当执行单位产品能耗限额标准。对超过单位产品能耗限额标准用能的生产单位,由管理节能工作的部门按照国务院规定的权限责令限期治理。

2. 重点用能单位未按时报告能源利用状况的风险

重点用能单位应当每年向管理节能工作的部门报送上年度的能源利用状况报告。能源利用状况包括能源消费情况、能源利用效率、节能目标完成情况和节能效益分析、节能措施等内容。

3. 能源岗位从业人员不具备相关知识的风险

重点用能单位应当设立能源管理岗位,在具有节能专业知识、实际经验以及中级以上技术职称的人员中聘任能源管理负责人,并报管理节能工作的部门和有关部门备案。

4. 使用国家明令淘汰的用能设备、生产工艺的风险

使用列入淘汰名录的技术、工艺、设备、材料的,由县级以上地方人民政府循环经济发展综合管理部门责令停止使用,没收违法使用的设备、材料,并处5万元以上20万元以下的罚款;情节严重的,由县级以上人民政府循环经济发展综合管理部门提出意见,报请本级人民政府按照国务院规定的权限责令停业或者关闭。

5. 固定资产投资项目未进行节能审查的风险

未按规定进行节能审查,或节能审查未获通过,擅自开工建设或擅自投入生产、使用的固定资产投资项目,存在停止建设或停止生产、使用,限期改造的法律后果;不能改造或逾期不改造的生产性项目可能会被责令关闭,同时有关责任人将受到法律追责。

6. 高耗能特种设备使用单位未进行节能培训的风险

高耗能特种设备使用单位应当开展节能教育和培训,提高作业人员的节能意识和操作水平,确保特种设备安全、经济运行。高耗能特种设备的作业人员应当严格执行操作规程和节能管理制度。

7. 重点用能单位未建立健全能源管理制度、未落实节能措施、能源利用效率低的风险

重点用能单位应当每年制定并实施节能计划和节能措施,确保完成能耗总量控制和节能目标。节能措施应当技术上可行、经济上合理。重点用能单位应当建立健全能源管理制度,明确能源管理职责,制定能源利用全过程的管理要求或规范,确立淘汰落后、实施节能技术改造及奖惩等各方面管理机制,加强节能管理,减少能源损失,提高能源利用效率。

8. 重点用能单位未配备专业人员从事能源计量工作的风险

重点用能单位的能源计量工作人员应当具有能源计量专业知识,定期接受能源计量专业知识培训产品超过能耗限额标准的风险。

附录:能源管理相关合规要求

1.《节约能源法》(2018 年修正)

2.《循环经济促进法》(2018 年修正)

3.《计量法》(2018 年修正)

4.《电力法》(2018 年修正)

5.《水法》(2016 年修正)

6.《清洁生产促进法》(2012 年修正)

7.《统计法》(2009 年修订)

8.《统计法实施条例》

9.《能源计量监督管理办法》

10.《高耗能特种设备节能监督管理办法》(2020 年修订)

11.《重点用能单位节能管理办法》(2018 年修订)
12.《固定资产投资项目节能审查办法》
13.《节能监察办法》
14.《工业节能管理办法》
15.《节约用电管理办法》

四、质量管理与合规

(一)合规管理

本部分的合规目标:首先,确保企业产品质量符合国家相关质量法律法规和企业相关制度的要求。其次,确保产品质量管理水平符合企业战略发展的需要。再次,建立健全产品质量标准体系,严格质量控制和检验制度,加强产品售后服务。最后,在保证产品质量的前提下,降低产品的加工生产成本,满足产品定位要求,提高企业经营效率与效果。

(二)合规风险

1. 生产者、销售者在产品中掺杂,以次充好或者以不合格产品冒充合格产品,可能构成生产、销售伪劣产品罪的风险

《产品质量法》第 32 条指出,生产者生产产品,不得掺杂、掺假,不得以假充真、以次充好,不得以不合格产品冒充合格产品。企业在产品生产过程中,必须确保相关产品符合保障人体健康和人身、财产安全的国家标准、行业标准,禁止生产、销售不符合保障人体健康和人身、财产安全的标准和要求的工业产品,不得以不合格产品冒充合格产品。若在产品中掺杂、掺假,以假充真,以次充好,或者以不合格产品冒充合格产品的,则可能被责令停止生产、销售,没收违法生产、销售的产品,并处违法生产、销售产品货值金额 50% 以上 3 倍以下的罚款;有违法所得的,并处没收违法所得;情节严重的,可能会被吊销营业执照甚至构成生产、销售伪劣产品罪,依法追究刑事责任。

2. 生产、销售国家明令淘汰的产品的风险

生产国家明令淘汰的产品的,销售国家明令淘汰并停止销售的产品的,责令停止生产、销售,没收违法生产、销售的产品,并处违法生产、销售产品货值金额等值以下的罚款;有违法所得的,并处没收违法所得;情节严重的,吊销营业执照。

3. 产品质量不符合合同要求,可能承担违约责任的风险

产品的生产与销售是基于双方真实意思表示而实现的合同关系,若产品生产不符合合同要求,则企业可能需要承担违约责任。因产品存在缺陷造成人身、他人财产损害的,受害人可以向产品的生产者要求赔偿,也可以向产品的销售者要求赔偿。属于产品生产者的责任,产品销售者赔偿的,产品销售者有权向产品的生产者追偿。属于产品销售者的责任,产品生产者赔偿的,产品生产者有权向产品的销售者追偿。因产品质量存在缺陷造成人身、缺陷产品以外的其他财产损害的,生产者应当承担赔偿责任。然而,《产品质量法》第41条规定,生产者能够证明有下列情形之一的,不承担赔偿责任:(1)未将产品投入流通的;(2)产品投入流通时,引起损害的缺陷尚不存在的;(3)将产品投入流通时的科学技术水平尚不能发现缺陷的存在的。

4. 产品质量不符合要求和标准的风险

产品质量应当符合下列要求:(1)不存在危及财产安全的不合理的危险,有保障人体健康和财产安全的国家标准、行业标准的,应当符合该标准;(2)具备产品应当具备的使用性能,但是,对产品存在使用性能的瑕疵作出说明的除外;(3)符合在产品或者其包装上注明采用的产品标准,符合以产品说明、实物样品等方式表明的质量状况。

5. 产品或者其包装上的标识不符合规定的风险

产品或者其包装上的标识必须真实,并符合下列要求:(1)有产品质量检验合格证明;(2)有中文标明的产品名称、生产厂厂名和厂址;(3)根据产品的特点和使用要求,需要标明产品规格、等级、所含主要成分的名称和含量的,用中文相应予以标明;需要事先让消费者知晓的,应当在外包装上标明,或者预先向消费者提供有关资料。

6. 未建立质量保证体系的风险

产品的生产企业必须建立严密、协调、有效的质量保证体系,要明确规定产品的质量责任。企业必须保证质量检验机构能独立行使监督、检验的职权;严禁对质量检验人员进行打击报复。

附录:质量管理相关合规要求

1.《民法典》

2.《刑法》(2020 年修正)

3.《行政许可法》(2019 年修正)

4.《产品质量法》(2018 年修正)

5.《标准化法》(2017 年修订)

6.《消费者权益保护法》(2013 年修正)

7.《认证认可条例》(2020 年修订)

8.《产品质量监督试行办法》(2011 年修订)

9.《工业产品生产许可证管理条例》

10.《标准化法实施条例》

11.《产品质量监督抽查管理暂行办法》

12.《计量违法行为处罚细则》(2022 年修订)

13.《认证证书和认证标志管理办法》(2022 年修订)

14.《工业产品生产许可证管理条例实施办法》(2022 年修订)

第五节　企业信息传递管理与合规风险

一、信息保密与合规

(一)合规管理

本部分的合规目标:建立健全严格的信息保密管理机制,从内部信息传递的时间、空间、节点、流程等方面建立控制,通过职责分离、授权接触、监督和检查等手段防止商业秘密泄露。国有企业在信息保密方面应当重视和加强反舞弊机制建设,明确保密内容、保密措施、密级程度和传递范围,防止泄露国家及商业秘密。

(二)合规风险

1. 违反《保守国家秘密法》及《刑法》构成刑事犯罪的风险

公文内容如涉及国家秘密,即可能构成国家秘密载体。在信息传递过程中违反《保守国家秘密法》,故意或过失泄露国家秘密或国家秘密载体,可能构成故意或过失泄露国家秘密罪,最高可被判处 7 年有期徒刑。

根据《保守国家秘密法》的规定,国家秘密,是指关系国家安全和利益,依照法定程序确定,在一定时间内只限一定范围的人员知悉的事项。《保守国家秘密法》第9条列举了七项国家秘密。行为人认识到自身负有保密义务或者信息的内容可能属于国家秘密的情况下,泄露相关信息即可能构成犯罪。尽管根据《国家秘密定密管理暂行规定》,国家秘密标志形式为“密级★保密期限”、“密级★解密时间”或者“密级★解密条件”,其中,对于纸介质和电子文件,国家秘密标志一般标注在封面左上角或者标题下方的显著位置(或符合国家标准的其他位置),对于光介质、电磁介质等国家秘密载体和属于国家秘密的设备、产品,国家秘密标志一般标注在壳体及封面、外包装的显著位置,但根据“赵某荣、徐某国等人玩忽职守、泄露国家秘密案”[1]之裁判要旨,行为人认识到标识存在或确知相关信息属于国家秘密并不是成立泄露国家秘密罪的必要条件,在行为人认识到自身负有保密义务或者信息的内容可能属于国家秘密的情况下,泄露相关信息依然可能构成犯罪。

构成泄露国家秘密的行为包括口头或书面形式使国家秘密被不应知悉者知悉或使国家秘密超出了限定的接触范围;违反保密规定,将涉国家秘密的计算机或计算机信息系统与互联网相连接、遗失国家秘密载体不如实提供有关情况或不采取补救措施的,亦可能构成犯罪。

2. 未落实国家秘密保密制度的风险

公文内容如涉及国家秘密,即可能构成国家秘密载体,根据《保守国家秘密法》及《保守国家秘密法实施条例》的有关规定,单位有义务落实保密制度保护国家秘密,具体内容可参见《保守国家秘密法实施条例》第21条至第28条之规定。此外,在保密检查或者泄露国家秘密案件查处中,有关机关、单位及其工作人员负有配合工作义务,不得弄虚作假,隐匿、销毁证据,或者以其他方式逃避、妨碍保密检查或者泄露国家秘密案件查处,亦不得委托未经保密审查的单位从事涉密业务。

3. 侵害他人商业秘密的风险

原国家工商行政管理局《关于禁止侵犯商业秘密行为的若干规定》第2条及国务院国资委《中央企业商业秘密保护暂行规定》第10条中列举了可能构成商业秘密的信息类型,企业传递他人的该类信息时可能构成侵犯商业秘密。根据《反不正当竞争法》第9条的规定,侵犯商业秘密的行为主要

---

〔1〕 参见《赵某荣、徐某国等人玩忽职守、泄露国家秘密案》,载《最高人民检察院公报》1994年第4期。

有五类：(1)以盗窃、贿赂、欺诈、胁迫或者其他不正当手段获取商业秘密；(2)披露、使用或者允许他人使用以不正当手段获取的商业秘密；(3)违反保密义务或者违反权利人有关保守商业秘密的要求，披露、使用或者允许他人使用其所掌握的商业秘密；(4)教唆、引诱、帮助他人违反保密义务或者违反权利人有关保守商业秘密的要求，获取、披露、使用或者允许他人使用权利人的商业秘密；(5)明知或者应知商业秘密权利人的员工、前员工或者其他单位、个人实施前述 所列违法行为，仍获取、披露、使用或者允许他人使用该商业秘密。因而，应谨慎处理负有保密义务的信息或权利人要求保守商业秘密的信息，以免构成不正当竞争；此外，侵犯他人商业秘密，情节严重的，亦可能构成侵犯商业秘密罪。

二、信息处理与合规

(一)合规管理

本部分合规目标：关注企业在信息使用过程中可能出现的相关风险，重点厘清有关个人信息处理与使用的相关权利与义务范围，以《个人信息保护法》的必要性原则为前提，审慎处理企业收集或传递的相关信息，在确保合理使用的基础上降低法律风险，落实信息保护义务。

(二)合规风险

1. 未经同意处理个人信息的风险

《劳动合同法》第 8 条规定，用人单位有权了解劳动者与劳动合同直接相关的基本情况，劳动者应当如实说明，因此企业一般情况下有权取得包括劳动者姓名、性别、身份证号码、户籍地址及现住址、联系方式等为履行劳动合同所必需的个人信息，但是，对于尚未进入劳动合同的订立或者履行阶段的求职者而言，企业在未获同意的情况下主动收集并传递包含其个人信息的简历、背景调查报告等信息，仍属未经同意处理个人信息。

2. 处理信息不符合必要性原则的风险

《个人信息保护法》要求信息处理者在收集信息时遵循“最小必要”原则。其中，《个人信息保护法》特别规定，个人信息处理者具有特定的目的和充分的必要性，方可处理敏感个人信息。因此，企业如欲收集或传递的信息中涵盖劳动者的敏感个人信息，如个人生物识别信息(面部信息、指纹信息)、通信记录和内容、账号密码、财产信息、征信信息、行踪轨迹、住宿信息、健康生理信息、交易信息等,应确保具有特定的目的且出于必要。

3. 未落实个人信息保护义务的风险

企业传递的信息中如包含个人信息,即构成个人信息处理者,须履行保护个人信息的义务,包括采取措施防止未经授权的访问以及个人信息泄露或者被窃取、篡改、删除、指定个人信息保护负责人、进行合规审计、进行风险评估等。

附录:内部信息传递管理相关合规要求

1.《个人信息保护法》
2.《民法典》
3.《刑法》(2020 年修正)
4.《反不正当竞争法》(2019 年修正)
5.《公司法》(2018 年修正)
6.《劳动法》(2018 年修正)
7.《劳动合同法》(2012 年修正)
8.《保守国家秘密法》(2010 年修订)
9.《保守国家秘密法实施条例》
10.《国家秘密载体印制资质管理办法》(2020 年)
11.《国家秘密定密管理暂行规定》
12. 国务院国有资产监督管理委员会《关于印发〈中央企业商业秘密保护暂行规定〉的通知》(国资发〔2010〕41 号)
13.《劳动和社会保障工作中国家秘密及其密级具体范围的规定》(劳社部发〔2000〕4 号)
14. 原国家工商行政管理局《关于禁止侵犯商业秘密行为的若干规定》(1998 年修订)
15. 中共中央办公厅、国务院办公厅《关于印发〈党政机关公文处理工作条例〉的通知》(中办发〔2012〕14 号)
16. 中共中央办公厅、国务院办公厅《关于转发〈中共中央保密委员会办公室、国家保密局关于国家秘密载体保密管理的规定〉的通知》(厅字〔2000〕58 号)
17. 最高人民法院《关于审理侵犯商业秘密民事案件适用法律若干问题的规定》(法释〔2020〕7 号)
18. 最高人民法院、最高人民检察院《关于办理侵犯知识产权刑事案件具体应用法律若干问题的解释(三)》(法释〔2020〕10 号)
19. 最高人民法院《关于适用〈中华人民共和国反不正当竞争法〉若干问题的解释》(法释

〔2022〕9 号）

20. 最高人民检察院、公安部《关于印发〈关于修改侵犯商业秘密刑事案件立案追诉标准的决定〉的通知》（高检发〔2020〕15 号）

◇ 第六节　企业工程管理与合规风险

一、初步设计概算管理与合规

（一）合规管理

本部分的合规目标：首先，确保工程项目的决策与实施符合法律法规与企业规章制度的要求。其次，严格把控工程设计和施工过程中的招投标环节，审核相关方的对应资质，对工程进度质量进行严密监督，确保资金的使用与工程进度协调一致，以便顺利推进工程。

（二）合规风险

1. 工程初步设计及概算编制未进行招标的风险

根据《建设工程勘察设计管理条例》及《招标投标法》的规定，如建设工程初步设计构成依法必须招标的工程项目，则必须进行招标。

2. 初步设计前未进行项目核准或备案的风险

根据《企业投资项目核准和备案管理条例》的规定，如建设项目属于政府核准的投资项目目录中的项目，则在立项阶段应经项目核准机关审批核准；如属于前述目录外的项目，则应至项目备案机关备案。未经核准可能被项目核准机关依照总投资额比例处以行政罚款，未经备案则可能被项目备案机关处 5 万元以下的罚款。此外，根据《企业投资项目核准和备案管理办法》的规定，如涉及以划拨方式提供国有土地使用权的项目，须取得选址意见书；需审批和需核准的项目，须依照《建设项目用地预审管理办法》提出预审申请并取得建设用地预审意见（需备案的项目应在备案后提出用地预审申请）；如属于《固定资产投资项目节能审查办法》应进行节能审查的项目，则应编制节能报告并取得节能审查意见。

3. 设计单位不具相应资质的风险

根据《建设工程勘察设计管理条例》的规定，建设工程设计单位应当在其资质等级许可的范围内承揽建设工程设计业务，未取得相应资质或超越设工程设计单位资质的建设工程设计合同违反了法律、行政法规的强制性规定,属无效合同。

《民法典》第793条仅对建设工程施工合同无效合同的处理作出了规定,依照其规定:(1)建设工程施工合同无效,但是建设工程经验收合格的,可以参照合同关于工程价款的约定折价补偿承包人;(2)建设工程施工合同无效,且建设工程经验收不合格的,修复后的建设工程经验收合格的,发包人可以请求承包人承担修复费用;(3)建设工程施工合同无效,且建设工程经验收不合格的,修复后的建设工程经验收不合格的,承包人无权请求参照合同关于工程价款的约定折价补偿。另外,根据最高人民法院《关于审理建设工程施工合同纠纷案件适用法律问题的解释(一)》的规定,承包人超越资质等级许可的业务范围签订建设工程施工合同,在建设工程竣工前取得相应资质等级,建设施工合同有效。

根据"江苏华电工程设计院有限公司诉泰州开泰房地产开发有限公司建设工程设计合同案"[1]的裁判要旨,设计单位在建设工程合同履行中取得资质的,合同仍然有效。

4. 初步设计投资概算超过项目启动批复确定的投资额的风险

根据《企业投资项目核准和备案管理办法》的规定,如建设项目投资规模发生投资规模较大变化的,应向项目核准机关或项目备案机关提出变更申请或变更备案信息,否则可能构成未按照核准的建设规模等进行建设或未将已备案项目的信息变更情况告知备案机关。

5. 初步设计未经审批或备案的风险

如建设项目属于相关政策中规定的需申请获得审批的项目,则依法应先取得初步设计审批,初步设计未经批准,不得提交施工图设计、不得进行施工招标和采购。

6. 建设工程施工设计图未经审查的风险

根据《房屋建筑和市政基础设施工程施工图设计文件审查管理办法》的规定,如建设项目涉及房屋建筑工程,则应由具有相应资质的审查机构进行审查,施工图未经审查合格的,不得使用,住房和城乡建设主管部门不得颁发施工许可证。

---

〔1〕 参见江苏省无锡市中级人民法院民事判决书,(2010)锡商再终字第0003号。

7. 未保障施工设计图审查机构独立性的风险

根据《房屋建筑和市政基础设施工程施工图设计文件审查管理办法》的规定，建设单位有义务保障施工设计图审查机构的独立性，包括：(1)审查机构不得与所审查项目的建设单位、设计企业有隶属关系或者其他利害关系；(2)建设单位不得明示或者暗示审查机构违反法律法规和工程建设强制性标准进行施工图审查；(3)提供真实送审资料；(4)建设单位不得压缩合理审查周期；(5)建设单位不得压低合理审查费用。建设单位如违反前述要求，压缩合理审查周期、提供不真实送审资料的或者对审查机构提出不符合法律法规和工程建设强制性标准要求的，可能被住房和城乡建设主管部门责令改正并处行政罚款。

二、工程建设管理与合规

(一)合规管理

本部分的合规目标：首先，确保工程建设取得法律法规要求的行政审批或备案手续。其次，明确相关的招标程序和合同协议的签订，严格进行招投标管理。最后，防范项目推进过程中的设计变更风险，关注施工过程中现场安全、签证管理及项目质量管理，确保建筑工程的项目质量达到国家工程质量验收合格标准。

(二)合规风险

1. 未取得建设工程规划许可证的风险

以出让方式取得国有土地使用权的建设项目，建设单位在取得建设项目的批准、核准、备案文件和签订国有土地使用权出让合同后，向城市、县人民政府城乡规划主管部门领取建设用地规划许可证。未取得规划许可证的，建设单位可能将遭受行政处罚。此外，在未取得建设工程规划许可证等规划审批手续的情况下，承包人得依据最高人民法院《关于审理建设工程施工合同纠纷案件适用法律问题的解释(一)》的规定请求确认建设施工合同无效。

2. 未取得建设施工许可证(或取得开工报告批准)的风险

根据《建筑法》的规定，建设单位应当按照国家规定向工程所在地县级以上人民政府建设行政主管部门(现为住房和城乡建设主管部门)申领施工许可证。未能取得施工许可证(或取得开工报告)，企业可能被建设行政主管机关责令停止施工,限期改正,处工程合同价款1%以上2%以下的罚款。

3. 未进行专项审核或备案的风险

至迟在建设工程开工前,建设单位应完成建设项目环境影响评价文件审批,取得节能审查意见、建设工程消防设计审核或备案、项目安全条件审查、职业病危害预评价报告审核、人防工程设计文件审核,取得地震安全性评价审定结果、洪水影响评价审批、取水许可,完成地震安全性、气候可行性论证,完成地质灾害危险性评估、雷电防护装置设计审核、招标文件备案等相关专项审核或备案程序。

4. 施工单位不具相应资质的风险

根据《建设工程质量管理条例》的规定,建设工程施工单位应当在其资质等级许可的范围内承揽建设工程施工业务,建设单位将建设工程发包给不具相应资质的施工单位,行政监督管理部门可责令改正,并处50万元以上100万元以下的罚款。

5. 未提供建设工程安全作业环境及安全施工措施所需费用的风险

建设单位在编制工程概算时,应当确定建设工程安全作业环境及安全施工措施所需费用,如建设单位未提供建设工程安全作业环境及安全施工措施所需费用,行政监督部门可责令限期整改,逾期未改正的,可责令该建设工程停止施工。

6. 保证安全施工的措施未备案的风险

依法批准开工报告的建设工程,建设单位应当自开工报告批准之日起15日内进行备案,未及时将保证安全施工的措施备案的,行政监督部门可责令限期整改;逾期未改正的,可责令该建设工程停止施工。

7. 限制不合理干预行为

建设单位不得:(1)提出不符合安全生产法律法规和强制性标准规定的要求;(2)要求施工单位压缩合同约定的工期;(3)明示或者暗示施工单位使用不合格的建筑材料、建筑构配件和设备。如违反上述规定,行政监督部门可责令限期整改,并处20万元以上50万元以下的罚款。

8. 未委托具有相应资质的监理单位进行监理的风险

根据《建设工程质量管理条例》第12条的规定:(1)国家重点建设工程;(2)大中型公用事业工程;(3)国家规定必须实行监理的其他工程,必须委托具有相应资质等级的工程监理单位进行监理,或者委托具有工程监理相应资质等级并与被监理工程的施工承包单位没有隶属关系或者其他利害关系的该工程的设计单位进行监理。对于必须实行工程监理的项目，如果未委托具有相应资质的监理单位进行监理，行政监督部门可处责令改正，并处20万元以上50万元以下的罚款。

9. 未办理工程质量监督手续的风险

建设单位在开工前，应当办理工程质量监督手续，据此，建设单位在开工之前，应当依法到建设行政主管部门或铁路、交通、水利等有关管理部门，或其委托的工程质量监督机构办理工程质量监督手续，如未履行上述义务，行政监督部门可处责令改正，并处20万元以上50万元以下的罚款。

10. 建设单位不得自行修改设计文件

根据《建设工程勘察设计管理条例》第28条的规定：(1)建设单位不得修改建设工程设计文件，确需修改的，应当由原建设工程设计单位修改或经原建设工程设计单位书面同意，委托其他具有相应资质的建设工程设计单位修改；(2)建设工程设计文件不符合工程建设强制性标准、合同约定的质量要求的，建设单位有权要求建设工程设计单位对建设工程设计文件进行补充、修改。此外，如建设工程设计文件内容需要做重大修改的，建设单位应当报经原审批机关批准后，方可修改。

三、工程验收管理与合规

(一)合规管理

本部分的合规目标：首先，确保工程竣工验收和结算符合国家法律法规和企业内部规章制度的要求。其次，及时组织工程项目竣工验收，科学严密地制定竣工决算环节的控制流程。最后，关注工程项目结算环节的审计与核查，确保工程造价咨询企业具有相应的专业资质，避免出现财务纠纷。

(二)合规风险

1. 核查已完工建设工程是否已满足进行竣工验收的条件

依照《建设工程质量管理条例》的规定，建设单位是组织设计、施工、工程监理单位进行竣工验收的主体，建设工程竣工验收应当符合以下法定条件：(1)完成建设工程设计和合同约定的各项内容；(2)有完整的技术档案和施工管理资料；(3)有工程使用的主要建筑材料、建筑构配件和设备的进场试验报告；(4)有勘察、设计、施工、工程监理等单位分别签署的质量合格文件;(5)有施工单位签署的工程保修书。

建设工程经验收合格的,方可交付使用;未经验收或验收不合格的,不得交付使用。未组织竣工验收、验收不合格擅自交付使用的或者对不合格的建设工程按照合格工程验收的,行政监督部门可责令改正,并处工程合同价款2%以上4%以下的罚款。

此外,根据最高人民法院《关于审理建设工程施工合同纠纷案件适用法律问题的解释(一)》的规定,建设工程未经竣工验收,发包人擅自使用后,承包人不再负有施工中或者经验收不合格的质量责任,仅在建设工程的合理使用寿命内对地基基础工程和主体结构质量承担责任。

2. 规划、消防、环保、节能专项验收及备案

依照《建设工程质量管理条例》的规定,建设单位应当自建设工程竣工验收合格之日起15日内,将建设工程竣工验收报告和规划、公安消防、环保等部门出具的认可文件或者准许使用文件报建设行政主管部门或者其他有关部门备案。此外,建设工程尚需进行专项验收,具体而言:

(1)《城乡规划法》规定,建设工程竣工后,建设单位应向城乡规划行政主管部门提出竣工规划验收申请,城乡规划行政主管部门依据选址意见书、建设用地规划许可证、建设工程规划许可证、乡村建设规划许可证及有关规划要求,核实建设工程是否符合规划条件。

(2)《消防法》规定,应当申请消防验收的建设工程竣工,依法应当进行消防验收,未经消防验收或者消防验收不合格的,禁止投入使用;其他建设工程,建设单位在验收后应当报住房和城乡建设主管部门备案,住房和城乡建设主管部门会进行抽查,经依法抽查不合格的,应当停止使用。

(3)根据《建设项目环境保护管理条例》的规定,编制环境影响报告书、环境影响报告表的建设项目竣工后,建设单位应当按照国务院环境保护行政主管部门规定的标准和程序,对配套建设的环境保护设施进行验收,编制验收报告;未经验收或者验收不合格的,不得投入生产或者使用。

(4)《节约能源法》规定,国家实行固定资产投资项目节能评估和审查制度。不符合强制性节能标准的项目,已经建成的,不得投入生产、使用。建筑节能分部工程验收,先由施工单位对节能分部工程质量进行检查,检查合格的,由监理单位对节能各分项工程进行质量评估,并由总监理工程师主持会议,组织施工单位的相关人员、设计单位节能设计人员对节能分部工程质

量进行检查验收并提出整改意见,施工单位整改完成后进行复查,通过节能分部工程质量验收后,验收资料归档。工程竣工,建设单位组织竣工验收,对民用建筑是否符合民用建筑节能强制性标准进行查验,不符合民用建筑节能强制性标准的,不得出具竣工验收合格报告。

3. 委托不具有相应资质的工程造价咨询企业对竣工结算文件进行审核的风险

依据《建筑工程施工发包与承包计价管理办法》的规定,如建设项目使用国有资金投资,应当委托具有相应资质的工程造价咨询企业对竣工结算文件进行审核。

4. 未及时审查竣工结算报告的风险

工程竣工后,承包人应在提交竣工验收报告的同时,向发包人递交竣工结算报告及完整的结算资料,发包人应按以下规定时限进行核对(审查)并提出审查意见:(1)500 万元以下从接到竣工结算报告和完整的竣工结算资料之日起 20 天;(2)500 万~2000 万元,从接到竣工结算报告和完整的竣工结算资料之日起 30 天;(3)2000 万~5000 万元,从接到竣工结算报告和完整的竣工结算资料之日起 45 天;(4)5000 万元以上,从接到竣工结算报告和完整的竣工结算资料之日起 60 天。建设项目竣工总结算在最后一个单项工程竣工结算审查确认后 15 天内汇总,送发包人后 30 天内审查完成。根据最高人民法院《关于审理建设工程施工合同纠纷案件适用法律问题的解释(一)》的规定,如合同约定发包人收到竣工结算文件后,在约定期限内不予答复,视为认可竣工结算文件的,按照约定处理。此外,根据"深圳航空城(东部)实业有限公司与广东省化州市第二建筑工程公司宝安分公司、广东省化州市第二建筑工程公司建设工程施工合同纠纷案"[1]的裁判要旨,承包人提交竣工结算文件后,发包人如有异议,应当及时提出相反证据或申请造价鉴定,否则应依照结算文件确认工程价款。因此,企业如对结算文件确认的价款有异议,应及时提出。

5. 未进行项目竣工财务决算的风险

依据《基本建设财务规则》及《基本建设项目竣工财务决算管理暂行办法》的规定,国有控股企业使用财政资金进行的新增工程效益或者扩大生产

---

[1] 广东省高级人民法院民事判决书,(2017)粤高法民一终字第 261 号。

能力为主要目的的新建、续建、改扩建、迁建、大型维修改造工程及相关工作应进行项目竣工财务决算。项目竣工财务决算的内容主要包括:项目竣工财务决算报表、竣工财务决算说明书、竣工财务决(结)算审核情况及相关资料。

此外,基本建设项目竣工财务决算未经审核前,项目建设单位一般不得撤销,项目负责人及财务、重大项目的相关工程技术、概(预)算主管人员一般不得调离。

四、工程项目后评价管理与合规

(一)合规管理

本部分的合规目标:首先,按照法规规定及时展开有关专项的后评价。其次,建立健全完工项目的后评估机制,建立完整的工程项目档案,对完工工程项目预期目标的实现情况和项目投资效益等进行综合分析与评估。最后,该评估结果应当作为绩效考核和责任追究的依据,以此促进企业项目高效推进。

(二)合规风险

本部分的合规风险主要是未依法开展环境影响后评价的风险。依照《建设项目环境影响后评价管理办法(试行)》的规定,冶金行业中有重大环境风险、建设地点敏感,且持续排放重金属的建设项目,如在建设项目运行过程中产生不符合经审批的环境影响报告书情形的,应当开展环境影响后评价。建设项目环境影响后评价应当在建设项目正式投入生产或者运营后3~5年内开展。如未依法开展环境影响后评价,生态环境主管部门可责令其限期改正并向社会公开。

附录:工程管理相关合规要求

1.《消防法》(2021年修正)

2.《民法典》

3.《建筑法》(2019年修正)

4.《城乡规划法》(2019年修正)

5.《节约能源法》(2018年修正)

6.《招标投标法》(2017 年修正)

7.《招标投标法实施条例》(2019 年修订)

8.《建设工程质量管理条例》(2019 年修订)

9.《建设工程勘察设计管理条例》(2017 年修订)

10.《建设项目环境保护管理条例》(2017 年修订)

11.《企业投资项目核准和备案管理条例》

12.《民用建筑节能条例》

13.《建设工程安全生产管理条例》

14.《建筑工程施工许可管理办法》(2021 年修改)

15.《房屋建筑和市政基础设施工程施工图设计文件审查管理办法》(2019 年修改)

16.《必须招标的工程项目规定》

17.《企业投资项目核准和备案管理办法》

18.《基本建设财务规则》(2017 年修正)

19.《建设项目环境影响后评价管理办法(试行)》

20.《建筑工程施工发包与承包计价管理办法》(2013 年)

21. 国务院《关于发布〈政府核准的投资项目目录(2016 年本)〉的通知》(国发〔2016〕72 号)

22. 财政部《关于印发〈基本建设项目竣工财务决算管理暂行办法〉的通知》(财建〔2016〕503 号)

23.《企业内部控制应用指引第 11 号——工程项目》(财会〔2010〕1 号)

24. 财政部、原建设部《关于发布〈建设工程价款结算暂行办法〉的通知》(财建〔2004〕369 号)

◇ 第七节　企业固定资产管理与合规风险

一、固定资产新增管理与合规

(一)合规管理

本部分的合规目标：首先，购建合格固定资产，满足企业生产运营的需求。其次，固定资产的取得应当做好权属登记，避免发生权属纠纷。最后，严格把控固定资产在建及验收过程，避免出现舞弊等不合规行为，推动企业建立健全完善的固定资产管理体系。

（二）合规风险

1. 取得、受让固定资产或建设工程交付后未及时进行权属登记的风险

固定资产包括使用寿命超过 12 个月的有形资产，其中，依自然性或者法律的规定在空间上占有固定位置，移动后会影响其经济价值的物，包括土地、海域以及房屋、林木等定着物，以及因自然或者人力添附于土地并且不能分离的其他物，如厂房、难以与车间分离的生产设备等均属于不动产。此外，船舶、航空器和机动车等交通工具属特殊动产。根据《民法典》的相关规定，不动产及特殊动产的物权登记可能对物权变动效果产生影响，因此企业取得或转让固定资产或工程交付后应及时进行权属登记，避免因此导致不发生物权变动效果或引起权属纠纷，具体而言：

（1）对于不动产，根据《民法典》第 214 条及第 216 条的规定，不动产登记簿是物权归属和内容的根据，不动产物权的设立、变更、转让和消灭，依照法律规定应当登记的，自记载于不动产登记簿时发生效力。由于不动产登记簿是物权归属和内容的根据，因而一旦在不动产登记簿上记载某人享有某项物权时，就直接推定该人享有该项物权，其物权的内容也以不动产登记簿上的记载为准，即不动产登记与权属确认之间直接关联，企业在取得、受让不动产或建设工程交付后应及时进行权属登记，登记完成后方属权利人。

（2）对于特殊动产，根据《民法典》第 215 条的规定，船舶、航空器和机动车等的物权的设立、变更、转让和消灭，未经登记，不得对抗善意第三人。即船舶、航空器和机动车等物权的设立和转让，原则上是自交付时发生效力，但是在出卖人就同一船舶、航空器、机动车等特殊动产订立多重买卖合同，且买卖合同均有效的情况下，如果买受人均未受领交付，先行办理所有权转移登记手续的买受人可优先请求出卖人履行交付标的物的合同义务；如果出卖人将标的物交付给买受人之一，又为其他买受人办理所有权转移登记，已受领交付的买受人亦可请求将标的物所有权登记在自己名下。换言之，除非特殊动产已交付，否则企业在未办理特殊动产所有权转移登记的情况下可能导致其他已办理登记的第三人可优先取得特殊动产。此外，在未登记的情况下，第三人亦可能借由《民法典》第 311 条的规定，善意取得特殊动产。

2. 在建工程舞弊的风险

对在建工程项目进行操纵是实施财务舞弊的主要方式之一，企业管理人员为操纵利润、成本或虚增资产而可能对在建工程项目进行会计操纵。

在建工程舞弊的主要方式包括:(1)延迟在建工程转固定资产的时间调节利润,如延长试生产时间,使在建工程周期延长,从而将利息费用资本化降低财务费用,或者延迟已竣工交付的工程避免计提折旧;(2)利用停工在建工程继续费用资本化,如将借款费用计入已实际停工的在建工程成本中降低当期成本;(3)利用在建工程转移资金实施关联交易,如通过编制虚假的工程项目,将虚增的在建工程所需要支付的资金通过关联方转移出企业,然后重新以销售款或增资款的名义进入企业从而虚增资产。例如,在"深圳华意隆电气股份有限公司信披违规案"[1]中,深圳华意隆电气股份有限公司董事通过虚增在建工程转出资金至关联企业并虚构应收款项收回。根据《企业财务会计报告条例》的规定,编制、对外提供不实财务会计报告,企业可能受到罚款,单位相关责任人可能受到行政处分。

二、固定资产检修与合规

(一)合规管理

本部分的合规目标:首先,制定周密、可执行的年度及月度固定资产检修激活,履行安全生产保障义务。其次,严格把控固定资产大修项目外委流程,关注招标、施工安全保障、验收等环节的合规义务,规避各个流程上可能出现的舞弊风险。

(二)合规风险

1. 改建或大型维修项目未履行安全生产保障义务的风险

根据《安全生产法》及《建设项目安全设施"三同时"监督管理办法》的规定,生产经营单位实施金属冶炼的改建或大型维修项目依法应履行相应的安全生产保障义务。具体而言,包括:(1)安全评价,项目实施前在可行性研究时应当进行安全预评价,以及项目竣工后正式生产运行前进行安全验收评价;(2)安全设施设计审查,建设项目安全设施设计完成后,生产经营单位应当按照向应急管理部门申请进行审查;(3)建设工程"三同时"制度,建设项目的安全设施应当与主体工程同时设计、同时施工或者同时投入使用。违反前述规定,企业可能受到罚款甚至被责令停业整顿,相关项目可能被责令停工,影响项目进度,此外,相关责任人亦可能受到行政处分。

---

[1] 参见中国证券监督管理委员会深圳监管局行政处罚决定书,(2021)1 号。

2. 外委改建或大型维修项目未进行招标的风险

《招标投标法》规定,除自行建设的项目外,如改建或大型维修项目构成依法必须招标的工程项目,则必须依法进行招标。

3. 外委改建或大型维修项目未履行安全生产保障义务的风险

根据《安全生产法》及《建设项目安全设施"三同时"监督管理办法》的规定,生产经营单位实施金属冶炼的改建或大型维修项目依法应履行相应的安全生产保障义务。在外委项目中,企业不仅应注意设计、施工单位应具备相应的资质,且企业有义务确保施工单位按照批准的安全设施设计施工,在施工单位未按照批准的安全设施设计施工的情况下,行政监督部门会对企业予以相应行政处罚。

三、固定资产日常管理与合规

(一)合规管理

本部分的合规目标:首先,保证固定资产在调拨、对外租赁、盘点等环节安全合规,充分服务于企业生产经营活动。其次,企业应当对固定资产进行有效投保并定期增减值价值评估,确保固定资产能支撑企业健康持续运营。

(二)合规风险

1. 资产调拨的涉税风险

通常而言,资产调拨仅涉及使用权的转移,但某些特殊情况下可能产生涉税风险,具体而言,包括以下两种情况:

(1)总分机构之间的资产调拨。根据《增值税暂行条例实施细则》的规定,设有两个以上机构并实行统一核算的纳税人,将货物从一个机构移送其他机构用于销售,除相关机构设在同一县(市)外,应当视同销售货物。同时,根据国家税务总局《关于企业所属机构间移送货物征收增值税问题的通知》的规定,如果受货机构向购货方开具发票或向购货方收取货款,即构成前述"用于销售",因此,在总分机构、分支机构之间进行资产调拨,企业应确保资产调拨过程中受货机构不将资产用于销售,否则将产生增值税纳税义务。

(2)母子公司之间、子公司之间,或公司与集团内其他公司之间的资产调拨。由于母子公司、公司与集团内其他公司均属独立法人,根据《增值税暂行条例实施细则》的规定,如调拨构成捐赠将视同销售,产生增值税纳税义务。此外,根据国家税务总局《关于企业处置资产所得税处理问题的通知》的规定,如果调拨资产发生所有权变动,将构成视同销售,产生企业所得税纳税义务。因此,在母子公司之间、子公司之间,或公司与集团内其他公司之间的资产调拨,企业应明确资产调拨和资产划转的区别,避免发生所有权移转,否则将同时产生增值税与企业所得税纳税义务。

2. 关联交易的涉税风险

母子公司、公司与集团内其他公司均属独立法人,根据《企业所得税法》的规定,企业与其关联方之间的业务往来,不符合独立交易原则而减少企业或者其关联方应纳税收入或者所得额的,税务机关有权按照合理方法调整。独立交易原则,是指关联方之间业务往来,应当符合独立方在类似情况下从事类似交易时可能建立的商业和财务关系。

此外,根据国家税务总局《关于完善关联申报和同期资料管理有关事项的公告》的相关规定,实行查账征收的居民企业向税务机关报送年度企业所得税纳税申报表时,应当就其与关联方之间的业务往来进行关联申报。

因此,企业应确保与集团成员单位之间出租资产的定价符合独立交易原则,否则可能受到纳税调整。根据国家税务总局《关于印发〈特别纳税调整实施办法(试行)〉的通知》的规定,企业接受税务机关实施的转让定价纳税调整后,须在被调整的最后年度的下一年度起5年内接受税务机关实施的跟踪管理。

3. 资产评估的要求

根据《企业国有资产评估管理暂行办法》的规定,各级国有资产监督管理机构履行出资人职责的企业及其各级子企业将整体资产或者部分资产租赁给非国有单位的,应当对相关资产进行评估。因此,企业在将闲置资产租赁给非国有单位的,应当进行资产评估,否则企业可能被行政监督部门责令整改,相关经济行为可能被请求确认无效,相关责任人可能被给予行政处分。

4. 租赁价格与租赁期限限制

根据《企业国有资产评估管理暂行办法》的规定,国有企业进行与资产评估相应的经济行为时,应当以经核准或备案的资产评估结果为作价参考依据;当交易价格低于评估结果的90%时,应当暂停交易,在获得原经济行为批准机构同意后方可继续交易。因此,企业在租赁资产时,应当以经核准或备案的资产评估结果为作价参考依据,并确保交易价格低于评估结果90%时取得批准。

5. 固定资产舞弊的风险

固定资产盘点操纵是固定资产舞弊的主要方式,固定资产盘点操纵包括隐瞒盘点盈亏情况、任意变动固定资产账面价值等。根据《企业财务会计报告条例》的规定,编制、对外提供不实财务会计报告,企业可能受到罚款,单位相关责任人可能受到行政处分。此外,固定资产盘点操纵亦可能与企业管理人员侵占企业财产等不当行为有关。

6. 计税基础不受减值影响

根据《企业所得税法实施条例》第56条的规定,企业持有各项资产期间资产增值或者减值,除国务院财政、税务主管部门规定可以确认损益外,不得调整该资产的计税基础。原则上,计提减值后,折旧的计税基础不应进行调整。因此,企业应注意会计处理和税法上的差异,当会计折旧和税法折旧产生差异时,及时进行当期的纳税调整,避免引起税收执法机构不必要的调查。

7. 违规计提固定资产减值的风险

违规计提固定资产减值是固定资产舞弊的方式之一,当企业管理人员操纵利润时或试图掩藏虚增资产行为时,可能同时进行固定资产减值准备的违规计提。根据《企业财务会计报告条例》的规定,编制、对外提供不实财务会计报告,企业可能受到罚款,单位相关责任人可能受到行政处分。

8. 未进行资产评估的风险

《国有资产评估管理办法》对国有资产占有单位应当进行国有资产评估的情形进行了规定。其中,当发生资产拍卖、转让时,除经国有资产管理行政主管部门批准可以不予评估外,必须进行资产评估。《企业国有资产评估管理暂行办法》对各级国有资产监督管理机构履行出资人职责的企业及其各级子企业涉及的国有资产评估的事项,进行了具体规定。根据《企业国有资产评估管理暂行办法》的规定,以非货币资产对外投资;资产转让、置换;整体资产或者部分资产租赁给非国有单位;以及以非货币资产偿还债务时,应当对相关资产进行评估。此外,国有资产评估实行核准制和备案制,国有资产监督管理机构下达的资产评估项目核准文件和经国有资产监督管理机构或所出资企业备案的资产评估项目备案表是企业办理产权登记、股权设置和产权转让等相关手续的必备文件。违反前述规定,应当进行资产评估而未进行评估或者应当办理核准、备案而未办理,企业可能被行政监督部门责令整改,相关经济行为可能被请求确认无效,相关责任人可能被给予行政处分。

9. 资产评估单位不具资质的风险

《企业国有资产评估管理暂行办法》要求企业聘请符合相应资质条件的资产评估机构从事国有资产评估活动,违反前述规定,企业可能被行政监督部门责令整改,相关经济行为可能被请求确认无效,相关责任人可能被给予行政处分。此外,相关委托合同亦可能被认定为违反效力性强制性规定的无效合同。

10. 妨碍资产评估的法律责任

《国有资产评估管理办法》及《企业国有资产评估管理暂行办法》要求企业如实提供相关资料,不得与资产评估机构串通作弊导致评估结果失实,违反前述规定,企业可能被行政监督部门责令整改,相关经济行为可能被请求确认无效,相关责任人可能被给予行政处分。

四、固定资产处置管理与合规

(一)合规管理

本部分的合规目标:保证固定资产的报废管理、评估转让等处置行为合法合规,避免在固定资产处置环节出现相关工作人员滥用职权、侵占企业财产等违规行为,保障企业的整体经营健康发展。

(二)合规风险

1. 未履行监督管理职责或滥用职权,违规报废、转让造成固定资产损失,构成国有公司人员失职罪、滥用职权罪的风险

国有控股企业应当遵守最高人民法院《关于如何认定国有控股、参股股份有限公司中的国有公司、企业人员的解释》的规定,国有公司、企业委派到国有控股、参股公司从事公务的人员,以国有公司、企业人员论。前述人员因未履行内部监督职责,违规报废、转让造成固定资产流失,即可能构成国有公司人员失职罪、滥用职权罪。

2. 公开进行资产转让的要求

根据《企业国有资产交易监督管理办法》的规定,一定金额以上的资产

转让须在产权交易机构公开进行。

3. 固定资产转让前未进行资产评估的风险

根据《国有资产评估管理办法》及《企业国有资产评估管理暂行办法》的规定,固定资产转让符合应当进行资产评估情形的,须依法进行资产评估,应当进行资产评估而未进行评估或者应当办理核准、备案而未办理,企业可能被行政监督部门责令整改,相关经济行为可能被请求确认无效,相关责任人可能被给予行政处分。

4. 管理人员侵占企业财产的风险

企业管理人员可能借由违规转让企业资产谋利,根据《刑法》的规定,企业人员利用职务上的便利,侵吞、窃取、骗取或者以其他手段非法占有企业财物的,可能构成职务侵占罪,如其同时受委托负有监督、管理国有资产的职责,则可能构成贪污罪。

附录:固定资产管理相关合规要求

1.《安全生产法》(2021 年修正)

2.《民法典》

3.《刑法》(2020 年修正)

4.《企业所得税法》(2018 年修正)

5.《招标投标法》(2017 年修正)

6.《保险法》(2015 年修正)

7.《国有资产评估管理办法》(2020 年修订)

8.《企业所得税法实施条例》(2019 年修订)

9.《建设工程质量管理条例》(2019 年修订)

10.《增值税暂行条例实施细则》(2011 年修订)

11.《企业财务会计报告条例》

12.《企业国有资产交易监督管理办法》

13.《建设项目安全设施“三同时”监督管理办法》(2015 年修正)

14.《企业国有资产评估管理暂行办法》

15. 国家税务总局《关于企业处置资产所得税处理问题的通知》(国税函〔2008〕828 号)

16.《企业会计准则第 4 号——固定资产》(财会〔2006〕3 号)

17.《企业会计准则第 17 号——借款费用》(财会〔2006〕3 号)

18. 国家税务总局《关于企业所属机构间移送货物征收增值税问题的通知》(国税发〔1998〕第137号)

第八节　企业无形资产管理与合规风险

一、无形资产购置管理与合规

(一)合规管理

本部分的合规目标:首先,制订合法、合规的无形资产购置计划,做好无形资产的权属登记与产权评估等流程的管控,保证无形资产的合规、有效利用。其次,加强对无形资产购置中核验与入账环节的把控,确保准确核算无形资产价值,做好产权登记,避免出现权属纠纷,提升企业经济效益与效率。

(二)合规风险

1. 知识产权的转让或出质未经登记或核准的风险

知识产权(包括专利权、著作权和商标权,下同)在转让或出质时,应当履行一定登记或核准的程序,具体包括以下几点:

(1)转让或出质专利权的,均应当登记。转让专利申请权或者专利权的,当事人应当向国务院专利行政部门登记,由国务院专利行政部门予以公告。同时,以专利权出质的,由出质人和质权人共同向国务院专利行政部门办理出质登记。企业外购或出质专利权未经登记的,不发生权利转让或出质的效力。

(2)商标权转让应当核准,商标权出质应当登记。转让注册商标的,转让人和受让人应当签订转让协议,并共同向商标局提出申请。转让注册商标经核准后,予以公告。同时,以注册商标专用权出质的,出质人与质权人应当共同向商标局提出质权登记申请。商标权转让未经核准或出质未经登记的,不发生转让或出质的效力。

(3)著作权转让可以登记,著作权出质应当登记。作者等著作权人可以向国家著作权主管部门认定的登记机构办理作品登记。根据"黑龙江省五常金禾米业有限责任公司与林某财著作权权属、侵权纠纷案[1]的裁判要旨,

---

〔1〕 参见黑龙江省大庆市中级人民法院民事判决书,(2020)黑06民初255号。

作品登记是自愿登记、形式审查,并非实质审查,也不是作品权属唯一确定的凭证,在作品权属发生争议时,需要著作权人进一步举证证明其著作权利的基础合法有效。另外,以著作权中的财产权出质的,由出质人和质权人依法办理出质登记;未经登记的,质权不发生效力。出于全面保护企业财产的考虑,无论是取得抑或出质著作权,均建议企业进行著作权登记。

2. 使用了不得作为商标使用的标志的风险

下列标志不得作为商标使用:(1)同中国的国家名称、国旗、国徽、国歌、军旗、军徽、军歌、勋章等相同或者近似的,以及同中央国家机关的名称、标志、所在地特定地点的名称或者标志性建筑物的名称、图形相同的。(2)同外国的国家名称、国旗、国徽、军旗等相同或者近似的,但经该国政府同意的除外。(3)同政府间国际组织的名称、旗帜、徽记等相同或者近似的,但经该组织同意或者不易误导公众的除外。(4)与表明实施控制、予以保证的官方标志、检验印记相同或者近似的,但经授权的除外。(5)同"红十字""红新月"的名称、标志相同或者近似的。(6)带有民族歧视性的。(7)带有欺骗性,容易使公众对商品的质量等特点或者产地产生误认的。(8)有害于社会主义道德风尚或者有其他不良影响的。(9)县级以上行政区划的地名或者公众知晓的外国地名,不得作为商标。但是,地名具有其他含义或者作为集体商标、证明商标组成部分的除外;已经注册的使用地名的商标继续有效。(10)商标中有商品的地理标志(标示某商品源于某地区,该商品的特定质量、信誉或者其他特征,主要由该地区的自然因素或者人文因素所决定的标志),而该商品并非源于该标志所标示的地区,误导公众的,不予注册并禁止使用;但是,已经善意取得注册的继续有效。

3. 使用了不得注册为商标的标志而无法注册商标的风险

以下标志虽然可以使用,但无法注册商标,存在难以保护企业权益风险,建议企业不予使用:(1)仅有本商品的通用名称、图形、型号的。(2)仅直接表示商品的质量、主要原料、功能、用途、重量、数量及其他特点的。(3)其他缺乏显著特征的。前述所列标志经过使用取得显著特征,并便于识别的,可以作为商标注册。另外,以三维标志申请注册商标的,仅由商品自身的性质产生的形状、为获得技术效果而需有的商品形状或者使商品具有实质性价值的形状,不得注册。

4. 申请国外专利未进行保密审查的风险

任何单位或者个人将在中国完成的发明或者实用新型向外国申请专利的，应当事先报经国务院专利行政部门进行保密审查。否则，将遭受行政处罚或可能构成刑事犯罪。

5. 土地使用权出让合同未与市、县人民政府自然资源管理部门签订的风险

开发区管理委员会作为出让方与企业签订的土地使用权出让合同无效。因此，企业签订土地使用权出让合同的，必须和市、县人民政府自然资源管理部门签订。

6. 以出让方式取得土地使用权未缴纳土地出让金、签订书面出让合同的风险

土地使用权出让，应当签订书面出让合同。土地使用者必须按照出让合同约定，支付土地使用权出让金；未按照出让合同约定支付土地使用权出让金的，自然资源管理部门有权解除合同，并可以请求违约赔偿。

7. 转让或受让土地使用权不符合转让或受让条件的风险

转让土地使用权的，应当符合下列条件：(1)按土地使用权出让合同规定的期限和条件投资开发、利用土地。根据"陈某峰、史某增、梁某银等建设用地使用权转让合同纠纷案"[1]的裁判要旨，此规定属于管理性强制性规定，违反该规定不影响合同效力，但可能导致无法履行合同而违约。(2)签订转让合同。(3)依照规定办理过户登记。土地使用权转让的，其地上建筑物、其他附着物所有权随之转让。

8. 土地使用权转让未及时办理登记的风险

土地使用权转让，如果企业作为受让方，未及时办理登记，可能存在出让方一地数卖而企业无法取得土地使用权的风险。此时，判断土地使用权归属的顺序为：(1)已经办理土地使用权变更登记手续的受让方，请求转让方履行交付土地等合同义务的，应予支持；(2)均未办理土地使用权变更登记手续，已先行合法占有投资开发土地的受让方请求转让方履行土地使用权变更登记等合同义务的，应予支持；(3)均未办理土地使用权变更登记手续，又未合法占有投资开发土地，先行支付土地使用权转让款的受让方请求

〔1〕 参见河南省高级人民法院民事裁定书，(2020)豫民终1196号。

转让方履行交付土地和办理土地使用权变更登记等合同义务的，应予支持；(4)合同均未履行，依法成立在先的合同受让方请求履行合同的，应予支持。如果企业作为出让方，未及时办理登记，可能存在违约的风险。

9. 购置无形资产前未进行产权评估的风险

根据《国有资产评估管理若干问题的规定》的规定，国有资产占有单位通过以下三种方式取得无形资产前应进行资产评估：(1)收购非国有资产；(2)与非国有单位置换资产；(3)接受非国有单位以实物资产偿还债务。此外，根据《企业国有资产评估管理暂行办法》的规定，企业在接受非国有单位以非货币资产出资前应当进行资产评估。违反前述规定，企业可能被行政监督部门责令整改，相关经济行为可能被请求确认无效，相关责任人可能被给予行政处分。

10. 未办理企业国有资产产权登记

根据《企业国有资产产权登记管理办法》的规定，国家出资企业拥有实际控制权的境内外各级企业及其投资参股企业，应当纳入产权登记范围。因此，除非属于为了赚取差价从二级市场购入的上市企业股权，或者为了近期内(一年以内)出售而持有的其他股权，否则当企业因收购、投资入股、接受以股抵债等经济行为发生而取得企业股权时，应当及时进行企业国有资产产权登记。

二、无形资产日常管理与合规

(一)合规管理

本部分的合规目标：首先，加强对品牌、商标、专利、专有技术、土地使用权等无形资产的盘点、备案与管理，避免在相关环节发生产权登记管理不善、舞弊、涉税等合规风险。其次，定期对专利、专有技术等无形资产进行评估，确保相关资产的合理性利用。

(二)合规风险

1. 无形资产舞弊的风险

无形资产盘点操纵是无形资产舞弊的主要方式，无形资产盘点操纵包括变动无形资产使用寿命或将其认定为使用寿命不确定、虚增无形资产、将费用资本化虚增无形资产账面价值等。根据《企业财务会计报告条例》的规定，编制、对外提供不实财务会计报告，企业可能受到罚款，单位相关责任人可能受到行政处分。此外,无形资产盘点操纵亦可能与企业管理人员侵占企业财产等不当行为有关。

2. 违规摊销的涉税风险

企业应确保在无形资产的使用寿命内系统合理摊销,根据《税收征收管理法》的规定,在账簿上多列支出不缴或者少缴应纳税款的,是偷税。违规摊销造成超标准列支摊销金额的,可能被认定为偷税,企业可能被追缴税款、处以罚款。

3. 无形资产关联交易的涉税风险

母子公司、公司与集团内其他公司均属独立法人,根据《企业所得税法》的规定,企业与其关联方之间的业务往来,不符合独立交易原则而减少企业或者其关联方应纳税收入或者所得额的,税务机关有权按照合理方法调整。独立交易原则,是指关联方之间的业务往来,应当符合独立方在类似情况下从事类似交易时可能建立的商业和财务关系。因此,根据独立交易原则,企业与关联方之间转让或者受让无形资产使用权而收取或者支付的特许权使用费,应当与无形资产为企业或者其关联方带来的经济利益相匹配。其中,对于无形资产的关联交易,应特别注意以经济所有权为实质。通常而言,多数无形资产在相应主管部门的登记或注册人即为法律意义上的所有权人,不过,对于无形资产而言,税务机关对关联交易转让定价的考量更多关注的是无形资产的经济所有权,其中,根据国家税务总局《特别纳税调查调整及相互协商程序管理办法》的规定,经济所有权的认定要考虑四个方面的要素:(1)交易主体在专利权、非专利技术等无形资产开发、价值提升、维护、保护、应用和推广过程中的价值贡献;(2)前述价值贡献的程度与获得的收益是否匹配;(3)仅拥有无形资产所有权而未对无形资产价值做出贡献的主体,不得参与收益分配;(4)在无形资产形成和使用过程中,仅提供资金而未实际执行相关功能和承担相应风险的主体,应当仅获得合理的资金成本回报。

此外,根据国家税务总局《关于完善关联申报和同期资料管理有关事项的公告》的相关规定,实行查账征收的居民企业向税务机关报送年度企业所得税纳税申报表时,应当就其与关联方之间的业务往来进行关联申报。

因此,企业应确保与集团成员单位之间转让无形资产的定价符合独立交易原则,否则可能受到纳税调整。根据国家税务总局《关于印发〈特别纳税调整实施办法(试行)〉的通知》的相关规定,企业接受税务机关实施的转让定价纳税调整后,须在被调整的最后年度的下一年度起5年内接受税务机关实施的跟踪管理。

4. 无形资产转让前未进行资产评估的风险

根据《国有资产评估管理办法》及《企业国有资产评估管理暂行办法》的规定,无形资产转让符合应当进行资产评估的情形的,须依法进行资产评估。应当进行资产评估而未进行评估的,企业可能被行政监督部门责令整改,相关经济行为可能被请求确认无效,相关责任人可能被给予行政处分。

5. 公开进行资产转让的要求

根据《企业国有资产交易监督管理办法》的规定,一定金额以上的资产转让须在产权交易机构公开进行。违反前述规定,相关责任人或单位除可能受到企业内部考核处分外,造成国有资产损失的,还应承担赔偿责任。

6. 知识产权许可合同未备案的风险

具体应注意以下三点:

(1)专利权和商标权许可合同应当备案。专利权人与他人订立的专利实施许可合同,应当自合同生效之日起3个月内向国务院专利行政部门备案。同时,许可他人使用其注册商标的,许可人应当将其商标使用许可报商标局备案,由商标局公告。商标使用许可未经备案不得对抗善意第三人。因此,为全面保护企业财产,建议企业对专利权或商标权专有许可使用合同进行备案。

(2)著作权专有许可使用(独占许可)合同可以备案。为全面保护企业财产,建议企业对著作权独占许可合同进行备案。

(3)许可合同未经备案不影响合同效力,但不能对抗善意第三人。根据"新郑市华凯兴食品有限公司、湖北小芳芳食品有限公司侵害商标权纠纷案"[1]的裁判要旨,此处的"善意第三人"是指对于商标使用许可合同项下的商标权能具有现实利益关系的人,如商标权的受让人、质权人、其他被许可人等,但不包括侵权人。

7. 技术转让、许可使用合同构成技术垄断的风险

根据最高人民法院《关于审理技术合同纠纷案件适用法律若干问题的

---

〔1〕 参见河南省高级人民法院民事判决书,(2021)豫知民终122号。

解释》的规定，限制当事人一方在合同标的技术基础上进行新的研究开发或者限制其使用所改进的技术，或者双方交换改进技术的条件不对等，包括要求一方将其自行改进的技术无偿提供给对方、非互惠性转让给对方、无偿独占或者共享该改进技术的知识产权构成非法技术垄断。因此，在技术转让、许可合同中做出如要求对方无偿或以不合理的低价转让或许可在技术开发合同的标的技术基础上独立开发、改进的新技术的约定条款，均可能构成非法技术垄断而无效。

8. 商标权管理不善的其他风险

除上述知识产权的共同风险外，商标权管理还有特别需要注意的其他风险。具体包括：

（1）损害他人现有的在先权利或以不正当手段抢先注册他人已经使用并有一定影响的商标的风险。根据最高人民法院《关于审理商标授权确权行政案件若干问题的规定》第 20 ~ 22 条的规定，在先权利包括具有一定知名度的姓名、字号、企业简称以及著作权、作品的名称和作品中的角色等。同时，根据该司法解释第 23 条的规定，"一定影响"可以通过举证在先商标有一定的持续使用时间、区域、销售量或者广告宣传来予以证明。企业损害他人现有的在先权利或以不正当手段抢先注册他人已经使用并有一定影响的商标的，已注册的商标可能被宣告无效；造成他人损失的，还应当承担赔偿责任。

（2）将"驰名商标"用于商业使用或广告宣传的风险。如果企业的商标被认定为"驰名商标"，企业不得将"驰名商标"字样用于企业的商品、商品包装或者容器上，或者用于广告宣传、展览以及其他商业活动中。否则，企业将遭受行政处罚。

（3）商标权保护期限到期而未续展的风险。注册商标的有效期为 10 年，自核准注册之日起计算。注册商标有效期满，需要继续使用的，商标注册人应当在期满前 12 个月内按照规定办理续展手续；在此期间未能办理的，可以给予 6 个月的宽展期。每次续展注册的有效期为 10 年，自该商标上一届有效期满次日起计算。期满未办理续展手续的，注销其注册商标。

（4）擅自变更注册商标信息的风险。商标注册人在使用注册商标的过程中，自行改变注册商标、注册人名义、地址或者其他注册事项的，由地方市场监督管理部门责令限期改正；期满不改正的，由商标局撤销其注册商标。

(5)商标连续三年不使用而被撤销的风险。注册商标成为其核定使用的商品的通用名称或者没有正当理由连续三年不使用的,存在被他人申请撤销商标的风险。

9. 著作权管理不善的风险

除上述知识产权的共同风险外,著作权管理还有特别需要注意的其他风险。具体包括:

(1)在技术开发合同中未约定著作权归属的风险。设计图纸、技术图纸、实验报告或手稿等属于著作权保护的范畴。在与其他单位签订技术开发合同(包括委托开发合同和合作开发合同)时,除应当明确约定研发成果或专利申请权的归属外,还应当注意对研发过程中产生或交付的技术图纸等的著作权的归属进行明确约定。

(2)作品超过发表权或期限或财产权利保护期限的风险。法人或者非法人组织的作品、著作权(署名权除外)由法人或者非法人组织享有的职务作品,其发表权的保护期为 50 年,截至作品创作完成后第 50 年的 12 月 31 日。著作权的财产权利的保护期为 50 年,截至作品首次发表后第 50 年的 12 月 31 日,但作品自创作完成后 50 年内未发表的,法律不再保护。

(3)委托创作的作品的权利归属约定不明的风险。受委托创作的作品,著作权的归属由委托人和受托人通过合同约定。合同未作明确约定或者没有订立合同的,著作权属于受托人。因此,企业应当在委托合同中明确约定著作权归属于企业。应当注意的是,合作作品由合作作者共同享有,合作双方不能约定作品的著作权,因此企业应当注意签订合同时明确合同的性质是委托合同还是合作合同。

(4)专利权管理不善的风险。发明专利权的期限为 20 年,实用新型专利权的期限为 10 年,外观设计专利权的期限为 15 年,均自申请日起计算。保护期限到期,专利进入公共领域,企业不再享有专利权。企业应当按期缴纳年费。未按照规定缴纳年费的,专利权保护期限提前终止。此外,专利权终止后,继续在产品包装上标注专利标识仍可能构成假冒专利,企业应充分注意专利权到期产品的包装或说明,以避免受到专利行政部门行政处罚。

10. 土地使用权管理不善的风险

企业对土地使用权进行管理的过程中,应当注意以下风险:

(1)未按照合同约定开发利用经营土地的风险。土地使用者应当按照土地使用权出让合同的规定和城市规划的要求，开发、利用、经营土地。未按合同规定的期限和条件开发、利用土地的，可能构成违约并支付违约金，并遭受行政处罚，甚至被无偿收回土地使用权。

（2）擅自变更土地用途的风险。土地使用者需要改变土地使用权出让合同约定的土地用途的，必须取得出让方和市、县人民政府城市规划行政主管部门的同意，签订土地使用权出让合同变更协议或者重新签订土地使用权出让合同，相应调整土地使用权出让金。

（3）出让土地使用权到期未续期的风险。土地使用权出让合同约定的使用年限届满，土地使用者需要继续使用土地的，应当至迟于届满前一年申请续期，除根据社会公共利益需要收回该幅土地的，应当予以批准。经批准准予续期的，应当重新签订土地使用权出让合同，依照规定支付土地使用权出让金。土地使用权出让合同约定的使用年限届满，土地使用者未申请续期或者虽申请续期但依照前款规定未获批准的，土地使用权由国家无偿收回。

11. 竞业限制协议订立、履行和义务人违约行为处理的风险

企业为保护技术秘密，可能在劳动合同或保密协议中约定竞业限制条款。约定竞业限制条款的，企业应当注意以下订立和履行的风险：

（1）竞业限制协议的适格主体。根据《劳动合同法》第 24 条第 1 款的规定，竞业限制的适格主体包括三类：高级管理人员、高级技术人员、其他负有保密义务的人员。《劳动合同法》对于如何界定这三类主体未作具体规定。对于"高级管理人员"的具体定义，可参考《公司法》第 216 条第 1 项。而对于"高级技术人员""其他负有保密义务的人员"，法律没有明确定义，实务中主要结合劳动者的职务岗位、工作内容等综合判定。例如，在"深圳市图腾电气技术有限公司与夏某劳动争议案"[1]中，深圳市中级人民法院认为，夏某作为公司人力资源经理，并不掌握公司的商业秘密或其他与知识产权相关的保密事项，竞业限制约定应属无效。而在"吕某与宁波远大检测技术有限公司竞业限制纠纷上诉案"[2]中，宁波市中级人民法院认为，虽然吕某是普通员工，但其与公司之间关于保守商业秘密义务的约定可以证明吕某系

〔1〕 参见广东省深圳市中级人民法院民事判决书，(2016)粤 03 民终 2173 号。

〔2〕 参见浙江省宁波市中级人民法院民事判决书，(2016)浙 02 民终 1259 号。

"负有保密义务的人员",即竞业限制的适格主体,进而认可了竞业限制协议的效力。

(2)补偿金违反规定的风险。根据最高人民法院《关于审理劳动争议案件适用法律问题的解释(一)》第 36 条的规定,每月补偿金不得低于劳动者在劳动合同解除或者终止前 12 个月平均工资的 30%,也不得低于劳动合同履行地最低工资标准。

(3)补偿金给付不符合约定的风险。根据最高人民法院《关于审理劳动争议案件适用法律问题的解释(一)》第 38 条的规定,企业未支付补偿金满三个月,且劳动者在此期间履行了竞业限制义务,则劳动者可以解除竞业限制约定,并可主张企业支付相应期间内的竞业限制补偿金。

(4)公司规章制度中规定了竞业限制义务,这一规定对劳动者没有约束力。在"沈某与北京豪腾嘉科软件有限公司劳动争议上诉案"[1]中,北京市第一中级人民法院认为,《员工手册》中关于竞业限制的规定不是豪腾嘉科公司要求沈某履行竞业限制义务的约定,即企业通过规章制度形式确立的竞业限制义务对劳动者不具有拘束力。因此,企业应当与特定劳动者个别订立竞业限制协议,并且竞业限制的约定必须具体、明确。

12. 融资租赁业务违规的风险

依据原中国银保监会办公厅《关于加强金融租赁公司融资租赁业务合规监管有关问题的通知》的规定,作为租赁物的构筑物,须满足所有权完整且可转移(出卖人出售前依法享有对构筑物的占有、使用、收益和处分权利,且不存在权利瑕疵)、可处置(金融租赁公司可取回、变现)、非公益性、具备经济价值(能准确估值、能为承租人带来经营性收入并偿还租金)的要求。严禁将道路、市政管道、水利管道、桥梁、坝、堰、水道、洞、非设备类在建工程、涉嫌新增地方政府隐性债务以及被处置后可能影响公共服务正常供应的构筑物作为租赁物。

附录:无形资产管理合规要求

1.《专利法》(2020 年修正)

---

〔1〕 参见北京市第一中级人民法院民事判决书,(2014)一中民终字第 07989 号。

2.《民法典》
3.《著作权法》(2020 年修正)
4.《城市房地产管理法》(2019 年修正)
5.《土地管理法》(2019 年修正)
6.《商标法》(2019 年修正)
7.《企业所得税法》(2018 年修正)
8.《城镇国有土地使用权出让和转让暂行条例》(2020 年修订)
9.《企业国有资产交易监督管理办法》
10.《著作权法实施条例》(2013 年修订)
11.《计算机软件保护条例》(2013 年修订)
12.《专利法实施细则》(2010 年修订)
13.《企业国有资产评估管理暂行办法》
14.《国有资产评估管理若干问题的规定》
15.《企业内部控制应用指引第 8 号——资产管理》(财会〔2010〕11 号)
16.《企业会计准则第 6 号——无形资产》(财会〔2006〕3 号)
17.《企业会计准则第 8 号——资产减值》(财会〔2006〕3 号)
18.《企业内部控制应用指引第 10 号——研究与开发》(财会〔2010〕11 号)
19. 国务院国有资产监督管理委员会《关于印发〈中央企业商业秘密保护暂行规定〉的通知》(国资发〔2010〕41 号)
20. 最高人民法院《关于审理侵犯商业秘密民事案件适用法律若干问题的规定》(法释〔2020〕7 号)
21. 最高人民法院《关于审理涉及国有土地使用权合同纠纷案件适用法律问题的解释》(2020 年修正,法释〔2020〕17 号)
22. 原中国银行保险监督管理委员会办公厅《关于加强金融租赁公司融资租赁业务合规监管有关问题的通知》(银保监办发〔2022〕12 号)

◇ 第九节 企业投资管理与合规风险

一、投资规划计划与合规

(一)合规管理

本部分的合规目标:首先,确保投资业务、投资计划的编制与审批符合国家相关法律法规和企业内部规章制度的规定,严格把控投资手续的论证、评估、审批环节。其次,加强对企业境内外投资项目的监管和过程控制,优化企业产业布局和经营结构。最后,投资业务的记录应当真实完整,满足信息披露相关要求,确保投资项目有效运营。

(二)合规风险

1. 未进行投资前论证的风险

国有企业应当参照《中央企业投资监督管理办法》的规定,根据企业发展战略和规划,按照企业主业、非主业投资比例及新兴产业投资方向,选择、确定投资项目,做好项目融资、投资、管理、退出全过程的研究论证。对于新投资项目,应当深入进行技术、市场、财务和法律等方面的可行性研究与论证,其中股权投资项目应开展必要的尽职调查,并按要求履行资产评估或估值程序。

2. 国有企业对外投资未进行资产评估的风险

首先,以非货币财产对外投资的,应当进行对该非货币性资产进行评估。其次,根据《企业国有资产评估管理暂行办法》的规定,收购非国有单位的资产,如收购他人的股权等,亦应当进行对该股权或资产评估。需注意的是,根据"广西柳工集团有限公司与徐某良股权转让纠纷上诉案"[1]的裁判要旨,《企业国有资产评估管理暂行办法》属于部门规章,违反其规定,未对收购的非国有单位资产进行评估的,属于违反管理性强制性规定,不影响合同的效力。

3. 国有企业受让上市公司股份未经核准的风险

国有企业通过证券交易系统增持、协议受让、认购上市公司发行股票等未导致上市公司控股权转移的事项,应当经国家出资企业审核批准,其他情形应当经国有资产监督管理机构审核批准。国家出资企业、国有资产监督管理机构批准企业受让上市公司股份时,会审核以下文件:(1)国有股东受让上市公司股份的内部决策文件;(2)国有股东受让上市公司股份方案,内容包括但不限于国有股东及上市公司的基本情况、主要财务数据、价格上限及确定依据、数量及受让时限等;(3)可行性研究报告;(4)股份转让协议(适用于协议受让的)、产权转让或增资扩股协议(适用于间接受让的);(5)财务

---

[1] 参见上海市第一中级人民法院民事判决书,(2017)沪01民终14282号。

顾问出具的尽职调查报告和上市公司估值报告(适用于取得控股权的);(6)律师事务所出具的法律意见书;(7)国家出资企业、国有资产监督管理机构认为必要的其他文件。企业应当确保上述文件完整、准确和无误。

4. 投资了负面清单内的项目的风险

根据《中央企业投资项目负面清单(2017 年版)》的规定,中央企业禁止投资的项目包括:(1)不符合国家产业政策的投资项目;(2)未按规定履行完成必要的审批程序的投资项目;(3)不符合经国资委审核的企业发展战略和规划的投资项目;(4)不符合企业投资决策程序和管理制度的投资项目;(5)未明确融资、投资、管理、退出方式和相关责任人的投资项目;(6)项目资本金低于国家相关规定要求的投资项目;(7)超过国资委认定的非主业投资比例的非主业投资项目;(8)投资预期收益低于 5 年期国债利率的商业性投资项目;(9)国资委债务风险管控企业推高企业负债率的投资项目;(10)非房地产主业中央企业新购土地开展的商业性房地产投资项目。

5. 国有企业未进行投资后的项目评估工作的风险

如果国有企业投资项目被列入项目后评价年度计划,企业应当认真编写项目自我总结评价报告,积极配合开展调查工作,准确完整地提供项目前期及实施阶段的各项正式文件,具体包括:(1)项目前期文件,包括政府国资委的批复文件、项目建议书(或项目申请报告)、环境影响评价报告、项目可行性研究报告、项目评估报告及相关的批复文件;(2)项目实施文件,包括初步设计文件、开工报告、招投标文件、主要合同、工程概算调整报告、监理报告、竣工验收报告及其相关的批复文件与资料;(3)其他资料,包括项目运行和企业生产经营情况、财务报表以及其他相关资料等,和与项目有关的审计报告、稽查报告和统计资料等。项目后评价工作中聘请中介机构人员的报酬及相关费用由项目实施单位承担。企业应该做好投资项目后的自我评价报告,并确保各项正式文件完整和齐全。

6. 国有企业在股权投资中应当特别注意的事项

根据国务院国资委《关于中央企业加强参股管理有关事项的通知》的规定,国有企业在股权投资时,应当特别注意以下风险:(1)不得为规避主业监管要求,通过参股等方式开展中央企业投资项目负面清单规定的商业性房地产等禁止类业务。(2)不得选择与参股投资主体及其各级控股股东领导人员存在特定关系(指配偶、子女及其配偶等亲属关系,以及共同利益关系等)的合作方。(3)不得以约定固定分红等“名为参股合作、实为借贷融资”的名股实债方式开展参股合作。(4)参股投资决策权向下授权应作为重大事项经党委(党组)研究讨论,由董事会或经理层决定,授权的管理层级原则上不超过两级。达到一定额度的参股投资,应纳入“三重一大”范围,由集团公司决策。(5)对满5年未分红、长期亏损或非持续经营的参股企业股权,要进行价值评估,属于低效无效的要尽快处置,属于战略性持有或者培育期的要强化跟踪管理。(6)对风险较大、经营情况难以掌握的股权投资,要及时退出。(7)不得对参股企业其他股东出资提供垫资。(8)严格控制对参股企业提供担保,确需提供的,应严格履行决策程序,且不得超股权比例提供担保。(9)不得将字号、经营资质和特许经营权等提供给参股企业使用。(10)中央企业及各级子企业领导人员在参股企业兼职,应根据工作需要从严掌握,一般不越级兼职,不兼“挂名”职务。确需兼职的,按照管理权限审批,且不得在兼职企业领取工资、奖金、津贴等任何形式的报酬和获取其他额外利益;任期届满连任的,应重新报批。参股经营投资主体及其各级控股股东领导人员亲属在参股企业关键岗位任职,应参照企业领导人员任职回避有关规定执行。

7. 股权受让未经标的公司其他股东过半数同意、侵害标的公司其他股东优先购买权的风险

公司受让标的有限公司(以下简称标的公司)股东的股权时,应当经标的公司其他股东过半数同意。标的公司的其他股东同意转让的,享有同等条件下的优先购买权。如果未经标的公司其他股东过半数同意,或侵害标的公司其他股东优先购买权,虽然合同效力在实践中存在争议,但标的公司股东无法履行股权转让义务,可能导致公司无法及时有效地受让股权。因此,建议公司在进行股权投资时,检查相关书面文件,确认标的公司股东转让股权事宜已经其他股东过半数同意且均已放弃优先购买权。

8. 增资投资未经标的公司股东会决议通过的风险

标的公司以增加注册资本的形式接受公司投资的,应当注意:(1)如果标的公司的公司章程对增加注册资本有其他规定,增资应当符合标的公司章程的规定;(2)如果标的公司的公司章程对增加注册资本没有其他规定,根据《公司法》的相关规定,增加注册资本应当经股东会代表2/3以上表决权的股东通过;(3)标的公司新增资本时,标的公司股东有权优先按照实缴

的出资比例认缴出资。因此,公司应当尽基本的形式审查义务,核查标的公司是否通过了相关的股东会决议或履行了章程所规定的程序,股东是否放弃优先认购新增资本。公司未尽上述基本的形式审查义务的,可能导致合同无效,从而无法约束标的公司完成增资程序。

9. 其他风险

除了前述风险外,国有企业还应当注意以下风险:(1)投资并购过程中授意、指使中介机构或有关单位出具虚假报告;(2)未按规定履行决策和审批程序,决策未充分考虑重大风险因素,未制定风险防范预案;(3)违反规定以各种形式为其他合资合作方提供垫资,或通过高溢价并购等手段向关联方输送利益;(4)投资合同、协议及标的企业公司章程等法律文件中存在有损国有权益的条款,致使对标的企业管理失控;(5)违反合同约定提前支付并购价款;(6)投资并购后未按有关工作方案开展整合,致使对标的企业管理失控;(7)投资参股后未行使相应股东权利,发生重大变化未及时采取止损措施。国有企业存在前述情形的,可能存在违反《中央企业违规经营投资责任追究实施办法(试行)》相关规定的风险。

二、境外投资与合规

(一)合规管理

本部分合规目标:首先,关注境外与境内投资的不同风险,及时在相关主管部门核准或备案投资项目。其次,及时了解企业境外投资项目更新的法规政策,规避境外投资中的负面清单项目,优化企业产业布局和经营结构。

(二)合规风险

企业可能进行境外投资,除了上述投资事宜应当注意的风险外,还应当注意以下额外的或与境内投资不同的风险:

1. 未在商务主管部门核准或备案的风险

根据《境外投资管理办法》的规定,企业境外投资的核准和备案,由商务主管部门负责。这里的境外投资,是指在中国境内依法设立的企业通过新设、并购及其他方式在境外拥有非金融企业或取得既有非金融企业所有权、控制权、经营管理权及其他权益的行为,强调对境外企业的"股权类"投资。

企业境外投资涉及敏感国家和地区、敏感行业的,实行核准管理;企业其他情形的境外投资,实行备案管理。实行核准管理的国家,是指与我国未建交的国家、受联合国制裁的国家。实行核准管理的行业,是指涉及出口我国限制出口的产品和技术的行业、影响一国(地区)以上利益的行业。

对属于核准情形的境外投资,企业需向商务主管部门提出申请。商务主管部门核准境外投资时,还需征求我国驻外使(领)馆(经商处室)意见。

对属于备案情形的境外投资,由企业报商务主管部门备案。企业通过"管理系统"按要求填写并打印境外投资备案表,加盖印章后,连同企业营业执照复印件报商务主管部门备案。

2. 未在发展改革部门核准或备案的风险

根据《企业境外投资管理办法》的规定,中国境内企业(以下简称投资主体)开展境外投资,应当在发展改革部门履行境外投资项目核准、备案等手续,报告有关信息,配合监督检查;投资主体未取得有效核准文件或备案通知书的,外汇管理、海关等有关部门依法不予办理相关手续,金融企业依法不予办理相关资金结算和融资业务。

实行核准管理的范围,是投资主体直接或通过其控制的境外企业开展的敏感类项目。前述所称的敏感类项目,包括涉及敏感国家和地区的项目和涉及敏感行业的项目。所谓敏感国家和地区,包括与我国未建交的国家和地区;发生战争、内乱的国家和地区;根据我国缔结或参加的国际条约、协定等,需要限制企业对其投资的国家和地区;其他敏感国家和地区。所谓的敏感行业,包括武器装备的研制生产维修;跨境水资源开发利用;新闻传媒;根据我国法律法规和有关调控政策,需要限制企业境外投资的行业。

实行备案管理的范围,包括投资主体直接开展的非敏感类项目,即涉及投资主体直接投入资产、权益或提供融资、担保的非敏感类项目。前述所称非敏感类项目,是指不涉及敏感国家和地区且不涉及敏感行业的项目。

3. 国有企业投资了境外投资负面清单内的项目的风险

根据《中央企业境外投资项目负面清单(2017 年版)》的规定,以下各项是境外投资禁止的项目:(1)未按规定履行完成必要的审批程序的境外投资项目;(2)不符合经国资委审核的企业发展战略和规划的境外投资项目;(3)不符合企业投资决策程序和管理制度的境外投资项目;(4)投资预期收益率低于投资所在国 10 年期国债利率的商业性境外投资项目;(5)项目资本金低于国家相关规定的境外投资项目;(6)单项投资额大于中央企业合并报表净资产 50% 的境外投资项目;(7)未明确融资、投资、管理、退出方式和相关责任人的境外投资项目;(8)国资委债务风险管控企业推高企业负债率的境外投资项目;(9)国资委债务风险管控“特别监管企业”的境外投资项目。

4. 境外投资的其他风险

国有企业境外投资,除了上述风险外,还应当注意以下风险:(1)未按规定建立企业境外投资管理相关制度,导致境外投资管控缺失;(2)未按规定进行风险评估并采取有效风险防控措施对外投资或承揽境外项目;(3)违反规定采取不当经营行为,以及不顾成本和代价进行恶性竞争。国有企业存在前述情形的,可能存在违反《中央企业违规经营投资责任追究实施办法(试行)》相关规定的风险。

三、固定资产投资立项与合规

(一)合规管理

本部分的合规目标:首先,确保固定资产投资业务符合国家相关法律法规和企业内部规章制度的规定,做好在建工程投资立项管理,对固定资产投资业务开展可行性研究,规范固定资产业务的投资流程。其次,对固定资产投资方案要进行战略性和经济性评估,确保固定资产投资的决策过程科学规范。

(二)合规风险

1. 固定资产投资项目未进行核准或备案的风险

国家对关系国家安全、涉及全国重大生产力布局、战略性资源开发和重大公共利益等固定资产投资项目,实行核准管理;其他项目,应当备案。未按照规定进行核准或备案的,企业、直接负责的主管人员和其他直接责任人员可能将遭受行政处罚。

2. 未履行项目变更和调整报批手续的风险

根据《企业投资项目核准和备案管理条例》的规定,已核准项目的建设地点,或者建设规模、建设内容等有较大变更的,企业应当向核准机关提出变更申请;已备案项目信息发生较大变更的,企业应当及时告知备案机关。未及时变更核准或备案信息,企业可能遭受行政处罚。

3. 其他风险

除了上述风险,企业还应当注意以下风险:(1)购建项目未按规定招标,干预、规避或操纵招标。(2)项目管理混乱,致使建设严重拖期、成本明显高于同类项目。(3)违反规定开展列入负面清单的投资项目;负面清单的具体内容,可参照《中央企业投资项目负面清单》和《中央企业境外投资项目负面清单》。违反前述规定,可能存在违反《中央企业违规经营投资责任追究实施办法(试行)》相关规定的风险。

附录:投资管理相关合规要求

1.《公司法》(2018 年修正)
2.《企业国有资产法》
3.《企业投资项目核准和备案管理条例》
4.《中央企业违规经营投资责任追究实施办法(试行)》
5.《上市公司国有股权监督管理办法》
6.《企业投资项目核准和备案管理办法》
7.《中央企业投资监督管理办法》
8.《企业境外投资管理办法》
9.《境外投资管理办法》(2014 年)
10. 国务院国有资产监督管理委员会《关于中央企业加强参股管理有关事项的通知》(国资发改革规〔2019〕126 号)
11.《中央企业投资项目负面清单(2017 年版)》(国资发规划〔2017〕13 号)
12.《中央企业境外投资项目负面清单(2017 年版)》(国资发规划〔2017〕14 号)
13. 国家外汇管理局《关于进一步改进和调整直接投资外汇管理政策的通知》(2015 年修正,汇发〔2015〕20 号)

◇ 第十节　企业业务外包管理与合规风险

一、业务外包前期管理与合规

(一)合规管理

本部分的合规目标:首先,明确规定业务外包的方式、条件、程序和实施等相关内容,避免将核心业务外包。其次,确保根据各类业务与核心主业的关联度、对外包业务的控制程度以及外部市场成熟度等标准,合理确定业务外包的范围。最后,建立和完善业务外包的审核批准制度。

(二)合规风险

本部分的合规风险主要为主要业务或盈利业务外包决定程序不符规范的风险。主营业务属董事会拟定、股东会决定之事项,主要业务或盈利业务外包决定可能被视为关于资产处置的企业战略的一部分,因此可能需要分别由董事会会议、股东会会议决议之方式做成,超越企业章程所规定的权限作出的重大固定资产交易决定将构成无权代理。

此外,企业受委托负有监管国有资产职责的企业人员如将企业的盈利业务交由自己的亲友承包经营,可能构成《刑法》第 166 条的为亲友非法牟利罪。

二、业务外包过程管理与合规

(一)合规管理

本部分的合规目标:首先,确保引入竞争机制,按照法律法规的相关规定,采用招标等适当方式,选择合格的业务外包项目承包方,避免利益输送等合规风险。其次,加强与承包方的沟通与协调,及时发现和解决外包业务日常管理中存在的问题,履行安全保障义务。最后,对于重大业务外包,企业应当密切关注承包方的履约能力,建立相应的应急机制。

(二)合规风险

1. 未进行公开招标的风险

根据《招标投标法》的规定,外包项目如属于依法必须招标的工程项目,则必须进行招标,否则企业可能受到罚款,合同可能被确认无效。

2. 招标过程中的其他风险

应当注意,即使外包业务不属于建设工程,如约定适用招投标程序,企业即受到《招标投标法》等相关规范约束,负有义务,在招标过程中不得以不合理的方式排斥潜在投标人,不得订立背离招标文件和投标文件实质性内容的协议等。

3. 委托代理(授权)条款的风险

鉴于外包活动中由承包人向企业提供部分生产经营服务,如相关合同内容涉及委托承包人以企业名义实施法律行为,或者授权承包人代表企业对外作出意思表示等,即属委托代理条款。根据《民法典》的相关规定,被代理人应承担代理人所实施的法律行为之效果,因此,企业如委托或授权承包人以企业名义实施法律行为,即须承担承包人在授权范围内代表企业实施的法律行为的相应后果。

即使承包人未获企业授权或超越授权范围代理企业实施法律行为,但企业所实施的某些行为可能被视为授权或追认。例如,在“深圳市金源实业股份有限公司诉重庆钢铁(集团)有限责任公司等承包经营合同、侵权责任纠纷上诉案”[1]中,判决即认为,由于在承包期间内发包人董事会对承包人实施领导,对承包人的重大决策进行了审批,承包人在承包期间内以发包人名义实施的法律行为的后果应由发包人承担,发包人与承包人在承包合同中关于经营期间债务承担的约定不得对抗第三人。

此外,根据《民法典》第172条的规定,即使承包人属无权代理或越权代理,如相对人有理由相信行为人有代理权的,代理行为依然有效,因此企业如授权承包人代理法律行为,应在授权书中明确规定授权范围,并在承包期间结束后及时回收相关文书。否则,可能因构成表见代理导致企业仍须承担承包人实施法律行为的后果。

4.劳务外包构成劳务派遣或直接用工的风险

根据《劳务派遣暂行规定》的规定,用人单位以承揽、外包等名义,按劳务派遣用工形式使用劳动者的,将适用劳务派遣相关规范。劳务外包与劳务派遣的主要区别在于发生侵权损害时的法律后果不同:在劳务外包下,承包方雇佣的劳动者在完成外包业务时发生人身损害,在承揽合同无特别约定的情况下,通常由承包方承担工伤赔偿责任,发包方一般无须对劳动者承担侵权责任,如劳动者对第三人侵权,也应由承包方向第三人承担雇主的侵权责任。相反,在劳务派遣中,如果劳动者自身受到侵害,除适用《劳动合同法》及《工伤保险条例》的相关规定外,用工单位还存在需按《民法典》之规定对劳动者遭受的损害承担相应的赔偿责任的可能;如因劳动者履职对第三人侵权,用工单位应承担赔偿责任,派遣单位仅在有过错时,承担相应的补充责任。

目前尚无相关规范澄清“按劳务派遣用工形式使用劳动者”的具体含义,司法实践中,可能从劳务外包合同的条款、费用结算方式、用工管理方式

---

[1] 参见最高人民法院民事判决书,(2016)最高法民终245号。

等多个方面予以考虑。例如,在“丽都饭店有限公司与许某明劳动争议案”[1]中,判决指出,因劳动者接受发包人的直接管理,因而属于劳务派遣。因此如果企业直接对劳动者进行管理、直接向劳动者支付费用或承包方无劳务派遣资质或劳务外包业务范围,即可能被法院认定为劳务派遣。

5. 定作人的主要义务

外包合同属承揽合同的一种,在没有特别约定的情况下,根据《民法典》的相关规定,企业应承担定作人的主要义务,包括按约定提供材料、及时答复、提供必要协助、不得因监督检验妨碍承揽人正常工作及按约定支付报酬的义务等。

6. 未签订安全生产协议的风险

根据《安全生产法》第 49 条的规定,生产经营项目、场所发包或者出租给其他单位的,生产经营单位应当与承包单位、承租单位签订专门的安全生产管理协议,或者在承包合同、租赁合同中约定各自的安全生产管理职责,违反前述规定,企业可能被责令改正并处以罚款。

7. 未对承包人的安全生产统一协调、管理的风险

根据《安全生产法》第 49 条的规定,生产经营项目、场所发包给其他单位的,生产经营单位应当对承包单位的安全生产工作统一协调、管理,定期进行安全检查,发现安全问题的,应当及时督促整改。违反前述规定,企业可能被责令改正并处以罚款。

三、业务外包验收与结算管理与合规

(一)合规管理

本部分的合规目标:首先,确保建立外包业务产品验收制度,依据验收证明,严格按照合同约定的结算条件、方式和标准办理支付外包费用。其次,业务外包归口管理部门应对所有产品差异予以确认,确保承包方最终提供的产品(或服务)应与外包合同协议约定一致。

(二)合规风险

1. 验收标准和方法约定不明的风险

鉴于业务外包合同通常以相应劳务为对价,因此,企业应当在业务外包

---

[1] 参见北京市第三中级人民法院民事判决书,(2014)三中民终字第 15106 号。

合同中对工作量、工作质量等要素予以清楚且可量化的约定,否则企业可能在面临纠纷时缺乏主张相应标准的依据。但企业应当注意,验收标准和方法应当尽量根据工作成果制定而非劳动量制定,如以后者为依据,可能导致业务外包被认定为劳务派遣。

2. 企业内部结算规范对承包人不具约束力的风险

除非在与承包人的合同中明确作出约定,否则企业直接依据内部规范拒绝向承包人结算费用可能构成违约。

四、承包方管理与合规

(一)合规管理

本部分的合规目标:首先,制定承包方准入制度,充分调查候选承包方的合法性和相关专业资质。其次,建立严格的回避制度和监督处罚制度,避免相关人员在选择承包方过程中出现受贿和舞弊行为。最后,确保合理确定外包价格,严格控制业务外包成本。

(二)合规风险

1. 承包人不具相应资质的风险

根据《安全生产法》第 49 条的规定,生产经营单位应当将生产经营项目、场所、设备发包给具有相应资质的承包单位,如违反前述规定,企业及相关负责人可能被责令整改并处以罚款,如导致发生生产安全事故给他人造成损害的,企业还须与承包方承担连带赔偿责任。

2. 以不合理的方式排斥潜在投标人的风险

如果企业通过招标确定承包人,则应当受《招标投标法》约束,不得以不合理的方式排斥潜在投标人。因此,企业应妥善保全不合格承包人的相关证据,避免被认定为以不合理的方式排斥潜在投标人,否则,企业可能受到罚款,相应合同可能被确认无效。

附录:业务外包管理相关合规要求

1.《安全生产法》(2021 年修正)

2.《刑法》(2020 年修正)

3.《民法典》

4.《招标投标法》(2017 年修正)

5.《劳务派遣暂行规定》

◇ 第十一节 企业合同管理与合规风险

一、合同前期管理与合规

(一)合规管理

本部分的合规目标:首先,确保合同双方当事人资质、合同内容及签订流程等事项符合国家法律法规的相关规定和企业内部规章制度的要求。其次,对于影响重大、涉及较高专业技术或法律关系复杂的合同,应当组织法律、技术、财会等专业人员参与谈判,必要时可聘请外部专家参与相关工作,规避法律风险。

(二)合规风险

1. 合同签订前,未审查相对方有关资质的风险

在某些特定领域,合同的相对方需要具备特定资质方可履行合同;企业未尽到审慎的核查义务的,可能会承担连带责任或遭受相对方违约的风险。例如,在建筑工程施工领域,根据最高人民法院《关于审理建设工程施工合同纠纷案件适用法律问题的解释(一)》和《保障农民工工资支付条例》的相关规定,在企业作为发包方与承包方签订建筑施工合同时,承包方如果未取得建筑业企业资质或者超越资质等级的,后果如下:(1)建筑工程施工合同无效;(2)欠付农民工工资的,由发包人(企业)清偿。

2. 合同签订前,未审查合同相对方签订人员是否具有权限或授权的风险

合同签订前,企业应当合理审查合同相对方的签订人员是否具有签订合同的权限或授权;具有授权的,应当审查授权委托书。企业未尽合理审查的,可能无法构成表见代理,从而使得企业的损失难以通过追究合同相对方的方式追回。例如,有人员甲声称是 A 企业员工且具有授权,与企业签订合同;若企业未合理审查甲的授权情况,可能导致企业在履行完合同后,无法向 A 企业追偿同时也难以找到人员甲进行追偿。

二、合同模板管理与合规

(一)合规管理

本部分的合规目标:首先,确保合同模板符合法律法规的要求,避免格式条款不成为合同内容、无效等风险。其次,合同模板应由业务承办部门起草、法务人员审核,重大合同或法律关系复杂的特殊合同模板由法律人员参与起草。国家或行业有合同示范文本的,可以优先选用,但对涉及权利义务关系的条款应当进行认真审查,并根据实际情况进行适当修改。

(二)合规风险

1. 格式条款作为合同内容的风险

企业采用标准格式合同时,如果合同条款存在免除或者减轻本企业责任等与对方有重大利害关系的条款,企业应当采取合理的方式提示对方注意,并按照对方的要求对该条款予以说明。否则,该条款不成为合同内容。另外,根据最高人民法院《关于适用〈中华人民共和国合同法〉若干问题的解释(二)》(该司法解释虽已失效,但仍有重要参考意义)的规定,合理的提示方式包括足以引起对方注意的文字、符号、字体等特别标识。

2. 格式条款无效的风险

格式条款无效具体包括如下四种情形:(1)具有《民法典》第一编第六章第三节规定的情形。(2)造成对方人身损害和因故意或者重大过失造成对方财产损失的免责条款。(3)提供格式条款一方不合理地免除或者减轻其责任、加重对方责任、限制对方主要权利。(4)提供格式条款一方排除对方主要权利。主要权利,一般是指宪法规定的基本权利和法律赋予当事人的其他权利。

三、合同审核及签订与合规

(一)合规管理

本部分的合规目标:首先,规范合同管理制度及管理模式,依据公平公正及诚实信用原则订立合同,依法有效监督、管理,保证履约顺利进行,维护企业合法权益。其次,确保合同经过相应的法务审核,以避免不利的条款产生法律风险。最后,确保合同经过严格有效的审批,以避免因未经审批或越权审批,可能出现重大差错、舞弊等损害企业利益。

（二）合规风险

1. 企业对外签订合同的人员不具有权限或授权的风险

正式对外订立的合同，应当由企业法定代表人或由其授权的代理人签名并加盖有关印章。授权签署合同的，应当签署授权委托书。企业应当建立合同专用章保管制度；未经授权的人员使用合同专用章对外签订合同，可能对企业构成表见代理，合同的权利义务由企业承担。

2. 合同未经内部审核、批准程序的风险

合同审核应严格按照合同经办单位、相关业务部门或单位、财务部门、企业法律顾问、合同（合同专用章）管理部门顺序依次进行审核。各个部门审核合同相应部分。其中，如需签订增资协议，还应当经股东会决议通过增资方案。

3. 须报经有关主管部门批准或备案的合同文本而未履行相应程序的风险

需要经有关主管部门审查或备案的合同，应当履行相应程序，其中，需要审查的合同包括但不限于：注册商标转让合同、（改变土地用途的）土地使用权出让合同等；需要备案的合同包括但不限于：房屋租赁合同、专利实施许可合同等。

4. 先履行后签订合同的风险

虽然合同可以以口头方式成立生效，但口头约定的合同内容难以证明，一旦发生纠纷，企业将存在举证困难的风险。因此，非遇突发事件等特殊情况，应当坚决避免履行在先、签订书面合同在后的情况发生。

5. 加盖合同专用章时未审核相关文件的风险

合同审批后，合同管理部门应核查合同、合同会签审批表、中标通知书等文件是否齐全，齐全者方可加盖合同专用章。无中标通知书的，应提供会议纪要或企业主要领导审批记录等。

6. 履行期限不符合规定的风险

超过规定的履行期限的，可能导致合同无法通过审核。故而企业应当确保合同文本的有效期限符合以下要求：（1）与战略合作供方签订的合同，有效期限最长不得超过 3 年（特殊情况报公司会议审批）；（2）工程建设合同原则上不得超过建设项目的计划期限；（3）资产出租类合同有效期限不超过 3 年；（4）其他类合同有效期限不超过 1 年。

7. 合同内容无效的风险

下列合同无效:(1)无民事行为能力人签订的合同无效。(2)行为人与相对人以虚假的意思表示订立的合同无效。(3)合同内容违反法律、行政法规的强制性规定的,合同无效;但是,该强制性规定不导致该民事法律行为无效的除外。(4)合同内容违背公序良俗的,合同无效。(5)行为人与相对人恶意串通,损害他人合法权益的合同无效。

8. 合同印章保管不善而构成表见代理的风险

企业应当妥善保管合同专用章。合同专用章保管不善,无授权人员用合同专用章与第三人签订合同,可能对企业构成表见代理,企业需承担该合同下的全部权利义务及法律后果。

9. 通过信息网络方式订立合同时的管辖风险

鉴于企业的主营业务类型,多数情况企业可能作为买卖合同中的出卖人,在企业与交易对方没有明确约定诉讼管辖的管辖地及履行地,且该合同是通过信息网络方式订立的情况下,将无法适用一般买卖合同下的法律规定,即需要由买受人(或买受人指定的收货地)所在地的法院管辖,如果案件由异地管辖,可能大幅提高企业的诉讼成本。对此,企业应当特别注意下列情况下合同中对于争议管辖的约定:(1)如果合同通过信息网络方式订立,应当尽量明确约定管辖方式;(2)因管辖约定可能构成格式条款,企业在订立合同时须对该条款进行必要标识或提示。

四、合同履行管理与合规

(一)合规管理

本部分的合规目标:首先,确保对合同履行应进行跟踪管理,以避免违约、不能履约、延迟履约等导致合同不能如约履行的风险。其次,确保对合同变更、修改等按照审批权限进行审核,避免变更、修改等行为产生不利的合同条款。

(二)合规风险

1. 不安抗辩权的行使不符合规定的风险

企业如果是应当先履行债务的当事人,有确切证据证明对方有下列情形之一的,可以中止履行:(1)经营状况严重恶化;(2)转移财产、抽逃资金,以逃避债务;(3)丧失商业信誉;(4)有丧失或者可能丧失履行债务能力的其他情形。如果没有确切证据而中止履行的，企业可能承担违约责任。另外，企业行使不安抗辩权，应当及时通知对方。对方提供适当担保的，应当恢复履行。中止履行后，对方在合理期限内未恢复履行能力且未提供适当担保的，视为以自己的行为表明不履行主要债务，企业可以解除合同并可以请求对方承担违约责任。

2. 合同未全面履行而导致的违约风险

合同的全面履行，不仅包括履行合同的主要义务，还包括履行合同的附随义务。附随义务，是指基于诚实信用原则而产生的义务，包括通知、协助、保密义务等。

3. 违约责任承担

合同履行过程中存在违约行为的，违约方应当承担违约责任。

4. 对方违约后企业未采取合理措施防止损害扩大的风险

《民法典》第 591 条规定，当事人一方违约后，对方应当采取适当措施防止损失的扩大；没有采取适当措施致使损失扩大的，不得就扩大的损失请求赔偿；当事人因防止损失扩大而支出的合理费用，由违约方负担。因此，如果企业未采取适当措施防止损失扩大，对扩大的损失企业无权请求赔偿。

5. 解除合同构成违约的风险

合同的解除分为法定解除和约定解除。根据《民法典》第 563 条的规定，有下列情形之一的，当事人可以解除合同：(1)因不可抗力致使不能实现合同目的；(2)在履行期限届满前，当事人一方明确表示或者以自己的行为表明不履行主要债务；(3)当事人一方迟延履行主要债务，经催告后在合理期限内仍未履行；(4)当事人一方迟延履行债务或者有其他违约行为致使不能实现合同目的；(5)法律规定的其他情形。以持续履行的债务为内容的不定期合同，当事人可以随时解除合同，但是应当在合理期限之前通知对方。企业在前述情形之外解除合同的，可能构成违约。例如，对方迟延履行主要债务的，企业不能直接解除合同，而应当先合理催告，在合理期间内对方仍不履行的，方可解除合同。

6. 企业行使解除权超过期限的风险

约定了合同解除权的行使期间的，企业应当在该期间内行使。没有约定的，自企业知道或者应当知道解除事由之日起 1 年内不行使，或者经对方催告后在合理期限内不行使的,该权利消灭。

7. 行使解除权未通知对方的风险

企业依法主张解除合同的,应当通知对方。合同自通知到达对方时解除;通知载明对方债务人在一定期限内不履行债务则合同自动解除,债务人在该期限内未履行债务的,合同自通知载明的期限届满时解除。企业未通知对方,不发生合同解除的法律效果。

附录:合同管理相关合规要求

1.《民法典》

2.《企业国有资产法》

3.《企业国有资产交易监督管理办法》

第十二节　企业人力资源管理与合规风险

一、人才招聘、配置管理与合规

(一)合规管理

本部分的合规目标:首先,确保员工的招(选)聘程序、岗位设置及管理符合国家法律法规的相关规定,以及企业内部相关规章制度的要求。其次,合理设置岗位,促进部门工作绩效提高。最后,规范员工招(选)聘工作,提高企业的工作效率和管理水平;完善员工招(选)聘的程序,提高招(选)聘员工质量,满足企业对人才资源的需求,为企业发展提供人才支撑与保证。

(二)合规风险

1. 国有企业招聘高校毕业生不符合规定的风险

国有企业招聘高校毕业生,应当注意以下几点:(1)制定本单位公开招聘应届高校毕业生的制度。(2)招聘应届高校毕业生要公开发布招聘信息。(3)不得设置民族、种族、性别、宗教信仰等歧视性条件,不得设置与岗位要求无关的条件,不得将院校作为限制性条件;工作地点位于省会及以下城市的国有企业招聘应届高校毕业生,不得将户籍作为限制性条件。(4)与应聘者有夫妻关系、直系血亲关系、三代以内旁系血亲或近姻亲关系的国有企业负责人不得参与招聘工作;国有企业具体负责组织招聘工作的人员,在招聘过程中涉及与应聘者有上述亲属关系或存在其他可能影响招聘公正情形的,也应当回避。(5)在本单位网站或其他公共媒体对招聘结果进行公示。企业违反上述规定的,企业及相关负责人可能遭受纪律处分或行政处罚。

2. 试用期约定不符合规定的风险

具体而言,要注意以下几点:(1)试用期的期限。劳动合同期限三个月以上不满一年的,试用期不得超过一个月;劳动合同期限一年以上不满三年的,试用期不得超过两个月;三年以上固定期限和无固定期限的劳动合同,试用期不得超过六个月。以完成一定工作任务为期限的劳动合同或者劳动合同期限不满三个月的,不得约定试用期。试用期包含在劳动合同期限内。劳动合同仅约定试用期的,试用期不成立,该期限为劳动合同期限。(2)试用期的工资。劳动者在试用期的工资不得低于本单位相同岗位最低档工资或者劳动合同约定工资的80%,并不得低于用人单位所在地的最低工资标准。(3)试用期的次数。企业与同一劳动者只能约定一次试用期。

3. 试用期劳动合同解除的风险

在试用期中,用人单位不得解除劳动合同,除非劳动者存在以下情形:(1)在试用期间被证明不符合录用条件的。(2)严重违反用人单位的规章制度的。(3)严重失职,营私舞弊,给用人单位造成重大损害的。(4)劳动者同时与其他用人单位建立劳动关系,对完成本单位的工作任务造成严重影响,或者经用人单位提出,拒不改正的。(5)因《劳动合同法》第26条第1款第1项规定的情形致使劳动合同无效的。(6)被依法追究刑事责任的。(7)劳动者患病或者非因工负伤,在规定的医疗期满后不能从事原工作,也不能从事由用人单位另行安排的工作的。(8)劳动者不能胜任工作,经过培训或者调整工作岗位,仍不能胜任工作的。另外,用人单位在试用期解除劳动合同的,应当向劳动者说明理由。

4. 未签订书面劳动合同的风险

建立劳动关系必须订立书面劳动合同。首先,未订立书面劳动合同的后果有以下几种:(1)企业自用工之日起超过一个月不满一年未与劳动者订立书面劳动合同的,应当向劳动者每月支付两倍的工资(起算时间为用工之日起满一个月的次日,截止时间为补订书面劳动合同的前一日),并与劳动者补订书面劳动合同;劳动者不与用人单位订立书面劳动合同的,用人单位应当书面通知劳动者终止劳动关系，并依照《劳动合同法》第 47 条的规定支付经济补偿。(2) 自用工之日起满一年未与劳动者订立书面劳动合同的，自用工之日起满一个月的次日至满一年的前一日，应当依照《劳动合同法》第 82 条的规定向劳动者每月支付两倍的工资，并视为自用工之日起满一年的当日已经与劳动者订立无固定期限劳动合同，且应当立即与劳动者补订书面劳动合同。其次，不签订书面劳动合同，不必然影响劳动关系的认定。根据原劳动和社会保障部《关于确立劳动关系有关事项的通知》的规定，企业招用劳动者未订立书面劳动合同，但同时具备下列情形的，劳动关系成立：(1) 用人单位和劳动者符合法律、法规规定的主体资格；(2) 用人单位依法制定的各项劳动规章制度适用于劳动者，劳动者受用人单位的劳动管理，从事用人单位安排的有报酬的劳动；(3) 劳动者提供的劳动是用人单位业务的组成部分。

5. 劳动合同不具备必备条款的风险

劳动合同应当以书面形式订立，并具备以下条款：(1) 劳动合同期限；(2) 工作内容；(3) 劳动保护和劳动条件；(4) 劳动报酬；(5) 劳动纪律；(6) 劳动合同终止的条件；(7) 违反劳动合同的责任。不具备必备条款的，企业可能遭受行政处罚。

6. 劳动合同无效的情形

以下劳动合同无效或者部分无效：(1) 以欺诈、胁迫的手段或者乘人之危，使对方在违背真实意思的情况下订立或者变更劳动合同的；(2) 用人单位免除自己的法定责任、排除劳动者权利的；(3) 违反法律、行政法规强制性规定的。企业存在以上情形，致使劳动合同无效的，劳动者可以解除劳动合同并要求企业给予补偿金。

7. 企业单方解除劳动合同未告知工会的风险

用人单位单方解除劳动合同，应当事先将理由通知工会。用人单位违反法律、行政法规规定或者劳动合同约定的，工会有权要求用人单位纠正。用人单位应当研究工会的意见，并将处理结果书面通知工会。

8. 劳动者解除合同且企业需要支付补偿金的情形

企业有下列情形之一的，劳动者可以解除劳动合同，且企业应当支付补偿金：(1) 未按照劳动合同约定提供劳动保护或者劳动条件的；(2) 未及时足额支付劳动报酬的；(3) 未依法为劳动者缴纳社会保险费的；(4) 用人单位的规章制度违反法律法规的规定,损害劳动者权益的;(5)企业因《劳动合同法》第26条第1款规定的情形致使劳动合同无效的;(6)用人单位以暴力、威胁或者非法限制人身自由的手段强迫劳动者劳动的,或者用人单位违章指挥、强令冒险作业危及劳动者人身安全的;(7)法律、行政法规规定的劳动者可以解除劳动合同的其他情形。

9. 企业不得解除劳动合同而解除的风险

劳动者有下列情形之一的,企业不得依照《劳动合同法》第40条、第41条的规定解除劳动合同:(1)从事接触职业病危害作业的劳动者未进行离岗前职业健康检查,或者疑似职业病病人在诊断或者医学观察期间的;(2)在本单位患职业病或者因工负伤并被确认丧失或者部分丧失劳动能力的;(3)患病或者非因工负伤,在规定的医疗期内的;(4)女职工在孕期、产期、哺乳期的;(5)在本单位连续工作满15年,且距法定退休年龄不足5年的;(6)法律、行政法规规定的其他情形。

企业违反《劳动合同法》的规定解除或者终止劳动合同,劳动者要求继续履行劳动合同的,用人单位应当继续履行;劳动者不要求继续履行劳动合同或者劳动合同已经不能继续履行的,用人单位应当支付赔偿金,赔偿金的数额为两倍的补偿金。

二、国有企业干部管理与合规

(一)合规管理

本部分的合规目标:首先,保证国有企业真实、全面地发现企业的优秀人才,并给予适当的激励。其次,建立健全晋级程序符合企业规章制度。最后,确保晋级结果符合企业用人原则,与总体计划相一致。

(二)合规风险

1. 干部选拔任用程序不规范的风险

根据中共中央《印发〈党政领导干部选拔任用工作条例〉》的规定,国有企业在选拔任用干部时,应当通过民主推荐、组织考察、征求意见、公示等程序。根据中共中央办公厅《印发〈干部选拔任用工作监督检查和责任追究办法〉》的规定,企业在选拔任用干部时,应当注意:(1)干部管理权限由党委(党组)履行干部选拔任用责任,按照民主集中制和党委(党组)议事规则、决策程序讨论决定干部任免事项。(2)坚持好干部标准和树立正确用人导向,坚持德才兼备、以德为先。(3)按照机构规格和职数、资格条件、工作程序选拔任用干部;深入考察,认真查核,对人选严格把关;严格执行交流、回避、任期、退休、干部选拔任用请示报告等制度规定;严格落实干部管理监督制度。(4)选拔任用领导干部应当向干部监督机构了解情况,干部监督机构负责人列席研究讨论干部任免事项会议;认真执行干部选拔任用工作纪实制度,建立自查制度,每年对干部选拔任用工作情况进行1次自查。(5)认真查核和处理群众举报反映的问题,定期开展分析研判,及时研究提出工作意见。(6)执行干部选拔任用工作"一报告两评议",党委(党组)每年应当结合全会或者领导班子和领导干部年度总结考核,报告干部选拔任用工作情况,接受对年度干部选拔任用工作和所提拔任用干部的民主评议。

2. 干部选拔任用未进行事前报告的风险

国有企业在干部选拔任用工作中,有下列情形之一,应当在事前向上级组织(人事)部门报告:(1)机构变动或者主要领导成员即将离任前提拔、调整干部的;(2)除领导班子换届外,一次集中调整干部数量较大或者一定时期内频繁调整干部的;(3)因机构改革等特殊情况暂时超职数配备干部的;(4)党委和政府及其工作部门个别特殊需要的领导成员人选,不经民主推荐,由组织推荐提名作为考察对象的;(5)破格、越级提拔干部的;(6)领导干部秘书等身边工作人员提拔任用的;(7)领导干部近亲属在领导干部所在单位(系统)内提拔任用,或者在领导干部所在地区提拔担任下一级领导职务的;(8)领导干部因问责引咎辞职或者被责令辞职、免职、降职、撤职,影响期满拟重新担任领导职务或者提拔任职的;(9)各类高层次人才中配偶已移居国(境)外或者没有配偶但子女均已移居国(境)外人员、本人已移居国(境)外的人员(含外籍专家),因工作需要在限制性岗位任职的;(10)干部达到任职或者退休年龄界限,需要延迟免职(退休)的;(11)其他应当报告的事项。违反前述规定的,相关负责人可能将被追究党纪责任。

三、员工日常管理与合规

(一)合规管理

本部分的合规目标:首先,保证企业对劳动者的任用、调动、考勤和薪酬等日常管理符合法律法规和企业内部规章的规定。其次,确保劳务用工合法合规。最后,建立科学合理的人员调动与审批机制,保证企业的人力资源得到有效配置,从而促进企业经营发展。

(二)合规风险

1. 职工工作时长不符合规定的风险

根据《劳动法》的规定,劳动者每日工作时间不超过8小时、平均每周工作时间不超过44小时。由于生产经营需要,经与工会和劳动者协商后可以延长工作时间,一般每日不得超过1小时;因特殊原因需要延长工作时间的,在保障劳动者身体健康的条件下延长工作时间每日不得超过3小时,但是每月不得超过36小时。同时,应当保证劳动者每周至少休息1日。违反规定延长劳动者的工作时间的,企业可能遭受行政处罚。

2. "加班费"支付不符合规定的风险

有下列情形之一的,企业应当按照下列标准支付高于劳动者正常工作时间工资的工资报酬:(1)安排劳动者延长工作时间的,支付不低于工资的150%的工资报酬;(2)休息日安排劳动者工作又不能安排补休的,支付不低于工资的200%的工资报酬;(3)法定休假日安排劳动者工作的,支付不低于工资的300%的工资报酬。

3. 企业涉及劳动者切身利益的规章制度不符合实质和程序要件的风险

企业在制定、修改或者决定有关劳动报酬、工作时间、休息休假、劳动安全卫生、保险福利、职工培训、劳动纪律以及劳动定额管理等直接涉及劳动者切身利益的规章制度或者重大事项时,要同时符合实质要件和程序要件。实质要件,是指规章制度的内容要合法且合理。程序要件,是指规章制度至少或者必须遵守两个必要程序:一是规章制度方案提出和商定程序;二是规章制度公示和告知程序。用人单位提出的规章制度,必须要经过职工代表大会或者全体职工讨论通过,或者与工会或者职工代表平等协商后确定。企业涉及劳动者切身利益的事项包括但不限于考勤管理、绩效管理、培训管理、违规违纪员工处理等。企业应确保此类规章制度已符合实质要件和程序要件,否则存在对劳动者不产生法律约束力的风险;此时,企业以劳动者严重违反企业规章制度为由解除双方劳动合同,缺乏制度依据,构成违法解除。

4. 国有企业未落实年度工资总额的相关规定的风险

关于工资总额,国有企业应当注意:(1)工资总额与效益联动。企业经济效益增长的,当年工资总额增长幅度可在不超过经济效益增长幅度范围内确定。企业经济效益下降的,除受政策调整等非经营性因素影响外,当年工资总额原则上相应下降。企业未实现国有资产保值增值的,工资总额不得增长,或者适度下降。(2)工资总额预算方案备案。公司作为法人治理结构较完整的企业,工资总额预算方案应报履行出资人职责机构备案后执行。

5. 人事档案查阅借阅未经审批或相关程序的风险

根据原劳动部、国家档案局《关于颁发〈企业职工档案管理工作规定〉的通知》的规定,人事档案的查阅借阅应经审批或相关程序:(1)一般而言,任何个人不得查阅或借用本人及亲属(包括父母、配偶、子女及兄弟姐妹等)的档案;因工作需要从人事档案中出具证明材料的,要明确提出复制材料明细,经企业人力资源管理部门批准后方可查阅、复制和出具相关材料证明。(2)非人事档案管理人员查阅人事档案时,由查阅者填写档案查阅申请表,经本部门或单位领导审核,企业人力资源管理部门审批后方可查阅。(3)档案除特殊情况外一般不借出查阅。如需借出查阅时,应事先填写借阅申请书,经本部门或单位领导审核,企业人力资源管理部门批准后方可借出。档案归还时,及时在借出登记表上核销。借期(7个工作日)到期还需继续借阅的,办理续借手续。违反前述规定的,企业可能遭受行政处罚,相关人员可能遭受企业内部处分。

6. 人事档案传递不符合规定的风险

企业员工因辞职、终止合同、除名等,档案由企业人力资源管理部门代管,代管期为30天。(原劳动部、国家档案局《关于颁发〈企业职工档案管理工作规定〉的通知》规定的代管期限为一个月)。代管期内收到“人事档案转递通知单”的,按“人事档案转递通知单”的项目填写,按要求封装盖章,以邮政机要文件发送。代管期未收到转递档案通知单的,档案由人力资源管理部门保管。代管期满后由人力资源管理部门负责转递到当地劳动管理部门保管。

7. 企业劳务派遣岗位不符合规定的风险

劳务派遣用工是补充形式,只能在临时性、辅助性或者替代性的工作岗位上实施。临时性工作岗位,是指存续时间不超过6个月的岗位;辅助性工作岗位,是指为主营业务岗位提供服务的非主营业务岗位;替代性工作岗位,是指用工单位的劳动者因脱产学习、休假等原因无法工作的一定期间内,可以由其他劳动者替代工作的岗位。

8. 企业劳务派遣比例不符合规定的风险

被派遣劳动者数量不得超过企业用工总量的10%。违反前述规定的，企业可能遭受行政处罚。

9. 企业违反对劳务派遣员工的义务的风险

企业应当对劳务派遣员工履行下列义务：(1)执行国家劳动标准，提供相应的劳动条件和劳动保护；(2)告知被派遣劳动者的工作要求和劳动报酬；(3)支付加班费、绩效奖金，提供与工作岗位相关的福利待遇；(4)对在岗被派遣劳动者进行工作岗位所必需的培训；(5)连续用工的，实行正常的工资调整机制。另外，用工单位不得将被派遣劳动者再派遣到其他用人单位。

10. 未对劳务派遣员工实行同工同酬的风险

被派遣劳动者享有与企业的劳动者同工同酬的权利。企业应当按照同工同酬原则，对被派遣劳动者与本单位同类岗位的劳动者实行相同的劳动报酬分配办法。企业无同类岗位劳动者的，参照企业所在地相同或者相近岗位劳动者的劳动报酬确定。劳务派遣单位与被派遣劳动者订立的劳动合同和与企业订立的劳务派遣协议，载明或者约定的向被派遣劳动者支付的劳动报酬应当符合前述规定。

11. 违法退回劳务派遣员工的风险

劳务派遣员工存在以下情形的，企业不得依据《劳动合同法》第40条第3项、第41条的规定将被派遣劳动者退回劳务派遣单位；派遣期限届满的，应当延续至相应情形消失时方可退回，具体如下：(1)从事接触职业病危害作业的劳动者未进行离岗前职业健康检查，或者疑似职业病病人在诊断或者医学观察期间的；(2)在本单位患职业病或者因工负伤并被确认丧失或者部分丧失劳动能力的；(3)患病或者非因工负伤，在规定的医疗期内的；(4)女职工在孕期、产期、哺乳期的；(5)在本单位连续工作满15年，且距法定退休年龄不足5年的；(6)法律、行政法规规定的其他情形。否则，企业可能将遭受行政处罚。

四、员工退出管理与合规

(一)合规管理

本部分的合规目标：首先，确保员工退出管理符合国家法律法规和企业内部规章制度的要求。其次，规范员工退出管理的工作流程，保证企业生产经营活动的有序进行。最后,确保及时更新员工信息,保证企业人力资源管理信息库的真实、准确和完整。

(二)合规风险

1. 特殊工种岗位和接触职业病危害岗位的员工离职前未进行职业健康检查的风险

被确诊为患职业病或具有疑似职业病的,或未进行离职前职业健康检查的,企业不得依照《劳动合同法》第 40 条、第 41 条的规定解除或终止劳动合同。同时,在本单位因工负伤并被确认丧失或者部分丧失劳动能力的,企业亦不得依照《劳动合同法》第 40 条、第 41 条的规定解除劳动合同。

2. 对于竞业限制协议的员工未按约定支付补偿金的风险

对于签订了竞业限制协议的员工,企业应该每月按约定给付工资。

3. 未支付经济补偿金的风险

如果企业存在解除劳动合同时需给付员工补偿金的情形,企业应当给付补偿金。

4. 违反服务期约定的违约金不符合规定的风险

劳动者违反服务期约定的,应当按照约定向用人单位支付违约金。但是,违约金的数额不得超过用人单位提供的培训费用。用人单位要求劳动者支付的违约金不得超过服务期尚未履行部分所应分摊的培训费用。企业在员工离职时,如果存在员工违反服务期约定而需要员工支付违约金的情形,违约金应当符合前述规定。

五、员工培训管理与合规

(一)合规管理

本部分的合规目标:首先,规范员工培训管理工作,建立良好的人才培育机制,避免员工培训中的法律风险。其次,合理地利用企业资源,提高培训质量、促进员工知识更新,进而提升整体团队的服务效能,更好地为企业生产经营服务。

(二)合规风险

1. 服务期协议的违约金约定不符合规定的风险

签订了企业出资培训专项协议的员工服务期未满,因个人原因终止、解除劳动合同的,企业要求该员工支付的违约金的数额不得超过用人单位提供的培训费用，也不得超过服务期尚未履行部分所应分摊的培训费用。

2. 服务期未满劳动者解除劳动合同且不需要支付违约金的情形

企业存在《劳动合同法》第38条规定的情形的，劳动者解除劳动合同时服务期未满，不属于违反服务期的约定，企业不得要求劳动者支付违约金。

六、员工福利管理与合规

（一）合规管理

本部分的合规目标：首先，确保企业员工福利管理工作满足国家相关法律法规和监管机构的要求。其次，规范员工社会保险管理体系，保障企业和员工的合法权益。最后，员工社会保险被正确地缴纳和支付，并及时、准确、完整地记录和反映于企业财务信息中，满足财务报告和信息披露的要求。

（二）合规风险

1. 社会保险缴纳不齐全的风险

企业应当为全部在册职工足额缴纳社会保险，包括基本养老保险、基本医疗保险、工伤保险、失业保险和生育保险。否则，企业可能遭受行政处罚。

2. 带薪年休假未落实的风险

在企业工作满12个月的职工，享有带薪年休假的权利。企业确因工作需要不能安排职工休年休假的，经职工本人同意，可以不安排职工休年休假。对职工应休未休的年休假天数，企业应当按照该职工日工资收入的300%支付年休假工资报酬，计算未休年休假工资报酬的日工资收入按照职工本人的月工资除以月计薪天数（21.75天）进行折算，不包含加班工资。企业安排职工休年休假，但是职工因本人原因且书面提出不休年休假的，企业可以只支付其正常工作期间的工资收入。

3. 解除劳动合同时未支付未休年休假工资报酬的风险

企业与职工解除或者终止劳动合同时，当年度未安排职工休满应休年休假的，应当按照职工当年已工作时间折算应休未休年休假天数并支付未休年休假工资报酬，但折算后不足一整天的部分不支付未休年休假工资报酬。折算方法为：应休未休年休假天数 =（当年度在本单位已过日历天数 ÷ 365天）× 职工本人全年应当享受的年休假天数 − 当年度已安排年休假天数。企业未支付未休年休假工资报酬的，可能被责令改正，并要支付赔偿金。

4. 女职工特别保护未落实的风险

企业应当按照《女职工劳动保护特别规定》的要求,落实对女职工的保护。

附录:人力资源管理相关合规要求

1.《劳动法》(2018年修正)
2.《社会保险法》(2018年修正)
3.《劳动合同法》(2012年修正)
4.《女职工劳动保护特别规定》
5.《劳动合同法实施条例》
6.《职工带薪年休假条例》
7.《劳务派遣暂行规定》
8.《企业职工带薪年休假实施办法》
9. 原劳动部、国家档案局《关于颁发〈企业职工档案管理工作规定〉的通知》(劳力字〔1992〕33号)
10. 国务院《关于改革国有企业工资决定机制的意见》(国发〔2018〕16号)
11. 人力资源和社会保障部《关于国有企业招聘应届高校毕业生信息公开的意见》(人社部发〔2014〕79号)
12.《企业内部控制应用指引第3号——人力资源》(财会〔2010〕11号)
13. 原劳动和社会保障部《关于确立劳动关系有关事项的通知》(劳社部发〔2005〕12号)
14. 最高人民法院《关于审理劳动争议案件适用法律问题的解释(一)》(法释〔2020〕26号)
15. 中共中央《印发〈党政领导干部选拔任用工作条例〉》(2019年修订)
16. 中共中央办公厅《印发〈干部选拔任用工作监督检查和责任追究办法〉》

第十三节　企业法务管理与合规风险

一、法律事务管理与合规

(一)合规管理

根据司法部办公厅《关于加强公司律师参与企业合规管理工作的通

知》,公司律师应积极参与企业合规管理工作,强化法律服务保障职能推动完善企业合规管理体系,防范化解企业经营风险。本部分的合规目标:首先,规范重大经营活动的法律审查管理,促进企业生产经营健康发展。其次,通过重大经营活动法律审查,避免或减少企业资产损失,保护企业利益。

(二)合规风险

1.企业重要的规章制度未经法务主管部门审核的风险

企业涉及劳动者切身利益的规章制度,要同时符合实质要件和程序要件。实质要件,是指规章制度的内容要合法且合理。程序要件,是指规章制度至少或者必须遵守两个必要程序:一是规章制度方案提出和商定程序;二是规章制度公示和告知程序。同时,企业的规章制度不得违反法律、行政法规的强制性规范。因此,企业制定相关规章制度,应当经企业法务主管部门审核,防止规章制度内容违反法律和行政法规,或者内容不合理、程序存在瑕疵。是以,应当遵照司法部办公厅《关于加强公司律师参与企业合规管理工作的通知》的文件精神,充分发挥公司律师在企业中的作用,健全以章程为核心、权责明确、运转协调、制衡有效的法人治理结构,规范股东会、董事会、监事会、管理层、执行层、党组织职工代表大会等各治理主体权利义务,完善重大经营管理决策合法合规性审查机制,健全适应合规管理要求的各项内部规章制度,提升企业合规治理水平。

2.法务主管部门未参与企业重要决策和经济活动的风险

涉及企业的分立、合并、破产、解散、投融资、担保、产权转让、改制、重组、承包、租赁等重大经济活动,企业相关部门必须事先通知法务主管部门,法务主管部门参与上述活动并出具相应的法律意见。前述重大决策或重大经济活动涉及众多法律事项,法务主管部门未参与的,可能面临程序违法、内容违法或者订立不利于企业利益的条款的风险。

3.合同的磋商和订立未有法务主管部门参与和审核的风险

合同的磋商、订立,应当有法务人员参与,合同应当经法务主管部门审核,以防止合同磋商和订立过程中出现的风险,包括但不限于违反先合同义务、未审核合同相对方资质、合同无效或者存在对企业利益不利的条款的风险。

二、法律诉讼(仲裁)管理与合规

(一)合规管理

本部分的合规目标:首先,确保案件管理过程遵守国家相关法律、法规及企业内部规章制度的要求。其次,确保案件处理及时、策划充分、程序合法,避免或减少企业损失,维护企业合法利益。最后,完善案件管理考核体系,确保案件管理考核公正、合理。

(二)合规风险

本部分的合规风险主要是法务人员参与诉讼或仲裁未获得授权委托的风险。法务人员参加诉讼或仲裁,需获得法定代表人的授权,方可进行。否则,法务人员将构成无权代理。

三、授权管理与合规

(一)合规管理

本部分的合规目标:首先,确保授权管理符合国家法律法规和企业内部规章制度要求。其次,规范中长期授权和单项授权等授权管理体系,促进企业经营管理体系化、规范化发展。

(二)合规风险

1. 授权委托书未及时收回的风险

授权事项结束或授权终止时,应当及时回收授权委托书。以下情形,法务主管部门应当收回授权委托书:(1)授权委托书虽在授权期限内,但被授权人工作岗位发生变动;(2)授权委托书损坏、修改或涂染;(3)被授权人与所在单位解除、终止劳动合同或达到法定退休年龄并办理退休手续;(4)公司法定代表人撤回全部或部分授权委托;(5)法务主管部门认定的其他情形。未及时收回授权委托书的,被授权人在授权委托书载明范围内进行的活动,可对企业构成表见代理,其法律后果由企业承担。

2. 法务主管部门未审核相关材料文件的风险

法务主管部门审核授权事项时,应当审核授权事项相关的证明材料(包括企业文件、会议纪要、领导批示等能反映授权事项由来的相关材料)。未审核证明材料,可能存在被骗取授权的风险。

3. 代理人作出违法行为时企业未制止的风险

《民法典》第167条规定，代理人知道或者应当知道代理事项违法仍然实施代理行为，或者被代理人知道或者应当知道代理人的代理行为违法未作出反对表示的，被代理人和代理人应当承担连带责任。因此，企业应当严密管理被授权人的活动，如果知悉被授权人进行违法活动，应当及时表示反对并制止，否则企业可能对该违法行为承担连带责任。

附录：法务管理相关合规要求

1.《民法典》

2. 司法部办公厅《关于加强公司律师参与企业合规管理工作的通知》（司办通〔2021〕98号）

第十四节　企业信息化管理与合规

一、信息化规划、计划管理与合规

（一）合规管理

本部分的合规目标：首先，合理规划和实施信息化建设，促进企业战略目标的实现。其次，建立信息系统相关资产的管理制度，保证资产安全。最后，提高信息化的管理水平和技术水平，满足生产经营业务需求，提高企业综合竞争力。

（二）合规风险

本部分的合规风险主要是未制定内部安全保护规范制度的风险。根据《网络安全法》第67条的规定，无论是企业内部的管理系统，还是互联网信息系统，均属网络系统，受《网络安全法》约束。企业有义务制定内部安全管理制度和操作规程，确定网络安全负责人，落实网络安全保护责任，违反前述规定，企业可能被责令整改并受到罚款。

二、信息系统开发管理与合规

(一)合规管理

本部分的合规目标:首先,结合企业发展战略,开发和选择科学合适、安全性高的信息系统。其次,确保信息系统开发、变更和维护流程清晰合理,符合国家法律法规及相关政策。最后,信息系统的相关机构设置和人员配备应当科学合理,重大信息系统开发与使用事项应履行审批程序。

(二)合规风险

1. 未落实网络安全等级保护的风险

根据《网络安全法》第21条的规定,企业负有网络安全等级保护义务,网络安全等级保护规范要求网络运营者应当依法开展网络定级备案、等级测评和自查等工作:(1)制定内部安全管理制度和操作规程,确定网络安全负责人,落实网络安全保护责任;(2)采取防范计算机病毒和网络攻击、网络侵入等危害网络安全行为的技术措施;(3)采取监测、记录网络运行状态、网络安全事件的技术措施,并按照规定留存相关的网络日志不少于6个月;(4)采取数据分类、重要数据备份和加密等措施。因此,企业应确保系统符合网络安全等级保护的要求,如企业不履行网络安全保护义务的,主管部门可责令改正、给予警告并处以罚款。

2. 网络产品、服务不符国家强制标准的风险

根据《网络安全法》第22条的规定,企业有义务选择符合相关国家标准强制性要求的信息产品或服务,企业应确保系统开发供应商提供的产品、服务符合强制性标准,违反前述规定,企业可能被责令整改并受到罚款。

三、信息系统维护与合规

(一)合规管理

本部分的合规目标:首先,确保建立访问安全制度,关注用户账号及权限管理,对操作权限、信息使用、信息管理等内容应当有明确规定。其次,确保对信息系统外包服务进行及时有效监控。

(二)合规风险

本部分的合规风险主要是未留存用户身份信息的风险。根据《网络安全法》第24条的规定,企业为员工办理网络接入、移动电话等终端设备入网

手续时，应当要求员工提供真实身份信息。如企业不履行用户身份留存义务的，主管部门可责令改正、给予警告并处以罚款。

附录：信息化管理相关合规要求

《网络安全法》

第五章 企业刑事合规

◇ 第一节　刑事合规概念及构成

我国刑法明确承认法人的犯罪能力及刑事责任。《刑法》第30条明确规定:“公司、企业、事业单位、机关、团体实施的危害社会的行为,法律规定为单位犯罪的,应当负刑事责任。”不仅如此,《刑法》第31条进一步规定:“单位犯罪的,对单位判处罚金,并对其直接负责的主管人员和其他直接责任人员判处刑罚。本法分则和其他法律另有规定的,依照规定”。换言之,我国刑法以两罚制为原则,仅例外情况下规定对自然人的单罚,有别于不完全承认法人刑责的司法辖区采取的所谓转嫁罚制。[1]

既然刑法承认法人的犯罪能力及刑事责任,则法人犯罪必然有其归责基础。事实上,法人的归责理论历经发展,加之与今日的刑事合规概念紧密结合,时至今日,刑事合规已经成为是否可对法人进行归责的判断关键。因而在讨论刑事合规的概念及构成时,法人归责理论可以作为一个很好的切入点。

---

〔1〕 所谓转嫁罚制,因部分司法辖区不承认法人具有犯罪或负刑责之能力,于是根据法人组织体的意思表示是由其代表机关所作出的观点,将法人代表人的刑责归属于法人,因此,在所谓的转嫁罚制下,实质是法人代法人代表人受刑,不仅有违反自己责任原则之嫌,也无法解释法人雇员或法人代理人的不法行为为何亦由法人代为受罚。

一、法人刑事责任的归责理论

刑法理论以个人责任为基础,即具备自由意志的主体能够避免实现构成要件,却在自由意志的支配下违反法律规定,实现了刑法规定的构成要件。这种以理性人为原型的理论中,主体因具备自由意志而可归责。相反,法人本身显然并无自由意志,自然与传统刑法所强调的个人行为原则所不符。然而,随着社会进步和刑法的发展,当今无论是大陆法还是普通法,均转向承认了法人的犯罪能力,不过在归责方式上有所不同:

(一)代位责任模式

普通法上早已发展出代位责任原则(respondeat superior, let the master answer),根据该原则,法人应对其雇员作为或不作为的行为承担雇主责任,普通法中的法人刑事归责理论正是将代位责任原则移植至刑事领域的结果。

1. 法人代理人在职权范围内行事

法人承担代位责任的前提之一,即行为人为法人的代理人,如法人的雇员。美国法对代理人身份采取了扩张解释,依照“联邦诉肖恩案”(United States v. Chon)的裁判要旨,“公司应为其代理人之不法行为负刑事责任,其前提是行为人之行为出自公司授权,至于该代理关系是实际的还是仅为表见代理则在所不论”[1]。换言之,取得法人实际授权的行为人以及第三人可合理相信其可代表公司的行为人均属于法人的代理人。

如果法人代理人在其职权范围内行事,则该行为当然可归属于法人,然而,现实中雇员超越职权的行为亦不罕见,就美国联邦法院的裁判要旨而言,其显然更倾向于从雇员为达成委托事项所必需的实质上的职责来判断是否可归责于法人,而非依照法人制度上所明示的雇员的职权范围加以判断。因此,若公司规章制度在形式上明文禁止了某一不法行径,尚不足以成为阻却将雇员责任归于法人的依据。[2]

---

〔1〕 See United States v. Chon, 713 F. 3d 812, 820 (5th Cir. 2013). quoted from Alexandra Babin, *Corporate Criminal Liability*, American Criminal Law Review, Vol. 58:671, p. 675(2021).

〔2〕 See Alexandra Babin, *Corporate Criminal Liability*, American Criminal Law Review, Vol. 58:671, p. 675 – 676(2021).

2. 代理人为法人利益而行事

依照代位责任原则,如果法人的代理人为了法人利益而为某一行为,该行为符合刑法规定的构成要件,则其行为及其所对应的责任可归属于法人。在美国法上,对“为法人利益而行事”的要求相当宽松,公司不需要从代理人的不法行为中实际获利,仅需要法人代理人意图使法人受益便足以实现该构成要件要素。同时,法院亦认可日常中更为常见的雇员出于私利完成法人交予的任务,但无形中亦使得法人受益,因而法院不要求雇员以使法人受益为主要目的,而仅仅要求法人代理人具备为公司图利的附随认知。[1]

该要件通常经由反向解释作为排除归责之事由,即如果法人代理人的不法行为明显有悖法人利益且法人在实际上也无法得利;又或者是法人代理人的不法行为违反忠实义务,则法人雇员的行为不可归属于法人。[2] 公司的高级管理人员侵占公司资产即属于典型的前述情形。

3. 主观构成要件

在代位原则下,如果代理人的行为符合前述客观构成要件,即可将法人代理人的主观状态看作法人的主观状态。换言之,如果代理人为了法人利益在其职权范围内故意实施犯罪行为,即视作法人本身在实施犯罪行为时具有故意。然而,当今大型企业往往在组织上呈现层级化的特征,指令与报告经历层层批准方能上传下达,这意味着某一犯罪行为构成要件往往必须通过企业内部的不同职权的雇员的行为才有可能实现,而每一位雇员又仅仅知悉部分事实,这导致每一位雇员可能都不具有刑法意义上的故意。为解决这个问题,美国联邦法院发展出了所谓的集体故意原则(collective knowledge doctrine),其主旨是将法人内部不同代理人之主观状态的组合,作为法人的主观状态。在“联邦诉讼新英格兰银行案”(United States v. Bank of New England, N. A.)[3]中,美国第一巡回法庭拒绝了被告人新英格兰银行所提出的以公司层级化特征作为抗辩事由——“既然法人犯罪的客观构成要件的实现有赖于全体雇员在其职权范围内的全部行为,且这些行为

---

〔1〕 See Alexandra Babin, *Corporate Criminal Liability*, American Criminal Law Review, Vol. 58:671, p. 678(2021).

〔2〕 See Alexandra Babin, *Corporate Criminal Liability*, American Criminal Law Review, Vol. 58:671, at p. 679(2021).

〔3〕 See United States v. Bank of New England, N. A., 821 F. 2d 844 (1st Cir. 1987).

及其责任都可归属于法人,那么在主观构成要件的归属方面亦应秉持相似原则,即全体雇员在其职权范围内知悉的情事亦应归属于法人。法人将其所知悉的情事予以分割并将其分配予不同的职责,使其在更加精细的层级中运作。因而,法人雇员因职能分工不同而导致不同雇员之间互不知悉他人所操办的内容,不能影响将全体雇员的认知整体归属于法人"[1]。换言之,法人故意为全体代理人在其职权权限范围内的认知的集合,该原则即集体故意原则。

(二)代表模式

关于代表模式(Repräsentationsmodell bzw. Zurechnungsmodell)的相关立法,欧盟《关于通过刑法打击对欧盟金融利益的欺诈行为指令》[Directive (EU) 2017/1371 of the European Parliament and of the Council of 5 July 2017 on the fight against fraud to the Union's financial interests by means of criminal law Article 6 Liability of legal persons]中的规定颇具代表性,该指令第 6 条及第 9 条分别规定了法人犯罪的构成要件及法律后果:

第 6 条规定:"1、全体成员国应采取必要措施,以确保法人对于行为人为法人的利益而实施的,本指令第 3 条、第 4 条及第 5 条所提述的犯罪行为负责。行为人系单独或作为法人机构的一部分而实施行为,并因具有以下权限在法人内部具有领导地位:(a)代表法人的权限;(b)代表法人作出决定的权限;或者(c)在法人内部行使控制权。2、全体成员国应采取必要措施,以确保当第 1 款所提述的行为人在监督或管理上存在过失,以致其下属为法人利益而实施本指令第 3 条、第 4 条及第 5 条所提述的犯行时,法人得为该行为人的犯罪行为负责……"

第 9 条规定:"全体成员国应采取必要措施,以确保对因前述第 6 条而负有法人责任的法人,处以有效、适当且具有阻吓性的刑事、非刑事金钱制裁以及同属此类的制裁,例如:(a)排除其享受公共福利或补助的权利;(b)暂时或永久性排除参与公开招标程序的权利;(c)暂时或永久性取消从事商业活动之资格;(d)接受司法监督;(e)司法解散;(f)暂时或永久性关停

[1] See United States v. Bank of New England, N. A., 821 F. 2d 844, 856 (1st Cir. 1987). quoted from Kathleen F. Brickey & Jenifer Taub, *Corporate and White - Collar Crime: Cases and Materials*, Wolters Kuwer, 2017, p. 75.

用于实施犯罪的实体。”

根据上述规定,代表模式的法人责任基本分为两类,一类是法人的代表人本身故意或过失实施犯罪行为的行为责任,另一类则是法人代表人疏于监管的监督责任。

1. 行为责任

行为责任在美国刑法中也有规定,美国《模范刑法典》(Model Penal Code)第2.07(1)(c)条规定,在法无明文规定法人行政罚则或注意义务的情形下,“……犯罪行为是由董事会或代表公司的高级管理人员在其职务范围内授权、要求、指示或疏忽容忍的,法人方承担刑事责任”〔1〕。换言之,该规定将法人的高级代理人之故意或过失行为,直接视为法人的行为,不过,与代位模式相比,该规定将归责范围限缩至董事会及高级管理人员。

大陆法进一步将行为责任的范围限缩至法人代表人的行为或具有代表权限的行为人之行为。对于前者,依照民法规范,法人代表人不同于法人代理人,法人代表人无须依赖代理等归属规范,就可以将法律行为的效果归属于法人,因为其本身行为即为法人之行为,因此法人代表人违反规范的行为,即法人本身的违法行为。〔2〕

2. 监督责任

欧盟刑事法及日本刑法均规定有负责人的监督责任,如果法人代表人以外的代理人的犯罪行为符合某一罪名的构成要件,而该负责人对于选任、监督代理人存在过失,则法人负责人对于法人代理人业务监督上的过失行为,亦可令法人承担刑事责任。〔3〕 因此,原则上监督责任下法人仅可成立违反注意义务的过失犯罪。

行为责任与监督责任构成要件的对比见表5-1。

---

〔1〕 See Model Penal Code 2.07(1)(c)[“(c) the commission of the offense was authorized, requested, commanded, performed or recklessly tolerated by the board of directors or by a high managerial agent acting in behalf of the corporation within the scope of his office or employment”].

〔2〕 参见许泽天:《法人刑法之构成要件设计》,载《月旦法学教室》第225期(2021年)。

〔3〕 川崎友巳「両罚规定における法人の刑事责任とコンプライアンス・プログラム:『企业システム过失责任』の导入をめざして」同志社法學50卷3号(1999年)58頁以下。

表 5-1 行为责任与监督责任构成要件对比

<table>
<tr><th>责任分类</th><th colspan="2">构成要件</th></tr>
<tr><td rowspan="3">行为责任</td><td rowspan="2">客观不法</td><td>法人负责人实施违反规范的行为</td></tr>
<tr><td>法人负责人具有代表法人的权限:①代表法人作出决定的权限;②在法人内部行使控制权</td></tr>
<tr><td>主观不法</td><td>法人负责人的行为系为了法人的利益</td></tr>
<tr><td rowspan="4">监督责任</td><td rowspan="3">行为不法</td><td>法人负责人具有代表法人的权限:①代表法人作出决定的权限;②在法人内部行使控制权</td></tr>
<tr><td>法人负责人违反注意义务:①法人负责人对法人代理人或雇员的行为负有监督义务;②法人负责人未尽可期待的注意义务避免法人代理人或雇员实施违反规范的行为</td></tr>
<tr><td>法人代理人或雇员的行为系为了法人的利益</td></tr>
<tr><td>结果不法</td><td>法人代理人或雇员实施违反规范的行为</td></tr>
</table>

(三)组织失灵模式

在组织失灵(Organisationsversagen)模式下,刑事责任被分为了两种类型:第一类是建立在自由意志基础上的自然人的个人责任;第二类则是建立在法律政策之上的组织责任(Organisationsverschulden)。即使对于不具备实质意义上的刑事责任能力的自然人,也可能存在最终应负刑事责任的情况。例如,在原因自由行为的情形下,尽管行为人在如吸毒的状态下实施某犯罪行为,就该行为而言很难被认为有刑法意义上的直接故意,但刑法要求个人充分管理自己的组织活动领域,不得通过故意使自己陷入无责任能力状态而实施违反规范的行为。同理,在社会交往过程中,法人亦对自身的组织活动领域负有管理责任,即法人负有自我组织义务(Selbstorganisationspflicht),应确保组织具有遵守规范的能力。[1] 所谓组织失灵,即法人因其内部管理和监督的缺失,未能尽其自我组织义务。

〔1〕 参见许泽天:《法人刑法之构成要件设计》,载《月旦法学教室》第225期(2021年)。

自然人的责任是行为人作为具有自由意志的主体,具有选择不为其一行为,不实施某一罪名规定的构成要件之能力,然而却违反规范实施构成要件行为。依照同样的逻辑,法人也具有自我组织的能力,然而其竟因组织失灵致使构成要件实现。

倘若认同组织失灵归责模式,不但可解决困扰刑法已久的法人自我责任问题,更能将客观归责理论的相关观点引入法人犯罪的阶层判断之中。与自然人相比,法人本身即为危险源,负有自我组织的保证人义务,如果法人内部组织完善,则可视之为法人采取了风险降低(Risikoverringerung)行为,即将实现构成要件之风险降低到可容忍风险范围内,因而不可归责于法人。[1] 因此,法人是否采取降低风险的自我组织行为是法人归责的重要判断标准。

二、法人归责理论与法人自我组织义务

前述法人归责模式中,代位责任模式已十分明确地表明,其由法人代其代理人承担刑责,属典型的转嫁罚规定。代表模式虽在法人自己责任问题上语焉不详,但该模式实质上肯定了法人自我责任的可能性。

首先,若是严格依照代表人完全代表法人的逻辑,则可能会出现法人的代表人滥用控制权谋取私利,反而令法人代为受过的局面,因而,在判断法人归责时,法律上又额外要求具备归责关联(Zurechnungszusammenhang)。在奥地利宪法法院裁判法人刑事责任合宪性的判决中[2],宪法法院特别指出"如果法人与从事犯罪之自然人之间存在充分关联,而可将自然人行为归责于法人者,则法人对于自然人违法且有责的行为负责……奥地利《团体责任法》第3条所规定的两种团体责任类型……均要求另具备两种要素之一,即第1项第1款所规定的'该犯罪乃为团体之利益而违犯'或第2款'该犯罪违反团体应承担之义务',借由此建立团体与犯罪之间的充分关联

[1] 参见王皇玉:《法令遵循对法人刑事归责性之意义与影响——从营业秘密法第13条之4谈起》,载《月旦法学杂志》第303期(2020年)。

[2] VfGH, Entscheidung v. 02. 12. 2016 – G 497/2015 – 26, G 679/2015 – 20.

性。"[1]换言之,归责关联要求法人为其代表人的犯罪行为负责,以法人代表人的犯罪行为处于法人的利益范围或具保证人地位为前提。

其次,民法上法人代表人的行为本身即属于法人的行为,该理论本身便建立在法人实在说的基础上。只有肯定法人是实在的主体,法人的机构——尤其是法人代表人——才可以成为法人组织的核心部分,其法律行为才有可能被直接视为法人的行为,在此意义上,法人实在说其实已经充分肯定了法人属于法律上的组织体,强调法人具备自我组织能力。对此,奥地利宪法法院之判决表明代表模式归责之原理在于"团体于任何情况(只)能由其决策者为某一行为,当一名决策者实行犯罪时,无须其他要件即已可构成团体责任。反之,当员工实行犯罪时,则至少有一名决策者违反注意义务时,方能出现团体责任……对决策者选任的行为,在团体的责任范围之内。"[2]换言之,法人本身即负有义务选任确保法人能够依法行为的代表人。

综上所述,可见代表模式一方面以法人的利益或法人的保证人地位,作为法人归责关联上的限缩事由,另一方面以自我组织为法人责任,作为建立法人代理人与法人间的归责关系的基础。其中暗藏着法人乃独立实体,因而法人的代表人或其代理人的犯罪行为,能够符合某一犯罪构成要件的要求。而这一暗藏的观点,正与组织失灵模式下法人自我责任的原因不谋而合。

因此,无论是代表模式还是组织失灵模式,贯穿于其中的主轴均承认是法人负有自我组织义务。可以说,法人归责以法人负有自我组织义务为前提。

三、刑事合规的概念及构成

法人刑事归责的基础,在于法人负有自我组织义务却出现组织瑕疵。法人的代表人如若实施了违反规范的行为,而法人的代表人又具有决定法

---

[1] VfGH, Entscheidung v. 02. 12. 2016 - G 497/2015 - 26, G 679/2015 - 20. Rn. 52 - 54. 转引自王士帆:《法人刑法合宪——奥地利宪法法院 2016 年裁判》,载《月旦刑事法评论》第 7 期(2017 年)。

[2] VfGH, Entscheidung v. 02. 12. 2016 - G 497/2015 - 26, G 679/2015 - 20. Rn. 55. 转引自王士帆:《法人刑法合宪——奥地利宪法法院 2016 年裁判》,载《月旦刑事法评论》第 7 期(2017 年)。

人重大事项的控制权,这足以证明法人缺乏完善的组织;然而,如若法人的代理人或雇员实施违反规范的行为,则应进一步追问法人代表人是否对其代理人或雇员疏于监管,倘若法人代表人疏于监管,导致法人的代理人或雇员在执行业务过程中违背法令,这亦可表明法人组织上存在瑕疵。换言之,依照过失犯罪的法理,同自然人有注意义务但却违反注意义务一般,法人具有组织义务但存在组织瑕疵,是其行为不法的缘由。

若自然人已履行注意义务可作为阻却构成要件实现之事由;同理,法人已形成良好组织,从而将风险降低至法容许之范围内,亦可避免将法人的代表人或代理人的行为归属于法人。不仅如此,在自然人过失犯罪的责任阶层判断上,刑法要求不得将超出行为人注意能力之外的注意义务施加于行为人,因为个人不得为超出自己决定范畴的事务负责。同理,对于法人而言,也不应忽视法人组织能力及实际活动影响,向法人施加超出组织能力之要求或使其为自身活动影响范围之外的事务负责。

因此,从这个意义上讲,刑事合规,是法人在其内部通过施行必要且可期待的重要技术、组织或人事措施等,以避免法人的代表人或代理人实施违反规范的行为,或将前述违反规范的该等风险降低至规范容许的范围内。由此可见,刑事合规具备以下三项重要特征:

(一)刑事合规的根本目的是避免法人代表人或代理人实施违反规范的行为

尽管法人刑事归责的基础在于组织失灵,不过,一如在自然人犯罪中,刑法也禁止处罚仅具备犯罪倾向的人格罪责(Lebensführungsschuld),因此法人归责的前提同样是组织失灵——法人的代表人或代理人实施违反规范行为。

因此,刑事合规之根本目的也在于此,即避免法人代表人或代理人实施违反规范的行为。

(二)刑事合规的直接目的在于风险降低

对于自然人而言,在其活动领域内应对自己的行为负责,换句话说,行为人自己是自己行为所制造的风险来源。不过,由于法人都只能通过组织实施行为并将责任归属于法人的法人代表人,在这个意义上,法人是其代表人行为与监督疏失的风险来源。在风险实现的过程中,如果自然人采取了风险降低行为,将行为风险降低到法律容许的范围内,即使结果实现,亦不可将其归属于行为人。这是因为所实现的法所不容的结果并非行为人所创设的，而是法人所创设的。

基于此，法人如果采取了刑事合规计划，则可视为一项降低风险的措施，鉴于经营中完全消除风险并不现实，因而将风险降低至规范可容许的范围内显然是更好的选择。因此，法人采取了有效的刑事合规计划，则可成为其免责的原因之一。

（三）有效的刑事合规计划是必要且可期待的措施

不同的自然人所具备的注意能力不同，在过失犯的检验过程中，如结果超出行为人主观预见与回避能力的极限，仍然属于主观构成要件未能完全实现。现实中，企业能力也有大小之分，因此，作为管控法人自身风险的刑事合规措施，对其有效性的判断亦应与法人组织能力及实际活动能力相关。对于现实中的中小微企业，多数情况下仅是由寥寥数位股东充任各个职位的雇员，甚至大小事务均由兼任执行董事的法定代表人一人操办，对于此类中小微企业，建立负责的合规体系，金钱、人力上的负担甚至超过其可能所受的刑罚，因而有必要根据法人的实际能力判断其合规计划的有效性，避免施加不可合理期待的负担。相反，在经营规模巨大、员工人数众多的大型企业之中，其经营中所创设风险之影响往往也与其规模成正比，详尽、复杂的刑事合规计划因此具有必要；同时，大型企业也有资源负担合规体系之建立，因此，建立标准较高的合规计划亦可期待。

四、过失犯审查与刑事合规的概念及构成

从违反组织义务引起组织失灵作为法人归责之基础的理论，可见法人归责与自然人违反注意义务的过失犯罪存在对应之处，而刑事合规也能够与该审查体系相结合，进一步得到刑事合规概念及构成：

在过失犯的审查体系中，客观构成要件阶层分别包含“制造或提升法不容许的风险”与“风险实现”两个过程，其中，刑事合规的目的在于避免风险实现，即避免法人的代表人或代理人实施违反规范的行为；不过，现实中无法完全消除风险，故而套用客观归责中的风险降低原理，可认为刑事合规的主要作用是降低风险至规范所容许的范围内。

在主观构成要件与责任阶层，过失犯的审查分别是“主观预见可能性”、“主观回避可能性”与“主观注意义务违反”。一言以蔽之，过失犯的

成立,以结果是行为人可以预见且可避免,却未能预见或避免为前提。对于法人而言,刑事合规是其管控刑事风险的手段,因此,有效的刑事合规计划也不能脱离法人的组织能力和活动影响来判断,否则就是将不可管控的风险加诸法人,因此,刑事合规计划的有效性应充分考虑法人履行组织义务的能力。也因此,有效的刑事合规计划应是对于法人而言必要且可期待的措施。

第二节　企业刑事责任切割

企业刑事责任切割,即通过刑事合规避免构成单位犯罪。现实中,法人仅能通过自然人实施行为,法人负刑事责任的原因,即是将自然人违反规范的行为归属于法人。同时,依照我国刑法的相关规定,法人承担刑事责任的前提是构成单位犯罪。鉴于此,企业刑事责任切割的核心之一便在于避免构成单位犯罪。本节第一部分将论述单位犯罪的构成要件,并在此基础上论述刑事合规之要点。

从法人归责的角度考虑,企业刑事责任切割的关键在于降低风险。前文已有论述,法人负刑责之原因在于法人负有组织义务,然而却未能完全履行组织义务,导致组织失灵。这显然属于升高风险(Risikoerhöhungslehre)的行为。由此可见,企业刑事责任切割的另一方面,在于通过有效合规管理系统(Effektives Compliance Management System)促成风险降低。本节第二部分将论述有效合规管理系统以及在有效合规管理系统中扮演重要角色的内部吹哨人制度。

一、单位犯罪构成要件与刑事合规

(一)单位犯罪的构成要件

除单位犯罪须刑法明文规定单位可罚外,依照《全国法院审理金融犯罪案件工作座谈会纪要》的定义,单位犯罪是"以单位名义实施犯罪,违法所得归单位所有"的犯罪。同时,由于单位由自然人组成,为了进一步区分单位犯罪与个人犯罪,必须考虑"作为单位业务活动而表现出来的单位成员的行为到底是自然人意思的体现还是单位意思的体现”。[1] 鉴于单位意思多数情况下须经由单位意思机关表达，因而，单位犯罪须由单位的决策机构依照决策程序决定，或由单位的负责人决定。[2] 综上，单位犯罪，是指为本单位谋取利益或以单位名义为单位成员谋取利益，由单位决策机构依照决策程序决定或由单位负责人决定，并与执行单位业务具有关联性的犯罪。与此同时，单位犯罪成立须满足四项要件：(1)刑法明文规定单位可罚；(2)为本单位谋取利益或以单位名义为单位成员谋取利益；(3)经由单位决策机构依照决策程序决定或由单位的负责人决定；(4)与执行单位的业务具有关联性。

(二)通过避免刑事违法所得归入单位以切割刑事责任

1. 违法所得的去向与单位犯罪

为区别单位成员的个人犯罪与单位犯罪，司法实践通过“为本单位谋取利益或以单位名义为单位成员谋取利益”之特定目的来限缩单位犯罪的范围。由于在我国刑法下，一旦构成单位犯罪，将大幅减轻自然人之刑责，因而一旦出现行为人利用职务便利实施犯罪之情形，行为人往往会提出构成单位犯罪的相关抗辩。多数情况下，单位可能同为职务犯罪的受害人。例如，单位负责人挪用本公司公款，如果仍坚持将单位负责人的行为视为单位行为，将不可避免地导致受害人成为实施犯罪的行为人，并被科以刑罚。因此，司法实践中通常以为“单位谋取利益”这一主观构成要件要素限缩单位犯罪的范围。[3] 例如，在“周某合同诈骗案”[4]中，法院便以“现有证据不足以证明周敏在收取货款后系用于其个人开支”为由否认构成单位犯罪。

司法实践中通常以违法所得的去向判断是否构成为单位谋取利益。鉴于目的属于行为人之内心动机，通常无法直接探知，一般只能借助犯罪所得等相关利益在现实中的流向加以判断。对于这一问题，无论是1999年最高人民法院发布的《关于审理单位犯罪案件具体应用法律有关问题的解释》中“盗用单位名义实施犯罪，违法所得由实施犯罪的个人私分的，依照刑法有

---

〔1〕 黎宏：《单位犯罪中单位意思的界定》，载《法学》2013年第12期。

〔2〕 参见张明楷：《刑法学》，法律出版社2021年版，第176页。

〔3〕 参见张明楷：《刑法学》，法律出版社2021年版，第176～177页。

〔4〕 参见最高人民法院刑事审判第一、二、三、四、五庭主办：《刑事审判参考》(2011年第5集，总第82集)，法律出版社2012年版，第15～16页。

关自然人犯罪的规定定罪处罚”的规定,还是前述2001年《全国法院审理金融犯罪案件工作座谈会纪要》中的规定,均明确表示刑事违法所得归于单位犯罪是判断是否构成单位犯罪的关键。例如,在“上海环通进出口发展有限公司李某、肖某走私普通货物案”[1]中,公司总经理利用公司名义走私货物,公司提出其董事会及法定代表人对此并不知情,而法院最终判决认为,除总经理已获公司董事会授权这一事实外,行为人已经为公司牟取了不正当经济利益,因此董事会及法定代表人是否知情不影响单位犯罪成立。

总之,认定单位犯罪的核心之一是为本单位牟取利益或以单位名义为单位成员牟取利益。因此,无论如何,利益最终必须归于单位。换言之,刑事违法所得必须通过单位的资金管理制度“合法地”进入单位。因此,司法实践中,刑事违法所得的去向是判断是否构成单位犯罪的重要标准。

2. 反洗钱制度的核心

在避免犯罪所得“合法地”归入企业方面,现行金融机构所采取的反洗钱措施对于企业具有相当借鉴意义。

我国现行《反洗钱法》下设定了金融机构反洗钱的三大核心义务——客户尽职审查(Customer Due Diligence, CDD)、留存记录(Record Keeping),以及申报可疑交易(Making Suspicious Transaction Reports)。根据金融行动特别工作组(Financial Action Task Force, FATA)所提出的打击洗钱、恐怖融资与扩散融资的国际标准,金融行动特别工作组建议,客户尽职调查要求金融机构在与客户的整个业务关系期间,持续地识别客户与受益人之身份,并酌情了解客户的交易背景和目的;留存记录要求金融机构保存交易记录与通过客户尽职调查措施所获取的记录;申报可疑交易要求金融机构怀疑或有合理理由怀疑资金为犯罪收益时应当依法向金融情报中心报告。[2]

洗钱行为必须通过在交易之中对现金予以处置并分层从而达成“洗白”的目的,因而,首先,反洗钱工作的重要环节便是透过对客户进行尽职调查以了解资金的来源和目的;其次,金融机构通过保存客户的交易记录以及尽职调查的记录,以便利后续核查并起到保全证据之作用;最后,金融机构通

---

〔1〕 参见上海市第二中级人民法院刑事裁定书,(1999)沪二中刑终字第471号。

〔2〕 See FATF, *International Standards on Combating Money Laundering and the Financing of Terrorism & Proliferation* (*2012 - 2022*), FATF (Mar. 2022), https://www.fatf-gafi.org/publications/fatfrecommendations/documents/fatf-recommendations.html.

过及时向金融情报中心申报可疑交易,以令反洗钱运行网络上更具资源及专业能力的机构进行核查,从而打造出一道完整的预防洗钱的防线。

3. 反洗钱制度的借鉴

鉴于司法实践中以刑事违法所得是否归于单位为单位犯罪与个人犯罪的区分标准,故单位犯罪原则上不存在未遂犯的问题,因而单位负责人或单位成员将违法所得归入单位,是避免构成单位犯罪的重要举措。换言之,反洗钱制度不仅是专属于金融机构面向外部客户的制度,如单位能够落实反洗钱的部分核心原则,亦可有效识别、监控单位内部人员的异常交易和可疑活动,从而避免构成单位犯罪,实现企业刑事责任的切割。

(1)透过企业成员了解单位收入的真实来源

前文已述及,对于能够产生刑事不法所得的犯罪,无论如何,最终只有不法所得归入单位才足以作为区分单位犯罪与个人犯罪的重要标准,因此,正如反洗钱机制透过对客户进行尽职调查从而了解资金的真实目的一般,透过员工,亦可以审查单位收入的真实来源。

鉴于此,企业应当充分了解其成员,除成员入职时所执行的背景调查外,企业应在遵循个人信息保护的前提下,持续关注成员变化,定期检视成员与企业或商业伙伴的利害关系。尤其是对于企业的高级管理人员及融资、采购、销售部门人员,企业应尽可能订立制度,要求其向企业申报利害关系人和个人信用状况,定期核查该等人员与利害关系人的日常往来及交易情况,避免涉嫌商业贿赂、非法集资的资金流入企业。

(2)保存员工信息与交易记录

进行单位内部调查对于切割企业刑事责任具有重大意义。一方面,单位犯罪通常由具有较高权限的单位负责人所指挥,其本身便具有借用企业名义实施不法行为之诱因及管理企业或财务事项的权限;另一方面,一旦单位负责人的犯罪线索被外部的公安等侦查机关发现,其便可能依照《刑事诉讼法》对企业的账册、电脑、文件资料等重要证据采取保全措施。如此一来,在单位负责人提出单位犯罪之主张的情形下,单位将难以在短时间内组织抗辩,因此,组织单位内部调查对于企业的首要意义便在于提前发现单位负责人的不法行为,并令单位得以组织对于后续刑事程序的抗辩。

完整的员工信息与交易记录有助于内部调查的进行。在单位内部调查的过程中,除员工访谈外,一项重要的证据调查方式即搜集调查文书资料,通过保存完整的员工调查信息与企业交易记录,能够帮助内部调查人员加速证人访谈并确保内部调查的全面性。因此,企业应尽可能建立完善的信息保存系统,确保企业成员定期背景调查记录、申报的利害关系声明以及企业每笔交易的数据信息、业务凭证、账簿、反映交易真实情况的合同、业务凭证等重要记录均能得到妥善保存,并采取措施避免该等信息被删改或遗漏,如通过信息化的企业流程管理系统确保人力、财务、生产等信息均得到保存。

(3)建立可疑交易内部报告制度

可疑交易的内部报告制度有助于及时发现单位成员的不当行为。多数涉嫌犯罪行为的资金流动,有相当明显的特征,例如,交易方要求开具的发票金额与业务凭证和销售合同不符,或者采购、销售部门拒绝透露交易内容、对交易内容说明含混不清,采购、销售部门隐瞒或谎报交易方的真实身份等情形,都可能涉及虚开发票或商业贿赂类型的犯罪;此外,在交易价格明显不公允,与企业经营范围无关联的个人或企业同企业发生大额资金往来,无真实交易背景但交易方要求对开发票等情形下,即可能涉及非法集资或逃税犯罪。实际上,对于商业贿赂、虚开发票、逃漏税款、非法集资等犯罪,企业财务和审计部门相较于专门的合规部门更具发现潜在风险的能力。

因此,单位可通过设立可疑交易的内部报告制度及时发现成员不法行为,包括要求财务部门审核交易是否具有充分的凭证理由支持、授权财务和审计部门人员盘问和调查异常的资金往来、加强财务和审计部门与合规部门的协调、设立强制内部报告制度并允许合规部门介入调查等。

(三)通过内部控制与内部审计制度切割刑事责任

1. 单位意思的体现方式

前述避免违法所得归入单位之措施,在时间上多数情况是企业成员已实施不法行为,即使得以避免切割刑事责任,亦可能令单位蒙受商誉损失并承担民事及行政责任;更为甚者,对于不直接产生现金收益的犯罪,如环境污染、产品质量类犯罪,更是无从适用。因而,在切割刑事责任方面,更为有效之方式在于进行单位意思方面的抗辩。司法实践中,单位意思常常可通过三种方式得以体现:

(1)单位意思体现于决策机构之决定。依照刑法之规定,单位犯罪与自然人犯罪的结构类似,同样应实现主观不法,换言之,单位同样应具备犯罪故意或违反注意义务。单位既为拟制的主体,其意思亦仅能通过单位成员而展现。最直接体现单位意思的表现莫过于单位的决策机构依照其决策程序所作出的决定。此外,刑法上的决策机构不同于民法上的法人意思机关,如民法上财团法人不设立意思机关,但依照《刑法》第30条的规定,"机关、团体"亦可构成单位犯罪,因此,财团法人中负责日常运作之重要机构依照其章程作出决定亦可构成单位意思。例如,在"滨海电子中等专业学校、陶某犯非法吸收公众存款罪等案"[1]中,法院便认定滨海电子中等专业学校成立单位犯罪。

(2)单位负责人的意思也可被视作单位意思。依照《全国法院审理金融犯罪案件工作座谈会纪要》的规定,"直接负责的主管人员,是在单位实施的犯罪中起决定、批准、授意、纵容、指挥等作用的人员,一般是单位的主管负责人,包括法定代表人"。同时,司法实践中要求只有与犯罪行为所涉事项有关之人方可构成单位负责人,例如,在"北京中天瑞达科技发展有限公司等虚开增值税专用发票案"[2]中,判决即明确指出,"是否构成单位犯罪,与职务级别、地位高低、权力大小并无必然联系,关键在于该管理人员在单位犯罪中的参与程度、是否起到了'决定、批准、授意、纵容、指挥'等重要作用。如果没起到上述重要作用,即便该管理人员是单位的法定代表人或者主要负责人,也不应对单位犯罪直接负责"。换言之,我国刑法上的单位负责人是对于构成要件之实现具有管理、决策权限之人,即使不属于公司法意义上的董事、监事与高级管理人员,也可能构成单位负责人,并将其行为归属于单位。因此,对于构成要件之实现所涉事项具有决策权限之人的意思,即可能被视为单位意思。

(3)单位决策机构与单位负责人存在监督过失的情况下,单位普通成员的故意或过失行为可直接归属于企业。在"葛兰素史克案"中,涉案企业虽然没有直接明确地指示企业员工实施贿赂行为,但法院指出,葛兰素史克中国公司不仅在内部宣传"以销售产品为导向"的口号,并且企业的各个部门在商业贿赂链条中承担着各自的分工——人力资源部门制定以销售业绩为核心的工资制度;财务部、合规部、信息技术部等多部门提供全方位监督考

---

〔1〕 参见江苏省滨海县人民法院刑事判决书,(2016)苏0922刑初312号。

〔2〕 参见北京市高级人民法院刑事判决书,(2020)京刑终46号。

核支持;法务部为行贿提供帮助和掩护。[1] 换言之,企业决策机构与企业负责人故意放纵甚至在内部施行“鼓励”员工实施不法行为的制度的情况下,企业普通成员的不法行为可直接归属于企业。

综上所述,单位意思可经由单位决策机构之决定、单位负责人之决定以及单位决策机构与单位负责人存在监督过失的情形下单位普通成员的意思三种方式体现。

2. 有效的内部控制与审计制度可避免认定单位意思

前述三种单位意思之体现方式属于同一种可被推翻之认定。尽管在刑事诉讼中单位意思可经由多种途径体现,不过该种体现并非法律拟制,因而单位如能够提出证据加以抗辩,亦可排除单位意思之认定。例如,在“郑某、杨某等出售、非法提供公民个人信息案”[2]中,雀巢公司的区域经理等高级管理人员为达成公司业绩目标而非法获取公民个人信息,对此,法院根据雀巢公司 DR 任务材料、雀巢公司证明、雀巢公司政策、员工行为规范等证据,认定“雀巢公司不允许向医务人员支付任何资金或者其他利益。不允许员工以非法方式收集消费者个人信息。对于这些规定要求,雀巢公司要求所有营养专员接受培训并签署承诺函。被告人郑某、杨某甲、杨某、李某某、杜某某等明知法律法规以及公司禁止性规定的情况下,为完成工作业绩而置法律规范、公司规范于不顾,违规操作进而贿买医务人员,获取公民个人信息的行为,并非雀巢公司的单位意志体现,故本案不属于单位犯罪”。换言之,即使单位负责人为完成单位工作而实施不法行为,如果单位能提出证据证明单位明确反对单位负责人的不法行为及该等制度的有效性,仍然可以避免构成单位犯罪。

公司管理层以实际行为对不法行为表达反对亦可作为真实的单位意思。早在“威廉·平·陈走私案”[3]中,法院便已经提出,行为人威廉·平·陈虽是上海统一纸业有限公司董事长,但不能说其所有行为均是代表公司所为。本案事实表明行为人进口废物是明知的而且不顾中方管理人员的多次反对不经公司董事会讨论决定在公司营业执照被扣押期间擅自冒用

---

[1] 参见邹伟、罗沙、陈文广:《葛兰素史克中国公司行贿事件:中国不是法外之地》,载中国法院网 2014 年 9 月 29 日,https://www.chinacourt.org/article/detail/2014/09/id/1448646.shtml。

[2] 参见甘肃省兰州市中级人民法院刑事判决书,(2017)甘 01 刑终 89 号。

[3] 参见《威廉·平·陈走私案》,载《最高人民法院公报》1997 年第 1 期。

其他外贸公司的名义,假报货物的名称,上述行为均系行为人的自然人行为。理应由行为人自然人承担责任。鉴于此,如果单位对于负责人的决定作出明确反对,并对其普通成员实施有效的管理,则相关行为人的行为,即使属于为单位谋取利益或为完成单位工作,亦不构成单位犯罪。

企业所采取的内部控制与内部审计是为直接体现单位真实意思的方式。所谓内部控制,财政部会同中国证监会等部门制定的《企业内部控制基本规范》第3条第1项已有明确规定:"本规范所称内部控制,是由企业董事会、监事会、经理层和全体员工实施的、旨在实现控制目标的过程。"前文已述及,司法实践中并不会因董事会或法定代表人的"不知情"而免除法人刑责,检视单位意思时法院将实质性地寻求对于实现构成要件所涉事项的决策机构或负责人的真实意思,只不过现实中司法程序启动通常在犯罪行为发生后,此时,就证明角度而言,过程比目标本身显然更具说服力。因此,单位内部控制本身,即为表明单位意思的直接方式。纵使单位建立了内控制度,该制度设计是否适当、执行是否有效,仍有待检验,对此问题,只有通过独立公正之方式加以评估,方能得出结论,如此一来,内部审计的需求便应运而生,通过独立公正的评估与筛查,构成了防止企业因内部控制不当而负刑事责任的最后一道内部防线。

因此,如果企业能够建立有效的内部控制和审计,透过有效内部控制与内部审计表达企业对于负责人及员工不法行为的明确反对,则可在很大程度上避免将企业员工的行为归属于企业,实现企业刑事责任的切割。

3. 建立有效的内部控制和审计表明反对不法行为的单位意思

根据美国反欺诈性财务报告委员会的发起组织委员会(Committee of Sponsoring Organizations of the Treadway Commission, COSO)的指南,内部控制包含控制环境(Control Environment)、风险评估(Risk Assessment)、控制活动(Control Activities)、信息与沟通(Information and Communication)、监督活动(Monitoring Activities)五大要素,具体而言:

第一,控制环境系组织内部控制的基础。所谓控制环境,是一套标准与程序,董事会及高级管理人员应重视内部控制的必要性,并订明企业成员的行动准则,而管理层应将该等行动准则落到实处。良好的控制环境要求企业负责人建立合理企业的内部治理结构及职责划分,以完善人事政策,创造遵守良好道德标准的企业文化。[1]

第二,风险评估为识别和评估风险实现目标之风险的过程。所谓风险,即发生对目标实现产生不利影响事件的可能性。可见,风险是相对于目标的概念,因而风险评估的首要前提便是确立明确清晰并符合企业运作需要之目标,此外,管理层在设定目标时还必须考虑企业外部环境与商业模式改变所产生之影响,并在此基础上辨认、评估风险及分析企业的风险敞口。[2]

第三,风险评估锚定目标并评估风险,活动控制则是通过贯穿企业整体的程序而将风险控制在企业可接受范围内的过程。活动控制的目的便是将评估和处理风险的措施予以落实。具体而言,活动控制可能包含各种授权、批准、审核程序;此外,职责分离亦是活动控制的主要方式。[3]

第四,内部控制主体实施内部控制职责仰赖于信息,而信息既包括企业内部信息,也包括来自企业外部的信息,企业只有令信息在整个组织内外皆得以持续且流畅地提供、分享和获取,才可能达成企业内部控制的目标,因而信息与沟通是支持内部控制的重要因素。[4]

第五,上述内部控制之要素是否存在并发挥作用,须经由监督活动予以评估,并将评估结果通报公司董事会及管理层。监督活动可包含持续监督与定期监督,前者系管理层对于企业成员所实施的例行监督,后者则是针对特定风险的复核评估。[5]

---

〔1〕 See COSO, *Executive Summary of Internal Control Integrated Framework*, COSO Guidance on Internal Control (May 2013), https://www.coso.org/Shared%20Documents/Framework-Executive-Summary.

〔2〕 See COSO, *Executive Summary of Internal Control Integrated Framework*, COSO Guidance on Internal Control (May 2013), https://www.coso.org/Shared%20Documents/Framework-Executive-Summary.

〔3〕 See COSO, *Executive Summary of Internal Control Integrated Framework*, COSO Guidance on Internal Control (May 2013), https://www.coso.org/Shared%20Documents/Framework-Executive-Summary.

〔4〕 See COSO, *Executive Summary of Internal Control Integrated Framework*, COSO Guidance on Internal Control (May 2013), https://www.coso.org/Shared%20Documents/Framework-Executive-Summary.

〔5〕 See COSO, *Executive Summary of Internal Control Integrated Framework*, COSO Guidance on Internal Control (May 2013), https://www.coso.org/Shared%20Documents/Framework-Executive-Summary.

倘若建立内部控制，当然有利于展示企业反对不法行为之道德目标，不过现实中内部控制终究须由企业内部的成员来执行，不免出现种种弊病，如未能有效落实，日积月累恐容易导致内部控制最终完全失灵，所谓企业追求遵守规范的道德目标也无从体现。因此，内部控制不仅应被建立，而且应是有效的，依 COSO 的指南，有效内部控制的五大要素应符合表 5－2 所列的十七项原则。[1]

表 5－2　有效内部控制的十七项原则

要　　素	原　　则
控制环境	组织明确承诺遵守正直的职业操守及道德规范
	董事会相对于管理层保持独立性并监督内部控制制度设计与执行
	管理层在董事会的监督下建立相应的组织架构、信息传递渠道、适当的授权及职责安排，以实现组织目标
	致力于选任、培育具有职业胜任能力且与组织整体目标相匹配的人才
	明确组织内个体对内部控制之职责负起责任
风险评估	组织订立清晰具体的目标，从而有效识别与评估影响目标实现之风险
	组织在整个实体范围内识别可能影响组织目标实现的风险，进而做出如何进行风险管理之判断
	组织在评估影响组织目标实现的风险时，应将潜在的舞弊一并纳入考虑
	组织应对可能对内部控制系统产生重大影响之变化进行识别与评估
控制活动	组织选择并建立控制活动，用以将影响目标实现的风险降至可接受的水平
	组织选择并开发适用于控制活动的技术，进而支持组织目标的实现
	组织制定相关政策和程序，从而明确控制活动之预期并将之落实到具体程序

[1] See COSO, *Executive Summary of Internal Control Integrated Framework*, COSO Guidance on Internal Control (May 2013), https://www.coso.org/Shared%20Documents/Framework-Executive-Summary.

续表

要　素	原　则
信息与沟通	组织获得或产生并使用与需求相契合的高质量信息以支持内部控制发挥功能
	组织在内部沟通包括内部控制的目标和职责在内的信息,用以支持内部控制运作
	组织与外部沟通可能对内部控制之功能产生影响的相关情事
监督活动	组织选择、设计、进行持续性和/或个别评估,以确认内部控制各个关键要素之存续及运作
	组织及时评估内部控制并向负责采取纠正措施的各方通报内部控制的缺陷,视乎具体情况,负责采取纠正措施之主体包括高级管理层、董事会

国际内部审计师协会(Institute of Internal Auditors, IIA)发布的三线模型,是今日组织治理及风险管理的重要指引。三线模型包含组织治理机构、管理层及内部审计三大主体,组织治理机构需要为组织监督向利害人负起责任,透过诚信、领导及透明实现组织治理;管理层通过以风险为基础的决策及资源应用来达成组织目标,并为此采取包含风险管理在内的各项行动及措施;独立的内部审计则提供对于组织治理和风险管理充分性及有效性的确认及咨询。[1] 三线模型还包含了三线角色。其中,管理层承担第一线及第二线角色,第一线角色直接向客户提供商品或服务,此外,诸如人力资源管理和行政管理等支持性的部门也属于第一线角色;第二线角色是与风险管理有关的部门,其职责可能包括法律法规遵循、可持续性和品质的确认等,或是进行全面的企业风险管理;第三线角色则对目标达成相关的全部事项进行独立和客观的确认并提供建议。[2]

为落实内部审计第三线之职能,国际内部审计师协会在其强制指引

〔1〕 See IIA, *The IIA's New Three Lines Model An Update of the Three Lines of Defense*, The IIA's Three Lines Model (Sept. 9, 2020), https://www.theiia.org/globalassets/documents/resources/the-iias-three-lines-model-an-update-of-the-three-lines-of-defense-july-2020/three-lines-model-updated-english.pdf.

〔2〕 See IIA, *The IIA's New Three Lines Model An Update of the Three Lines of Defense*, The IIA's Three Lines Model (Sept. 9, 2020), https://www.theiia.org/globalassets/documents/resources/the-iias-three-lines-model-an-update-of-the-three-lines-of-defense-july-2020/three-lines-model-updated-english.pdf.

(Mandatory Guidance)中提出了十项核心原则(Core Principles):(1)展示诚信;(2)展示能力及预期的专业注意;(3)客观且不受不当影响(独立性);(4)与组织的策略、目标及风险一致;(5)定位适当且资源充足;(6)展示高质量和持续改进;(7)有效沟通;(8)提供基于风险的确认;(9)见解深刻、积极主动、关注未来;(10)推动组织提升。[1]

单位犯罪以单位意思为前提,因此企业得以透过遵循法律规范及道德价值的内部控制体系展现其反对不法行为的意思。如果内部控制仅存在于纸面上,则不足以作为反对不法行为的合理保证。因而,有效的内部控制应具备五大要素并符合前述十七项原则。由于内部控制最终须由企业内部成员实施,为确保内部控制在企业运营期间持续有效,企业还须开展独立确认工作,所以内部审计在企业内部治理中扮演着第三线之职责,以其独立工作促成内部控制目标的达成。因而,除上述内部控制体系外,企业要想展示其反对不法行为的单位意思,尚需符合有效的内部审计体系进一步确认与核查。换言之,建立有效的内部控制和内部审计体系,是企业充分表明其反对不法行为,并以实际行动践行其道德承诺的有力证据,并由此成为切割刑事责任的最佳方式之一。

二、有效合规管理系统与内部吹哨人制度

从法人刑事归责的原理出发,阻却法人归责的另一主要途径是使风险降低至规范所容许范围内,是故,如果企业通过设立机制,使企业之弊病在达至刑事法规范所不容许前即为内部人所揭开而得以妥善处理,虽可能带来短期内的不利影响,但仍得以令企业有效规避刑事风险,并避免问题发展至难以挽救的程度。长远来看,更可向公众及投资者展现企业对于道德价值及行动承诺的重视。尤其是在内部控制与内部审计双双失效的情形下,企业内部人得以及时反映内部违法行为,对于企业来说可谓是“及时止损”,对于切割企业刑事责任乃至企业治理本身,皆具有重大意义。

---

[1] See IIA, *Core Principles for the Professional Practice of Internal Auditing*, Core Principles - The Institute of Internal Auditors, https://www.theiia.org/en/standards/what-are-the-standards/core-principles.

(一)有效合规管理系统要求

美国《联邦量刑准则》(U. S. Sentencing Commission Guidelines Manual, U. S. S. G.)明确规定了有效合规管理和道德计划(compliance and ethics program)的要求,并将匿名举报系统之有效性纳入考虑。依照 U. S. S. G. 第 8B2. 1(b)条的要求,有效合规管理和道德计划应符合下述规定:

(1)组织应制定程序和规范,以发现和防止犯罪行为。

(2)组织的治理机构应了解合规管理和道德计划的内容及其实施情况,并对合规管理和道德计划的持续运作和有效性进行合理监督。组织的高级管理人员应确保组织建立有效的合规管理和道德计划,并指定特定人员作为合规管理和道德计划的总负责人。组织内的特定人员应授予合规管理和道德计划日常运作的职责,承担该项业务的人员应定期向高级管理人员报告并酌情向治理机构的适当组别报告合规管理和道德计划的有效性;为确保该目标达成,应授予任职该项事务之人员充足资源与适当权力,并使其能够直接接触管理机构或管理机构的适当分组。

(3)组织应履行其注意义务,避免将实质性权力授予组织知道或通过尽职调查而应当知道的从事不法行为或不符有效的合规管理及道德计划的行为的个体。

(4)组织必须采取适当措施,如通过有效的合规培训计划或其他措施,确保其合规管理及道德计划的程序和规范定期且有效地通知组织的全体成员。

(5)组织必须采取合理措施确保组织的合规管理和道德计划得到遵守,包括采取活动控制和内部审计手段;定期评估合规管理和道德计划的有效性,以及建立并公布一套可令员工匿名举报犯罪行为或为其提供咨询的系统,并确保员工可信赖不因之而遭受报复。

(6)组织应当采取适当的赏罚制度,激励遵守合规管理和道德计划的行为,并对从事犯罪行为或未能采取合理注意的行为施以适当纪律处分。

(7)在发现犯罪行为后,组织应采取合理措施对犯罪行为作出适当回应,并为防止再犯而对合规管理和道德计划进行必要修订。[1]

可见,在合规管理和道德计划中内部匿名举报制度及信赖保护亦被纳

---

〔1〕 See U. S. S. G. (2021) § § 8B2. 1(b)(1) - (7).

入合规管理有效性的评价之中。

事实上,有效合规管理系统并非旨在消除企业成员不法行为,而是旨在为企业或企业成员实施不法行为增加障碍。法人归责原理的核心在于法人因其组织瑕疵而创设或提升了规范不容许的风险,鉴于此,企业内部实施的合规管理系统显然属于管控风险的重要措施。换言之,企业内部实施的合规管理系统的本质属于风险降低的行为,因而有效合规管理系统并非旨在消除风险,而是具有降低风险至容许范围内的作用,至于企业成员在此情况下仍执意违背全部组织治理与风险管理措施,确实已明显超出组织体之注意能力范围之内,应由该成员自行负责。然而,如若企业成员执意违反组织规范,企业仍对防止损害扩大负有义务。如果企业放任损害扩大,仍属于违反组织义务,原因在于企业有义务采取有效措施。这能够确保纵使三线职责皆被企业成员所违反时,仍能够及时阻止不法行为。

因而,设立内部吹哨人制度并为吹哨人提供信赖保护,构成了合规管理的最后一道防线,其本身也属于一种降低风险措施,构成了合规管理系统的重要部分。

(二)内部吹哨人制度

通报企业内部弊病的行为往往被视作对企业的背叛,这通常会令通报者面临巨大心理压力。除此之外,通报内部弊病还可能使通报者招致报复,因而多数司法辖区往往直接设定保护吹哨人的公法规范,以期促进或强制企业完善内部吹哨人保护制度。大体而言,内部吹哨人保护规范可分为内部通报优先与行政通报优先两种类型,前者以日本《公益通报者保护法》(「公益通報者保護法」)及英国《公益披露法》(The Public Interest Disclosure Act)为代表,后者则以美国联邦法下的吹哨人相关框架为代表。

1. 日本《公益通报者保护法》

日本《公益通报者保护法》于 2004 年制定,其修正草案亦于 2020 年三读通过待生效。依照修正后的《公益通报者保护法》第 2 条第 1 款的规定,公益通报,是指"……劳动者非出于获利或损害他人之不当目的,对于企业或企业管理阶层、从业人员等相关之公益通报对象事实之发生或即将发生状态,通知该企业或企业专责人员,或通知就该公益通报对象事实具有处分或劝告等权限之行政主体、或为防止损失扩大所为之必要通报"。其中,公益通报对象事实定义于该法第 2 条第 3 项,包括“涉及保护或确保个人生命或身体、消费者利益、环境、公平竞争或其他与国民生命、身体、财产及其他利益有关法律之刑事或行政不法事实”以及违反该法附表所列之法令(如刑法、食品安全法、证券交易法、个人信息保护法以及任何有关于保护前述利益的法令)之事实两大类。对于公益通报的受保护主体,《公益通报者保护法》亦采用了日本《劳动基准法》(「労働基准法」)的定义,即“不问职业如何,受雇于企业或机构,受领工资之人”,此外,经修法后保护主体范围扩展至离职后一年内的劳动者以及高级管理人员。

《公益通报者保护法》的典型特征在于针对不同通报对象设定了不同保护要件,从而为劳动者优先向企业内部通报提供了诱因。具体而言,《公益通报者保护法》第 3 条将通报对象分为了劳务提供对象、行政主体以及其他外部人三种情形,对于不同主体,获得保护之要件亦有所不同。对于向劳务提供对象通报,满足“非出于获利或损害他人的不当目的”及“公益通报者认为公益通报对象事实已发生或即将发生”的一般要件足矣。对于向行政主体所为之举报,则通报者须额外具备“足以信赖的理由”认为公益通报对象事实已发生或即将发生,或者“提出记载姓名等的文书”。对于向劳务提供者及行政主体以外的第三人如媒体或者公益组织等进行公益通报,除一般要件外,尚需具备下述六类情形:(1)有足以信赖的理由认为进行前两类通报将受到解雇或不利处分;(2)有足以信赖的理由认为进行第一类通报时,证据将被隐匿、伪造或变造;(3)劳动者被企业无正当理由要求不得进行前二类公益通报;(4)以书面进行第一类通报后经过 20 日,未接获该企业通知已进行调查或无正当理由不进行调查;(5)有足以信赖的理由相信劳务提供对象对于公益通报者所知悉的信息,可以确定该公益通报者且有泄露之虞;(6)有足以信赖的理由认为个人生命或财产遭受侵害或有遭受侵害的急迫危险。(见表 5 – 3)

表 5－3　《公益通报者保护法》对于不同通报对象的获得保护要件相关规定

通报对象	特别要件	一般要件
劳务提供对象	无特别要求	非出于获利或损害他人之不当目的，且公益通报者认为公益通报对象事实已发生或即将发生
行政主体	具备“足以信赖的理由”认为公益通报对象事实已发生或即将发生	
	提出文书或电磁记录，包含：1. 通报者的姓名和住址；2. 公益通报对象事实的内容；3. 认为公益通报对象事实已发生或即将发生的理由；4. 通报人认为应就上述公益通报对象事实采取合法或其他适当措施的原因	
第三人	具备“足以信赖的理由”认为公益通报对象事实已发生或即将发生，并且：1. 有足以信赖的理由认为进行前两类通报将受到解雇或不利处分；2. 有足以信赖的理由认为进行第一类通报时，证据将被隐匿、伪造或变造；3. 劳动者被企业无正当理由要求不得进行前二类公益通报；4. 以书面进行第一类通报后经过 20 日，未接获该企业通知已进行调查或无正当理由不进行调查；5. 有足以信赖的理由相信劳务提供对象对于公益通报者所知悉的信息，可以确定该公益通报者且有泄露之虞；6. 有足以信赖的理由认为个人之生命或财产遭受侵害或有遭受侵害的急迫危险	

保护措施方面，修正后的《公益通报者保护法》订有四项主要保护措施：第 3 条规定，公益通报者就公益通报对象事实所为之通报，符合上述条件时，雇主解雇行为无效；第 4 条规定，劳务派遣企业解除派遣合同无效；第 5 条规定，禁止对公益通报者采取包括降职、减薪、训诫、调职、人事上的差别待遇等不利处分并禁止不向公益通报者给付离职金；第 7 条设定有公益通报者受到企业主请求损害赔偿时的免责规定。

2. 美国劳工部职业安全署与《沙宾法》及《多德—弗兰克法案》保护框架

美国劳工部职业安全署（Occupational Safety and Health Administration，OSHA）统一负责吹哨人保护事务。在环保、产品安全、公共交通安全等领域的联邦法律中，均载有保护吹哨者不受报复的相关规范，例如，《联邦水污染控制法》中便规定有“任何人不得因任何雇员或雇员的任何授权代表根据本章提出、提起或导致提出或提起任何诉讼，或在管理或执行本章规定的任何诉讼中作证或即将作证，而解雇或以任何其他方式歧视该雇员或雇员的任何授权代表”。[1] 对于因揭发雇主不法行为而受到报复的雇员,可依循相应领域的吹哨人保护规范而向 OSHA 的区域办公室提出控告。一旦受理吹哨人的控告,劳工署可向雇主与雇员提供替代性争端解决程序以协助双方达成和解,如果雇主与雇员同意参加替代性争端解决程序,则 OSHA 将暂停调查并组织调解,如果任何一方拒绝参加或未能达成和解,则 OSHA 将继续调查并发出决定书,决定书中包括调查结果及对雇主的相应命令,如支付拖欠工资、恢复职位、赔偿律师费等。若雇主拒绝遵从命令,OSHA 可向联邦法院提起诉讼执行其决定。倘若 OSHA 未在接到投诉后的 180 日或 240 日内提出决定书,则雇员可退出 OSHA 程序并向法院起诉。

美国联邦层面并无单行的吹哨人保护法律,不同领域的吹哨人保护规范散见于不同的部门法之中,因此下文谨以防范金融犯罪的《沙宾法》(Sarbanes - Oxley Act of 2002, SOX)及《多德—弗兰克法案》(Consumer Financial Protection Act of 2010, CFPA)为例分析美国吹哨人保护规范之对象与范围,其他部门法域有关吹哨人保护制度的对象和范围基本皆采取了类似范式。具体而言,修正后的《沙宾法》中内部吹哨人保护规范如下:

“(a)公开交易公司员工的吹哨者保护——依照 1934 年证券交易法中第 12 节规定登记股票的公司,或依照该法第 15 节(d)被要求在提出财务报告时,须连同子公司或附属机构的财务信息一并在公司的联合财务报表中的公司,或信用评等机构[定义在 1934 年证券交易法第 3(a)条],或其他公司或信评机构的官员、受雇人、承包人、转包人,或代理人,不能因员工下列的合法行为,而以解职、降职、停职、威胁、骚扰或任何方式,歧视(不利处分)雇员的雇用条款或细则——

(1)雇员合理相信提供信息、造成信息的被提出或其他相类似的调查行为,可以协助以下机关调查是否有行为违反第 1341 条[2]、第 1343 条[3]、第 1344 条[4]或第 1348 条[5]的规定,或任何证交委员会的规则或行政命令,或任何联邦法关于诈骗股东的规定,或者是促使下列机关开始调查行为——

---

[1] See 33 U. S. Code § 1367(a).

[2] 即邮件欺诈罪。

[3] 即电信欺诈罪。

[4] 即银行欺诈罪。

[5] 即证券和期货欺诈罪。

a. 联邦监管或执法机构；

b. 国会的任何议员或国会的任何委员会；

c. 对雇员负有监督职责之人（或为雇主工作的其他有权调查、发现或终止不当行为的人）；或

（2）提起、促使提起、作证、参与或以其他方式协助提起或即将提起的诉讼（在雇主知情的情况下），该诉讼涉及违反第 1341 条、第 1343 条、第 1344 条或第 1348 条、证券交易委员会的任何规则或条例或联邦法律中有关欺诈股东的任何规定。"[1]

换言之，公开发行公司（包括其子公司）或其经理人、雇员、承包人、转包人或代理人、信用评级机构不得对"合理相信"公开发行公司违反有关防止诈欺股东之联邦法律或美国证券交易委员会（Securities Exchange Commission, SEC）所发布法规而向联邦机构或内部监察人提供信息或者提起、促成提起法律程序的雇员实施不利处分。依照"斯图尔特诉朵拉金融案"（Stewart v. Doral Financial）的裁判要旨，[2]"合理相信"采用客观理性人标准，"指一个理性的人，在拥有相同的训练和经验，并处于相同的事实环境时，会合理地相信，申诉的（报复）行为是因为违法行为而产生的。"[3]

同时，依照《沙宾法》的规定，雇员须先经由前述 OSHA 程序寻求救济，[4]如 OSHA 程序未能在 180 日内作出最终决定，则雇员可退出并提起诉讼。依照《沙宾法》的意旨，如雇员获得胜诉判决，则其可救济范围包括"回复所有损失"即"复职，并给予未遭受歧视对待（不利处分）所可以享有的年金""薪资和利益""因歧视对待（不利处分）而遭受的特别损害，包括诉讼的花费，专家证人的费用，合理的律师费"[5]。

同时，《沙宾法》还将妨碍向联邦执法机构作证证人的工作的行为规定为刑事犯罪：

"任何人，如果出于报复的目的，故意采取任何有害于任何人的行动，包括干扰任何人的合法工作或生计，因为其向执法官员提供任何与实施或可

---

[1] See 18 U. S. Code § 1514A(a).

[2] See Stewart *v.* Doral Financial Corp., 997 F. Supp. 2d 129 (D. P. R. 2014).

[3] See Stewart *v.* Doral Financial Corp., 997 F. Supp. 2d 129, 138 (D. P. R. 2014).

[4] See 18 U. S. Code § 1514A(b)(1).

[5] See 18 U. S. Code § 1514A(c).

能实施任何联邦犯罪有关的真实信息,将根据本条被罚金或不超过 10 年的监禁,或两者同时适用。"[1]

不过,与前述规定略有不同的是,该规范之保护对象虽包括任何人,但其要求受到不利处分的人必须提供"真实信息",且仅限于向联邦执法机构提供,而前者还包括国会议员或委员会以及公司的内部监察人。两条法条规定的对比见表 5-4。

表 5-4 《沙宾法》两条规定对比

项目	第 806 条	第 1107 条
受保护对象	雇员	任何人
吹哨内容要求	雇员"合理相信"公开发行公司违反法规	提供"真实信息"
雇主范围	雇主属于公开发行公司(包括其子公司)或其经理人、雇员、承包人、转包人或代理人、信用评级机构	任何人
吹哨对象事实类型	公司违反的法规属于有关防止诈欺股东之联邦法律或证交会所发布法规	任何联邦犯罪
通报对象范围	雇员向联邦机构或内部监察人提供信息或提起、促使提起、协助对公司的诉讼	向联邦执法机构提供
法律后果	回复吹哨人所有损失	从事报复行为之人处 10 年以下监禁或科或并科罚金

《多德—弗兰克法案》增设了对吹哨人的奖励规定并提升了对吹哨人的救济力度。依照《多德—弗兰克法案》中关于证券法及证券交易法部分的规定,[2]吹哨人自愿提供的"原始信息"促成包括行政和解在内的行政处分且其金钱制裁超过 100 万美元时,SEC 可酌情将至多 30% 的金钱制裁金额作为奖金给予吹哨人。其中,法条明文规定"吹哨人"仅限于向 SEC 通报之人。而所谓"原始信息",则是指信息系吹哨人独立获知或分析而来,SEC 未从其他来源知悉并且不是经由诉讼或行政听证、政府报告、审计或调查以及新闻媒体等渠道获知的信息。此外,《多德—弗兰克法案》还大幅延长诉讼时效

〔1〕 See 18 U. S. Code § 1513(e).

〔2〕 期货法相关部分规定类似,本文不再赘述。

至6年，并将救济范围提高至可求偿二倍所欠工资，还明订了对吹哨人身份的保密义务。[1]

相较于日本《公益通报者保护法》的相关规定，美国法鼓励内部人直接向执法机关通报的特征相当明显。在立法上，如《多德—弗兰克法案》中明确将吹哨人定义为行政机构通报之人。如果法规未明确向企业内部机构通报可获保护，法院的司法决定标准不一，在"菲利普斯诉矿山作业内部委员会案"（Phillips v. Interior Board of Mine Operations）中，[2]雇员向其领班报告了工作场所内积尘严重、电线杂乱，对员工生命健康安全构成威胁后遭到开除，依照当时的矿业安全法，吹哨人应将安全风险信息提供给执法机构，因此雇员的行为尚不满足法规明订的程序要求，不过判决最后认为通知领班是提供信息程序的最初阶段，如不予以保护，显然有悖于安全法之意旨，而判令雇员构成吹哨人。但在数字地产信托公司诉萨默斯案（Digital Realty Trust, Inc. v. Somers）[3]中，美国联邦最高法院认为，《多德—弗兰克法案》既然已经明确规定了吹哨人的字面意思是向 SEC 报告的雇员，那么就没有理由扩张《多德—弗兰克法案》下的吹哨人保护范围至内部通报者。同时，另据马克－奥维亚克诉大学核能系统公司案（Mackowiak v. University Nuclear Systems, Inc.）[4]的裁判要旨，在法规无明确规定内部报告受保护的情况下，如果雇员同时向内部机构与行政机构报告，则其可获保护，然而，如果雇主在雇员向行政机构报告前抢先解雇雇员，则该雇员将无法构成吹哨人而受到保护。换言之，在美国法下，如法规无明文规定内部报告受保护，则雇员选择优先内部报告反而将面临无法受保护之风险，优先向行政机构通报反而更易获得保护。

3. 建立鼓励内部吹哨文化

我国虽无明确吹哨人保护规范，但现行制度的设计及实践更倾向于鼓励吹哨人先行选择内部吹哨。中国证监会等部门于2008年发布的《企业内部控制基本规范》第43条建制的内部吹哨制度的相关规定，完全体现了《公司法》第151条股东代表诉讼的意旨。不难看出，我国现行规范均倾向于优

---

[1] See 15 U. S. Code § 78u－6.

[2] Phillips *v.* Interior Board of Mine Operations, 500 F. 2d 772 (D. C. Cir. 1974).

[3] Digital Realty Trust, Inc. *v.* Somers, 583 U. S. ___ (2018).

[4] Mackowiak *v.* University Nuclear Systems, Inc., 735 F. 2d 1159 (9th Cir. 1984).

先通过企业内部渠道处置相关不法行为。更为重要的是,无论是美国还是日本,通报违法行为之雇员均可借由"合理相信"免除吹哨对象事实不实之责任并获吹哨人保护规范的保护,相较而言,我国散见于各个部门法中的吹哨人保护规范均将内部吹哨人与举报人作同一处理,故对内部吹哨人通报信息内容之真实性要求相当严格,如劳动者基于过失通报错误信息则通常不受特别保护;相反,用人单位可依循劳动者重大过失导致用人单位受损失或以劳动者违反保密义务解除劳动关系。因此,就我国法制而言,在事实上对于劳动者更具内部吹哨之诱因。

我国现行制度对于为吹哨人优先选择内部吹哨创造诱因实际上于企业相对有利,不过遗憾的是,现行企业未能创造鼓励内部吹哨的文化,令企业错过防微杜渐的时机。一方面,设置匿名且相对独立的举报通道实施内部吹哨制度的情况下,企业内部人在发现不当行为时更有可能向其内部监察人通报,有利于在早期发现企业经营风险,从而起到改善企业治理的作用,且内部吹哨人制度的存在本身也可起到阻吓组织内部不法行为的作用。另一方面,企业内部人对不法行为保持沉默并不会令不当行为消失,相反,随着组织不当影响及效果扩散,可能进一步恶化组织治理状况,内部人可能会选择向外部人尤其是媒体组织通报,导致企业问题成为社会问题,令企业蒙受声誉和其他损失并引起执法机构直接介入,失去组织调查及抗辩的时间。

敌视吹哨人的企业文化环境是制度缺失的产物,只有企业治理机构及管理层负起责任,自上而下推进内部吹哨人制度的建置,才可能改善现状。多数情况下,纵使企业建制相应制度,吹哨行为亦寥寥无几,这是因为传统组织文化下,勇于揭露企业弊端的吹哨者常被视为不忠诚的组织泄密者、团体的背叛者,甚至反而被视为问题的制造者,纵使现行制度可保障其不受不正当解雇,然而吹哨人仍可能遭受同事或主管的刻意排挤欺凌,以至面临巨大的精神压力,最终仍然不得不选择离开组织。长此以往,勇于揭弊者将被排除组织,沆瀣一气从事不法行为的成员更可能处于组织的重要位置,导致内部吹哨制度乃至内部控制体系完全失灵。鉴于此,企业治理机构及管理层应充分认知到内部吹哨制度绝不可能仅仅依靠具有勇气且正直的雇员而建立,只有自上而下推进内部吹哨人制度的建置,才能逐渐改变现状。

日本《公益通报者保护法》的特征便在于鼓励企业内部人优先通过内部通报，为此，日本消费者保护厅为帮助企业建立合理内部吹哨制度而发布了《依公益通报者保护法整备运用内部通报制度，以民间事业者为对象之指导方针》(「公益通报者保护法を踏まえた内部通报制度の整备・运用に关する民间事业者向けガイドライン」，以下简称《公益通报指南》)，提供了建立合理内部吹哨制度的指南。

依照《公益通报指南》，企业领导者应具备对于内部吹哨制度的正确态度：(1)理解合规管理过程中，内部通报机制的意义及重要性；(2)恰当使用内部吹哨制度之通报，有助于早期发现风险并提高企业价值的正当职务行为；(3)对于满足内部规章及公益通报者保护法要件而为适当通报之人，决不允许作出不利处分；(4)保护内部吹哨人的相关信息；(5)当利益追求与企业伦理发生冲突，应以企业伦理考虑为先；(6)上述事项可能左右企业之发展及存亡。

内部吹哨制度包含内部吹哨机制的建置及实施、内部吹哨人的保护、内部吹哨机制的评估及改善三大部分：

在内部吹哨机制的建置及实施方面，《公益通报指南》要求：(1)不仅应当建立内部通报的窗口，还应令全体成员持续知悉通报窗口的存在并知悉受理方式，并于必要时扩充内部通报窗口范围(如委托法律事务所等设置外部通报窗口或集体企业设置共通通报窗口)及通报窗口利用者的范围(如将子公司及交易对象的雇员纳入通报窗口利用者范围内)；(2)通报管道应保持自主，独立于管理阶层；(3)排除利益冲突，受理担当者、调查担当者及其他从事通报之处理人员及被通报者不得参与与自身相关的通报对象事实的调查；(4)建置能安心通报的环境，内部吹哨机制的建置应充分咨询雇员的意见和要求，不断提高通报机制的透明度；(5)不得迟延处理内部人的通报；(6)配置适当的人力及资源组织调查，确定有不法情事时应当及时予以整改并为必要通知；(7)确保通报人对于调查过程和结果的知情权，并对通报者予以必要鼓励。

在内部吹哨人保护方面，《公益通报指南》要求：(1)保护吹哨人的相关信息，披露吹哨人信息前应告知其可能的不利后果并征得其同意；(2)避免可能获知吹哨人信息的第三人泄露吹哨人信息；(3)必要时可委托外部法律事务所等机构作为通报受理窗并确认其同样遵守保密要求；(4)确保与吹哨人的沟通不应匿名而受阻;(5)采取适当调查措施避免被调查人获知吹哨人;(6)对泄露吹哨人信息之人施加处分;(7)如发现吹哨人可能受到不利处分或歧视性待遇,应提前采取预防措施;(8)对于自行通报自己不当行为之人予以减免处分。

在内部吹哨制度的评估和改善方面,《公益通报指南》要求:(1)事后对吹哨人是否遭受不利处分或歧视性待遇再行核查,并对遭受侵害的吹哨人提供救济;(2)采取必要的改善和预防措施降低不当行为再次发生的可能,并适时修正内部吹哨制度;(3)确保交易相对人同样遵守对于吹哨人的保护要求;(4)定期评估内部吹哨制度的有效性,必要时可由第三方予以评估;(5)宣传内部吹哨制度的成果及经验,促进利益相关人知悉该制度。

(三)通过内部吹哨制度切割企业刑事责任

内部吹哨制度是企业有效合规管理重要环节,建立有效内部吹哨制度本身即为履行组织义务之力证。根据美国注册舞弊审查师协会(Association of Certified Fraud Examiners,ACFE)发布的《2020 年 ACFE 全球舞弊调查报告》,约四成的舞弊案件是通过举报被发现的,而其中约半数的举报人是组织的内部成员。[1] 可见,内部吹哨制度具有及早发现不法行为,防止其不当影响及效果扩散进而损害组织整体的重要功能,是企业有效合规管理的重要环节。另外,合规管理具有双重意义,在事实上,合规管理的存在,能够防范不法行为的发生或减轻不法行为所带来的影响,避免因企业成员的不当行为影响企业之整体;在规范层面上,企业刑事归责之原理在于负有组织义务的企业出现组织瑕疵,因而合规管理是履行组织义务之体现。因此,建置有效的内部吹哨制度,其本质上仍为一种风险降低行为。

我国刑事司法中已肯定单位自首成立的可能性。依照我国单位犯罪的原理,单位意思可经由单位决策机构之决定、单位负责人之决定以及单位决策机构与单位负责人存在监督过失的情形下单位普通成员的意思三种方式得以体现。因此,原则上如果单位决策机构决定自首或单位负责人提出自首,均应视为单位自首;不仅如此,如严格依照我国刑法中单位意思的归属

[1] 参见美国注册舞弊审查师协会,《2020 年 ACFE 全球舞弊调查报告》,载 ACFE China 网 2020 年 4 月 16 日,http://www.acfechina.org/annex/detail-19。

原则，在单位决策机构或单位负责人对单位普通成员疏于监管时，单位普通成员的自首亦应构成单位自首的意思。不过，最高人民法院、最高人民检察院发布的《关于办理职务犯罪案件认定自首、立功等量刑情节若干问题的意见》明确限缩单位自首范围至"单位集体决定或者单位负责人决定而自动投案，如实交代单位犯罪事实的，或者单位直接负责的主管人员自动投案，如实交代单位犯罪事实"，排除了前述第三种单位自首成立之可能。

另就单位立功而言，原则上亦应对其做出与单位自首相同处理，然而，司法实践中对此问题存在疑义。在"云南福润达医药有限公司、张某松单位行贿案"[1]中，云南福润达医药有限公司案的法定代表人张某松主动投案后供述了检察机关尚未掌握的同案犯罪嫌疑人的犯罪事实，并检举揭发了另外五人的犯罪事实，经查证属实并对案件的侦破有重要作用，构成立功。对此，一审法院认为："根据刑法对单位犯罪的规定，单位犯罪一般实行双罚制，对单位判处罚金，对直接负责的主管人员和其他直接责任人员判处相应刑罚，对双罚制应整体看待，不可割裂看待，当认定单位直接负责的主管人员和其他直接责任人员构成立功时，从宽处罚的效果应适用于双罚的主体，单位成为立功的主体，符合刑法规定的平等原则和公正的基本理念。"本案经抗诉后，二审法院认为："立功情节作为法定量刑情节，认定与否需法律及司法解释作出明确规定。现行法律或司法解释均未对单位立功问题进行规定，即法无明文规定，在本案中不应当认定原审被告单位具有立功情节。"否定了单位立功成立的可能性。严格来说，罪刑法定原则的含义是禁止通过类推施加刑罚，其本身并未禁止存在法律漏洞时进行有利于被告人的类推解释，一审法院既指出存在法律漏洞，又指出了有利于被告人的类推理由，因此二审法院单独以存在法律漏洞为由否认单位立功成立的可能性，事实上反而不符合填补法律漏洞的司法论证，二审判决至少应论证规范空缺未构成刑法目的的违反因而不构成法律漏洞，以更符合刑法目的的论证理由填补法律漏洞。事实上，单位立功与单位犯罪、单位自首并无二致，均是将自然人的行为归属于法人的结果，因而理论上应有成立单位犯罪之空间，不过鉴于符合单位立功条件的情形实为罕见，该问题在颁布司法解释前恐难

---

〔1〕 参见云南省曲靖市中级人民法院刑事裁定书，(2018)云03刑终244号。

以取得一致结论。

现行法人归责理论下仍难以将有效内部吹哨制度作为抗辩事由,亦无法与我国的单位自首或单位立功相结合。多数情况下,内部人仅能够在组织成员已经实施不法行为后进行通报,此时构成要件可能已经完全实现。更为重要的是,提出通报的组织基层成员与受理通报进行调查的监察人员通常都无法被视作法人代表人,故无论是按照代位原则模式还是代表模式,都无法将该等风险降低行为归属于法人。同理,内部吹哨制度下单位普通成员的通报或专事监察人员的调查均可能不属于单位意思。

不过,如果肯定组织失灵是法人归责的理由,则有效内部吹哨制度应被视为风险降低行为,得以阻却结果之归责或作为责任减免事由。依前所述,组织失灵模式认为法人成立犯罪的原因是违反了自身的组织义务导致出现组织瑕疵,鉴于内部吹哨在揭露舞弊方面的重大作用,实际上企业建置有效内部吹哨制度应属履行组织义务之行为。

因此,如若该等制度能够将组织瑕疵的风险降低至规范容许范围内,亦不应将企业成员的犯罪行为归属于企业;此外,多数情况下,纵使采用内部吹哨人保护制度未能将风险降低至规范容许的范围内,司法机关仍有必要考虑企业组织资源和活动影响,判断该等措施是否已属于必要且可期待的措施,从而将其作为减免企业责任的事由。

第三节 美国的暂缓起诉协议以及不起诉协议制度

暂缓起诉协议(Deferred Prosecution Agreements)以及不起诉协议(Non – Prosecution Agreements)均属于美国刑事司法程序中的审前转向措施(Pretrial Diversion)。受20世纪70年代强硬刑事政策的影响,为了解决刑事司法案件的快速增长,美国司法程序中除发展出特别犯罪程序外,更赋予了检察官宽泛的裁量权,令其可在案件进入法院审理前,由受刑事追诉的转向措施者自愿性参加,如受刑事追诉的转向措施者成功完成个别转向计划要求的义务,则检察官将撤回起诉,用以将其由传统刑事司法程序脱离。[1] 自安达信事件后，检察官对公司犯罪采用审前转向措施的比例大幅提升[2]。通常而言，检察官要求公司承认不当行为并将独立监控人(independent monitors)纳入公司体制内，从而协助企业改善内部治理。在暂缓起诉协议中，检察官对于企业提起刑事控告后，如果企业自愿遵守暂缓起诉协议的条款，检察官将同意中止起诉并在一定时间后撤回控告，不起诉协议的功能与暂缓起诉协议相同，区别仅在于不起诉协议下检察官未提起刑事控告。

一、暂缓起诉协议及不起诉协议的理论基础

相较于刑事判决或认罪协议，暂缓起诉协议及不起诉协议能够令检察官有机会改善公司内部治理、减轻对公司犯行无关的股东及员工的伤害并取得公司及其内部成员的合作，具体而言：

(一)避免公司被“宣判死刑”

在安达信事件中，曾位列美国五大会计师事务所之一的安达信在得知SEC对其客户安然公司展开调查后竟销毁涉及安然案件的文件，而被检察官起诉涉嫌妨害司法罪。客户解约、合伙人出走，加之此前已因会计欺诈而与SEC达成的700万美元民事罚金的和解协议，虽然安达信案最终获美国联邦最高法院判决推翻有罪认定，但是在判决作出时安达信已经破产倒闭，该事件导致近28,000名员工失业以及无数投资者遭受财产损失。在安达信事件中，刑事起诉成了压垮早已奄奄一息的安达信的最后一根稻草，以至于仅仅是起诉公司便已经造成了“公司的死刑”。[3]

因此，美国司法部为避免追诉公司犯罪而导致公司破产，自安达信事件后更为积极地采用暂缓起诉协议或者不起诉协议，避免因公司被定罪而为无辜股东或员工等第三人所带来的附带伤害。美国前副总检察长马克·菲

---

〔1〕 See Justice Manual, 9 - 22.010.

〔2〕 See Uhlmann, David M., *Deferred Prosecution and Non - Prosecution Agreements and the Erosion of Corporate Criminal Liability*, Maryland Law Review, Vol. 72(4):1295, p. 1310 - 1311 (2013).

〔3〕 See Gabriel Markoff, *Arthur Andersen and the Myth of the Corporate Death Penalty: Corporate Criminal Convictions in the Twenty - First Century*, University of Pennsylvania Journal of Business Law, Vol. 15:797, p. 800(2013).

利普(Mark Filip)关于联邦商业组织起诉原则的备忘录中便明确提及,“另一方面,如果公司定罪对无辜第三方的附带后果是重大的,则可以考虑签订不起诉或暂缓起诉协议,其条件旨在促进遵守法律并防止再犯等……在适当的情况下,暂缓起诉或不起诉协议可以帮助恢复公司运营的健全性并确保涉嫌犯行的公司的财务状况不至于过于恶劣,同时使得政府仍然保有起诉再犯公司的能力。”[1]

(二)取得公司配合调查

检察官倾向于使用暂缓起诉协议或者不起诉协议的另一项重要原因是取得被追诉公司的配合,以节省调查及追诉的成本。在美国法上,由于律师—客户保密特权(Attorney – client privilege)的存在,对于企业遵守法律情况最为了解的公司律师或法律顾问不得向第三人披露公司秘密信息,因而检察官在调查及保全证据方面其实存在相当障碍,而在暂缓起诉协议或者不起诉协议下,检察官可以附加放弃律师—客户保密特权的条款。在2008年修订商业组织联邦起诉原则(Principles of Federal Prosecution of Business Organizations)后,暂缓起诉协议或者不起诉协议使用保密特权放弃条款须符合“与公司的犯罪事实”有关且“有必要”的条件并经许可,但检察官仍然偏好对于大型企业使用暂缓起诉协议或者不起诉协议,因为由于禁止自证其罪原则的存在,公司内部成员没有法律义务提供不利的证词,但通过使用暂缓起诉协议或者不起诉协议,检察官可转而直接要求公司承认特定事实或为独立监控人提供调查公司特定成员的权利,直接利用雇员对雇主的忠诚义务而取得针对特定事实的证词或取代对于特定事实的调查。[2] 此外,暂缓起诉协议或者不起诉协议可以将量刑指南中的任何一种处罚措施都设定为暂缓起诉协议或者不起诉协议的条款,加之在公司承认特定事实的情况下,公众抑或将其承认的事实视作一种犯罪行为,对于检察官而言,暂缓起诉协议或者不起诉协议的实际法律后果其实不会过度偏离刑事判决或认

---

〔1〕 See Memorandum from Mark Filip, *Deputy Attorney General on Principles of Federal Prosecution of Business Organizations to Heads of Department Components and United States Attorneys*, § 9 – 28.720(a).

〔2〕 See Uhlmann, David M., *Deferred Prosecution and Non – Prosecution Agreements and the Erosion of Corporate Criminal Liability*, Maryland Law Review, Vol. 72(4):1295, p. 1322 – 1323 (2013).

罪协议。

因此,暂缓起诉协议或者不起诉协议的另一优势便是令公司与检察官形成合作关系,美国前司法部刑事部门助理部长兰尼·布洛尔(Lanny Breuer)于2012年在纽约律师协会发表的关于审前转向措施的演讲中便直言,"当我们在公司不当行为的案件中不得不使用的唯一工具是刑事起诉书时,检察官有时面临着不得不使用大锤来敲打坚果之尴尬局面。而且更多时候,他们只是一走了之。"[1]通过审前转向措施,司法机关可节省大量的专业人力进行证据调查,而公司也乐于同司法机构协作以避免公司被定罪的后果。

(三)促进改善公司治理

通过暂缓起诉协议及不起诉协议,检察官可以促进公司建立有效的道德和合规计划,改善公司内部治理。相较于起诉公司,通过暂缓起诉协议及不起诉协议,司法机构可以参与公司的重建,协助公司建立监控及预防雇员犯罪行为的体系,并培养公司内部的道德和诚信。[2] 暂缓起诉协议及不起诉协议相较于刑事司法判决更具弹性,因为检察官可针对个案企业量身定制条件,例如,修改公司合规计划或将独立监控人纳入公司体系中,从而将重心置于公司治理的改善之上。除此之外,在预防犯罪方面,因暂缓起诉协议及不起诉协议的存在可避免雇员所供职的公司倒闭进而导致雇员反而因此失去工作,公司雇员更具向执法机构吹哨之诱因。

鉴于此,暂缓起诉协议及不起诉协议制度将改善公司治理作为企业刑事犯罪处遇的中心,对此,兰尼·布洛尔称暂缓起诉协议及不起诉协议制度令"检察官有更大的能力来追究公司的不当行为,而其带来的结果是企业合规文化的转变"。[3]

---

[1] See L. Breuer, *Assistant Attorney General Lanny A. Breuer Speaks at the New York City Bar Association*, U. S. Department of Justice (Sept. 13, 2012), https://www.justice.gov/opa/speech/assistant-attorney-general-lanny-breuer-speaks-new-york-city-bar-association.

[2] See B. L. Garrett, *Too Big to Jail: How Prosecutors Compromise with Corporations*, Belknap Press, 2016, p.5.

[3] See L. Breuer, *Assistant Attorney General Lanny A. Breuer Speaks at the New York City Bar Association*, U. S. Department of Justice (Sept. 13, 2012), https://www.justice.gov/opa/speech/assistant-attorney-general-lanny-breuer-speaks-new-york-city-bar-association.

二、汤普森备忘录之原则及商业组织联邦起诉准则

为应对法人犯罪激增, 2003 年,时任美国副总检察长的拉里 · D. 汤普森(Larry D. Thompson)曾发布《拉里 · D. 汤普森备忘录:商业组织联邦起诉准则》(Memorandum from Larry D. Thompson, Principles of Federal Prosecution of. Business Organizations,以下简称汤普森备忘录),以此作为指示检察官起诉公司的基本准则,其中指出了公司自愿揭露自身不法行为事实时应给予豁免权、赦免或审前转向措施处遇。此后,美国司法部于 2003 年在司法手册(Justice Manual)中增订了 §9 – 28.000 商业组织联邦起诉准则(§9 – 28.000 Principles of Federal Prosecution of Business Organizations)基本沿用了汤普森备忘录的框架并陆续进行了部分修订。检察官在适用暂缓起诉协议及不起诉协议前应遵循上述准则。

(一)汤普森备忘录之原则

汤普森备忘录指出,起诉法人犯罪的整体原则是不因法人"拟制人格"之特点而予以特别处遇。依照汤普森备忘录的指示,公司不能因为人格来自自然人之拟制而受到宽大对待或者是因此而受到更严厉的处罚。对于法人所进行的诉讼,特别是白领犯罪,于适当情形下于公众或执法机构而言大有裨益。起诉公司不法行为,是为政府导正企业文化及行为的重要举措,并能预防、发现和惩罚白领犯罪。

汤普森备忘录中的具体准则要求检察官充分考虑以下 9 项要素:(1)犯罪行为本质及其严重程度,包括对危害公众之风险及对符合特定犯罪类型之公司起诉于刑事政策上的可行性及优先需要;(2)公司内部不法行为的普遍性,及公司管理层是否参与共谋或故意放纵不法行为;(3)公司实施不当行为的历史记录,包括先前所受到的民事、行政或刑事之处分;(4)公司及时和自愿披露不当行为,并配合组织对于其代理人的调查;(5)公司既有的(pre – existing)合规计划的建置与有效性;(6)公司的补救措施;(7)起诉所带来的附带影响;(8)本于公司不法行为而起诉个人的适当性;(9)补救措施的适当性。

(二)商业组织联邦起诉准则

司法手册中的商业组织联邦起诉准则已历经多次修订,其总则仍是不因法人"拟制人格"之特点而予以特别处遇,不过关于总则的释义中明确阐

释了适用暂缓起诉协议及不起诉协议的可能性。在商业组织联邦起诉准则的评注中解释道:“在某些情况下,通过起诉以外的手段解决公司刑事案件可能是合适的。例如,不起诉和延缓起诉协议在拒绝起诉和获得公司定罪之间占据了重要的中间位置。”[1]具体而言,司法手册中的具体准则细分为了11项因素:

1. 刑事政策方面的特别考量

司法手册提出应根据犯罪的性质和危害、对于公众带来损害的风险,以及特定犯罪类型之公司起诉于刑事政策上的可行性及优先需要进行起诉决定。手册强调在决定是否起诉时应充分考虑其他监管机构的政策目标,例如,刑事诉讼中,自愿披露犯罪事实通常可获得相应有利处遇,但反垄断执法中,仅首位向政府机构全面披露垄断行为的公司可获责任减免,因而检察官也应当在起诉决定时将该等政策纳入考量。[2]

2. 公司内部不法行为的普遍性

根据汤普森备忘录的意旨,公司只能透过自然人为一定行为,因此,基于公平原则也必须使公司为该人的行为负责。如果违法行为普遍存在且该公司大部分员工或全体员工(如销售人员或采购人员)于公司违反行为中扮演一定角色,或被高级管理人员纵容而为违法行为,那么纵使因轻微犯罪而起诉公司也是适当的。此外,汤普森备忘录还援引联邦量刑指南中的评注指出,“普遍性(取决于)具体案件,取决于(具有)重大权力的个人的数量和责任程度……他们参与、纵容或故意无视犯行。如果这些人行使了相对较高的权力,则仅需要涉及数量较少的个人即可认定普遍性。普遍性既可以是整个组织内的,也可以存在于组织的特定机构内的”。[3] 因此,公司内部不法行为的普遍性,及公司管理人员是否参与共谋或故意放纵不法行为,是检察官决定起诉的重要因素。

3. 公司历史背景

公司的历史背景包括公司实施不当行为的历史记录,涉及先前所受到的民事、行政或刑事处分。根据汤普森备忘录中对检察官的指示,公司就如

---

〔1〕 See Justice Manual, § 9-28.200.

〔2〕 See Justice Manual, § 9-28.400.

〔3〕 See U.S.S.G. § 8C2.5, cmt. (n. 4).

同自然人般,被期待从错误中学习。检察官由相类似行为的历史纪录中,得以观察公司是否鼓励或纵容置法令遵循于度外之行为。当公司先前曾受过非刑事指导、警告、制裁或刑事追诉,然而仍未采取适当行为以避免未来再犯不法行为,或置警告、处分而不顾仍继续鼓励此种行为,此时起诉公司属适当。此外,在进行起诉决定时,应忽略公司自身的结构(如子公司或经营部门等),但应考虑针对该特定部门、子公司或附属公司展开执法行动。

4. 公司的合作意向

公司的合作意向包括公司针对其代理人潜在的不法行为进行调查的合作意向。商业组织联邦起诉准则指出:"公司如欲获得本节所规定与执法机构合作之对价,则公司必须调查所有与所涉犯行有关或对其负责的个人,且不论该人之职位、地位、资历如何,均应向司法部提供公司所知悉的与其不当行为相关的全部事实。如寻求合作处遇的公司怠于向司法部提供参与所涉犯行或对其负责的个人及相关的全部事实,则其合作不视为本节所列的合作处遇。"[1]同时,商业组织联邦起诉准则指出,"如果公司已就此事真诚且努力地提供合作,但仍然无法确定相关个人或提供全部事实,则该组织仍可能获得合作之处遇"。对于常受诟病的放弃律师—客户保密特权的批评,手册特别澄清,"明确地说,公司不需要放弃其律师—客户特权或律师工作成果保护就有资格获得合作处遇。所获得的合作处遇的程度将取决于所有过往进行此等评估的各种因素(如合作的及时性、内部调查的勤奋、彻底和速度以及合作的主动性等)"。[2]

5. 公司的合规计划

商业组织联邦起诉准则要求检察官决定起诉时要同时考虑在犯罪时以及进行起诉决定时公司合规计划的建置与有效性。根据商业组织联邦起诉准则,"合规计划的建立是为预防、减少公司违法行为,确保公司系依刑法、民法、行政法或规则等法令运作。司法部鼓励企业自治,包括向政府自愿性揭露公司自行发现的问题。然而,仅仅有合规计划是不足以使公司职员、董事或代理人之不法行为不受刑事诉究。事实上,那些纵使公司内部存在合规计划仍犯违法行为的公司,代表公司管理阶未充分执行该合规制度;此

---

[1] See Justice Manual, § 9 – 28.700.

[2] See Justice Manual, § 9 – 28.700.

外，出于因为国家司法政策之需求，检察官仍可对存有合规制度之公司提起刑事控告”。[1]

6. 自愿披露

自愿披露，是指公司及时和自愿地披露不当行为。依照商业组织联邦起诉准则的指示，“司法部与监管机构和其他行政部门合作，鼓励公司进行内部调查并向有关当局披露相关事实。在美国法中，某些相关机构，例如证券交易委员会和环境保护局以及司法部的环境和自然资源署等，都有正式的自愿披露计划，再与补救措施和附加标准相配套，可能使公司获得免除责任或减少制裁的资格。例如，反垄断部门的政策是特赦第一个自我披露并同意合作的公司”。[2] 此外，即使公司未建置有效的合规计划，检察官应“可以将公司及时和自愿的披露视为一个独立因素，且在评估公司合作水平和合规计划的有效性时自我报告也是一项重要因素”。[3]

7. 赔偿和补救

公司的补救措施包括但不限于为实施充分有效的公司合规计划或改进现有合规计划、替换负责相应事务的管理人员、惩戒或终止违反规范的自然人，以及公司为弥补损失而做出的任何努力。对此要素，商业组织联邦起诉准则特别强调单纯的金钱赔偿不应作为决定性的因素，检察官应当“考虑该公司是否采取了有意义的补救措施。公司对不当行为的回应很大程度上说明了其确保此类不当行为不再发生的意愿。因此，充分认识到其不当行为的严重性并为此承担责任的公司应该采取措施实施必要的人事、运营和组织变革，以在员工中树立不会容忍犯罪行为的意识”是衡量赔偿和补救的努力程度的重要标准。[4]

8. 附带后果

附带后果，是指检察官在起诉决定时应当充分考虑起诉该公司是否会对股东、养老基金持有人、雇员和其他未证明个人有罪的人造成不成比例的伤害。司法手册明确指出，“如果公司被定罪对无辜的第三方造成重大的附带后果，那么考虑签订暂缓起诉协议或不起诉协议，并附加旨在促进遵守适

---

〔1〕 See Justice Manual, at § 9 – 28.800.

〔2〕 See Justice Manual, at § 9 – 28.900.

〔3〕 See Justice Manual, at § 9 – 28.900.

〔4〕 See Justice Manual, at § 9 – 28.1000.

用法律和防止再犯的条件可能是适当的。除了刑事起诉和不起诉之外,此类协议是第三种选择。不起诉可能会让公司罪犯逃脱而不承担后果。获得定罪的结果可能会严重损害在犯罪行为中没有作用的无辜第三方。暂缓起诉协议或不起诉协议可以帮助恢复公司运营的健全性并确保涉嫌犯行的公司的财务状况不至于过于恶劣,同时使得政府仍然保有起诉再犯公司之能力。然而,在考虑是否与被告签订延期起诉或不起诉协议时,检察官应考虑任何受害者的利益,并注意对犯罪受害者基金的任何影响[1]"。[2]

9. 民事或行政替代处遇

商业组织联邦起诉准则要求检察官在决定起诉时应当考虑非刑事的替代处遇是否足以阻止、惩罚以及改善从事不法行为的公司。在评估非刑事替代处遇时,检察官应当考虑"1. 替代处遇的可能制裁效果;2. 实施制裁的有效性;3. 非刑事处遇对联邦执法机构的利益"。[3]

10. 起诉个人的适当性

检察官应当考虑基于公司不法行为而起诉个人是否适当。商业组织联邦起诉准则提出,在决定是否起诉时,应考虑提起对公司不法行为负责的个人是否能达成联邦政府起诉的目标。同时,商业组织联邦起诉准则要求对于起诉个人的考虑也必须参照起诉商业组织准则的要素加以判断。[4]

11. 受害者利益

商业组织联邦起诉准则要求检察官在决定起诉时考虑对受害者的经济和心理影响。除检察官应征求受害人对于如不起诉、辩诉交易或审前转向等重大决定的意见外,商业组织联邦起诉准则特别提示检察官,在适用暂缓起诉协议或不起诉协议的情况下,公司的赔偿将不存入受害者保护基金而是直接归入财政部普通经费账。[5]

除上述商业组织联邦起诉准则规定的要素外,司法手册强调了起诉法

---

〔1〕 在美国法下,企业为履行不起诉或暂缓起诉协议所支付的金钱制裁不会进入受害者保护基金用以援助受害者。

〔2〕 See Justice Manual, § 9-28.1100.

〔3〕 See Justice Manual, at § 9-28.1200.

〔4〕 See Justice Manual, at § 9-28.1300.

〔5〕 See Justice Manual, at § 9-28.1400.

人犯罪所为保护的四项重要利益：通过实现法治来保护经济和市场的完整性，保护消费者、投资者和商业实体免受违法者不公平竞争的影响，预防违反环境法之行为，及阻吓以牺牲公共利益为代价攫取利益的商业行为，前述利益构成起诉商业组织的目的。司法手册还在强调打击公司不当行为的要点在于追究从事不当行为的个人责任，只有对个人的问责才能确保相关方对自己的行为负起责任并切身改变自身行为。

第四节　中国的企业合规不起诉制度

我国司法实践中，合规不起诉主要是由检察机关通过酌定不起诉实现。我国刑法中并无关于刑事合规的明文规定，但在《刑事诉讼法》第 177 条第 2 款规定："对于犯罪情节轻微，依照刑法规定不需要判处刑罚或者免除刑罚的，人民检察院可以作出不起诉决定"，即起诉便宜规定。在此基础上，2021 年 4 月，最高人民检察院发布了《关于开展企业合规改革试点工作方案》，其中规定"检察机关对于办理的涉企刑事案件，在依法做出不批准逮捕、不起诉决定或者根据认罪认罚从宽制度提出轻缓量刑建议等的同时，针对企业涉嫌具体犯罪，结合办案实际，督促涉案企业作出合规承诺并积极整改落实，促进企业合规守法经营，减少和预防企业犯罪，实现司法办案政治效果、法律效果、社会效果的有机统一"。换言之，所谓合规不起诉，即指对于涉嫌单位犯罪的企业或企业负责人，检察院得于企业建置有效合规计划时作出不起诉之决定。

鉴于尚处于试点过程中，我国司法实践中合规不起诉制度的适用范围相当有限。首先，依照多数试点地方之规定，合规不起诉制度可适用于企业所构成的单位犯罪及企业负责人或直接负责人的个人犯罪，但多数试点地方规定合规不起诉制度仅适用于责任人员可能被判处 3 年以下有期徒刑、拘役、管制或单处罚金的轻罪案件，而在域外司法实践中，法人犯罪审前转向处遇反而更多适用于大型企业且犯罪行业之罚金巨大的案件，这是因为法人犯罪审前转向处遇的最初发展动因便是大型企业受刑事有罪判决可能造成无数无辜股东或雇员受害之"太大而不能判刑"的困境，并且大型企业更具实施有效合规计划之资源与能力，而我国更多地出于保护中小民营企业家及推动合规计划的初步施行。其次,合规不起诉的适用案件类型通常也有一定限度,多数试点规定将其限定于商业贿赂、产品质量、税收、盗版及走私等类型的犯罪。

我国学者通常依照合规不起诉的司法实践将合规不起诉区分为检察建议模式以及"附条件不起诉模式"两种类型。不过,依照我国《刑事诉讼法》的相关规定,附条件不起诉仅可适用于部分未成年犯罪。此外,因《刑事诉讼法》第177条仍然属于审前转向处置,因而严格意义上不应将企业适用该制度时承认不法行为事实视作认罪认罚。同时,我国检察机关须依法提出检察建议和提起公益诉讼,因而检察院在采取不起诉决定时,实际上可以采取向被追诉企业作出不起诉决定后提出检察建议,如其不履行或未完全履行,则可向被追诉企业提起公益诉讼,或者是在审查起诉期间内对企业予以考察并作出不起诉决定。

一、检察建议及公益诉讼模式

依照《人民检察院组织法》第21条的规定,检察院得通过检察建议行使法律监督权;同时,依照《民事诉讼法》第58条的规定以及《人民检察院组织法》第20条第4项的规定,检察院得就侵害公共利益的行为提起公益诉讼。换言之,检察建议及公益诉讼模式,是指检察机关在对涉案企业作出不起诉决定后,提出检察建议要求企业建立有效合规计划,如其未履行检察建议之要求,则检察院得另行提起公益诉讼。

部分批评观点认为,检察建议缺乏强制性,检察院在考验期经过后无法有效制约企业履行检察建议;不过,应当考虑合规不起诉的对象不应仅限于未建立有效合规计划的中小型企业,已建置合规计划并投入运作的企业,也可能因部分企业成员之不当行为而导致企业背负刑责,对于该等企业实际上并无深度介入企业内部治理之必要,因而检察建议模式可适用于已建立有效合规计划的企业,并促进企业完善某一特定范围内的合规计划改进。

此外,该模式的另一优势是可便利利害关系人寻求民事救济。在我国刑事诉讼法下,一旦构成刑事犯罪而经由刑事诉讼程序审理,则受害人可获得之赔偿范围将大幅限缩,且诸如表见代理、替代责任等民法规范亦难以为受害者所主张,多数情况下可能无法将更具清偿能力的法人作为求偿对象。而在检察建议模式下，检察院可在企业不履行检察建议时提起公益诉讼，同时能够便利受害人求偿。此外，即使未提起公益诉讼，适用该制度过程中企业向检察院所提供的证据甚至书面承诺亦可作为后续民事诉讼的证据。

二、合规考察模式

在合规考察不起诉模式下，检察院将利用审查起诉期间对涉案企业予以考察，如其在考察期间内建置有效合规计划，则检察院将作出不起诉决定。相较于前述模式，合规考察不起诉模式更接近域外的暂缓起诉协议制度，具体而言，合规考察模式包括评估适用情况、设定合规考察期、订立合规协议、实施合规监管及审查合规计划执行情况五个部分。

（一）评估适用情况

依照多数试点地方之规定，检察院在适用企业合规不起诉制度前，将评估涉案企业适用该制度的情况，这些一般性的因素包括案件的犯罪情节、企业的规模、性质、违法犯罪记录、建立有效合规计划的可能性，以及受害者的意见等。

试点规定赋予了企业请求检察院适用合规不起诉的权利，且同时要求检察院适用合规不起诉的对象应具有建立有效合规计划的意愿。实际上，在美国的审前转向处遇中，企业的合作是相当重要的因素，企业主动对参与者及责任人进行问责、主动组织对于所涉犯行的调查、自愿如实披露全部事实以及主动建立、改进合规计划、积极采取补救措施，均是企业合作意愿的重要考虑因素。我国的试点规定中也通常包含此类内容，例如，浙江省岱山县人民检察院印发的《涉企案件刑事合规办理规程（试行）》中便规定企业应当提交合规承诺书，其承诺书中应当包含“如实供述犯罪事实”“愿意赔偿被害方损失”。

此外，尽管多数试点规定要求适用对象应当“认罪认罚”，但由于我国合规不起诉制度也属于审前处遇措施，企业在事实上仅能如实供述涉嫌犯罪的事实并表明认罪认罚的意愿。

另有部分试点规定要求同时征询行政监管机构的意见。部分犯罪所涉行为在行政监管上存在特殊处遇政策，例如，美国反垄断执法对于自愿如实披露，仅豁免首位披露者责任，因而在其手册中要求检察官注意与行政监管处遇政策上的协调,在辽宁省人民检察院等机关发布的《关于建立涉罪企业合规考察制度的意见》中也规定有“行政监管机关不同意适用合规考察制度的,检察机关应按照一般刑事案件处理程序对案件作出处理决定”,不过该规定赋予了行政监管机构决定是否适用的权力,行政监管政策影响实属巨大,可能系该规定选择由行政机关担任监管人之故。

(二)设置合规考察期

如果检察院未在侦查阶段即参与案件,由于我国《刑事诉讼法》将附条件不起诉限定于未成年犯罪,因而至案件移送审查后,我国检察院设置的考察期亦无法超出审查起诉期限。依照我国《刑事诉讼法》的规定,检察院即使两次退回补充侦查,审查起诉之期限至多仅有 6 个月,试点规定也将合规不起诉制度的启动主体限定为检察机关。因此,在检察院未在侦查阶段参与案件的情况下,通常的考察期也在 6 个月以下。

(三)订立合规协议

企业与检察机关订立的协议的内容一般包括配合调查、赔偿损失以及建置有效合规计划三部分内容。目前的试点规定中,企业须向检察机关提出承诺或直接与检察机关订立协议,承诺配合案件调查或者签署认罪认罚具结书,并且须赔偿被害人损失或者补足税款、滞纳金,支付生态恢复费用等。其中,建置有效合规计划是合规不起诉制度的关键,只有企业建立有效的合规计划,方可能长久地改善公司治理及预防再犯。

在目前各地的试点规定中,企业均必须提交合规计划,视乎情况,合规计划可能是全面性或与所涉犯行相关的专项合规计划。例如,辽宁省人民检察院等机关制定的《关于建立涉罪企业合规考察制度的意见》第 14 条第 2 款规定了合规计划的基本要求:“合规计划应针对企业涉嫌的罪名,对于引发犯罪的企业内部治理结构、规章制度、人员培训等问题和漏洞进行全面梳理,通过制定完备的合规管理规范、构建有效的合规组织体系、健全合规风险防范及违规应对机制等方式,在制度上有效防止犯罪再次发生。”同时在合规计划的考察规定中针对特定类型的犯罪制定了专门的要求。

(四)实施合规监管

在目前的合规不起诉试点中,检察院均无条件地强制性要求设置专事监督合规计划的外部监管人,不过各地试点办法在选任合规监管人的方式上有所区别:第一种,是由检察机关主导选任,包括由检察机关自行或直接指定特定监管人实施监管;第二种,是第三方独立监管人模式,涉案企业须委任符合检察机关要求且独立的专业服务机构进行监管;第三种,是行政监管模式,该模式下将由行政主管部门对企业实施监管。

合规监管应当是独立且有效的。监管人负有保持独立的义务,例如,在上海市金山区人民检察院发布的《关于企业合规第三方监管人遴选、选任、管理的暂行规定》中,明确禁止监管人“……(2)泄露办案活动涉及的国家秘密、商业秘密、个人隐私……(4)以监督考察为名,随意干扰企业正常生产经营活动或者实施收受财物等违反廉洁纪律的行为;(5)对犯罪嫌疑企业实施合规监管结束后两年内,不得与该企业及关联企业发生有偿业务往来”。此外,部分试点规定明确了监管人的勤勉义务,例如,深圳市宝安区司法局发布的《关于企业刑事合规独立监控人选任及管理规定(试行)》第13条规定要求监管人“……(3)定期向区人民检察院报告合规监控情况;(4)发现犯罪嫌疑企业、犯罪嫌疑人曾隐匿的或者新出现的不合规行为,应及时向区人民检察院报告并督促犯罪嫌疑企业、犯罪嫌疑人整改”。

除行政监管模式外,目前多地的试点规定均要求监管人提供定期或最终的书面报告。现行多数试点规定要求监管人应对涉案企业整体合规计划的建立、整改及执行情况或就其所涉具体罪名而触发的企业某个单项合规计划的整改及执行情况进行独立的考察并提供书面报告。例如,上海市金山区人民检察院《关于企业合规第三方监管人遴选、选任、管理的暂行规定》中便规定“监管人对涉罪企业进行合规考察评估,并制作书面的考察记录,并向检察机关及时汇报考察情况”以及“考察期届满前,制作考察评估报告,对涉罪企业的整体合规考察情况进行总结,并于考察期满后将评估报告提交检察机关”。

(五)审查合规计划执行情况

在考察期结束后,检察机关将对企业合规情况进行审查。对于企业遵守协议,积极配合调查,主动赔偿损失并建置有效合规计划的,检察机关应作出不起诉之决定;相反,如企业未能履行其承诺或协议,则检察机关仍可继续提起诉讼。

尽管现行合规不起诉制度的适用条件、适用范围及监管模式等方面尚未得到法律法规的明确规定,但从现行试点可以看出企业合规不起诉制度中检察机关考虑的重要因素:第一,适用于中小企业的轻微犯罪,相较于域外司法实践中为解决"太大而不能判刑"之问题,我国合规不起诉之目的更多地在于保护中小企业家现行法人犯罪溢出效应之影响;第二,企业配合调查,自愿提供与犯行相关的全部事实,通常而言,检察机关会要求企业签署认罪认罚具结书;第三,独立外部监管人,目前我国各地的试点均要求企业引入独立的外部监管人对企业合规计划建置情况予以监管。

第六章 企业合规案例分析

◇ 第一节 大众汽车尾气排放舞弊案

2015 年 9 月 18 日，美国国家环境保护局对大众汽车集团发出通知，指其于 2009 年至 2015 年在美国销售的柴油汽车通过特殊软件操纵尾气检测数据。[1] 大众汽车废气排放作假的消息传出后，除面临高达 180 亿美元的罚款及刑事调查外，大众汽车的股价下跌了 16.7%，市值损失超过 250 亿欧元。时任大众汽车 CEO 的马丁·文德恩（Martin Winterkorn）将此事归咎于公司内部的少数人，然而，调查显示，早在 2011 年就有大众汽车内部人举报柴油引擎尾气排放造假。[2]

一、背景

（一）大众汽车集团

大众汽车集团（Volkswagen Group）是一家位于德国下萨克森邦的全球知名汽车制造商，总部设于狼堡，旗下品牌包含保时捷、奥迪、宾利以及兰博基尼等。

---

〔1〕 See EPA, *Learn about Volkswagen Violations*, EPA. gov (Sept. 27, 2022), https://www. epa. gov/vw/learn - about - volkswagen - violations.

〔2〕 See BBC, *VW Scandal: Company Warned Over Test Cheating Years Ago*, bbc. com (Sept. 27, 2015), https://www. bbc. com/news/business - 34373637.

与中国的《公司法》类似,根据德国《股份公司法》(Aktiengesetz)的规定,股份公司必须成立双层董事会——管理董事会(Vorstand)与监督董事会(Aufsichtsrat)。管理董事会由高阶管理阶层组成。监督董事会负责提名管理董事及监督管理董事会,并授权公司主要的经营决策。同时,根据德国1976年《共同决定法》(Mitbestimmungsgesetz)的规定,德国公司法进一步引入劳工共决制度,超过2万名员工的公司必须要在其监督董事会设立20个席次,而监督董事会除股东代表外,有半数须为工会代表。

(二)开发美国市场

虽然大众集团依据德国公司法的规定设立了一套复杂的双重董事会内部治理结构,但在事实上由于保时捷—皮耶希家族掌握了公司过半股权,导致费迪南德·皮耶希(Ferdinand Piëch)对大众汽车有很大的影响力。他从1993年开始担任大众汽车的CEO及主席,2002年转为监督委员会主席(类似公司董事长),直到2015年因内部经营权争夺失利而辞职。其间,因不满在2002年继任执行长的波尔德·皮切斯瑞德(Bernd Pischetsrieder)在美国市场的销售额增长缓慢,皮耶希曾成功逼迫受到大众集团第二大股东——下萨克森邦政府支持的皮切斯瑞德辞职。[1]

2007年,大众汽车新任执行长文德恩上任后便誓言要在十年内将大众汽车在世界第二大汽车市场——美国的销售额增加两倍以上,并在2018年前超越丰田成为世界上最大的汽车制造商,树立其汽车品牌的霸主地位。

(三)绿色消费理念

汽车按能源分类可分为三大类:汽油车、柴油车、新能源汽车(动力来源为纯电动、油电混合或天然气等)。随着环保意识的兴起,标榜环保与节能的车种逐渐受到消费者的关注。为了搭上这股热潮,各家车企纷纷朝绿色汽车方向进行研发。彼时,电动汽车技术尚不成熟,因此柴油车较汽油车更受消费者青睐,原因在于柴油引擎的油耗更低且排放的二氧化碳较少。不过,柴油引擎也存在一个致命的缺陷,那就是柴油引擎排放氮氧化物及悬浮微粒较高,对人体的危害更大。

为了迎合绿色消费理念,大众汽车选择开发技术较为成熟的柴油车。

---

〔1〕 See Mark Landler, *After Power Struggle*, *Volkswagen Ousts Its Chief*, nytimes. com, https://www. nytimes. com/2006/11/08/automobiles/08vw. html.

不过，为解决柴油引擎排放物问题，大众试图采用三效催化转化器技术以降低氮氧化物的排放，但此技术同时会降低燃烧速率，不利于油耗的表现。[1] 同时，美国对空气污染物排放的标准较欧洲更为严格，若要达到美国的排放标准，则车辆在油耗及成本上的竞争优势将大幅下降。

二、案件经过

（一）减效装置

减效装置系降低排放，控制系统有效性的装置，因其可被用于规避检测而为美国环境保护法禁止在正常情况下使用。[2] 然而，大众汽车为达成市场销售额目标，自 2007 年起替自家生产的柴油车加装“减效装置”软件，该软件会自动判断汽车是处在尾气排放检测中还是正常驾驶的状态。若为前者时，减效装置会自动启动，将排放的尾气中的污染物降低；若为后者，减效装置则被关闭，从而规避美国官方检验并同时满足消费者节省油耗的需求。同时，根据美国的著作权法，编译受加密的软件属于违法行为，因此从车主到美国政府都无法检查大众汽车植入的计算机软件，其使用减效装置也就无法为外部人发现。

由于采用了减效装置，大众生产的柴油车在油耗、“环保”、成本等各项指标上都领先于同行，销售额迅速增长，截至 2016 年，大众超越丰田，成为全球销量第一的汽车制造商。[3] 在这个过程中，政府绿色消费理念宣导成效卓著，消费者为买到了价格颇具竞争力的“环保”汽车而满意，大众的管理层及员工获得了丰厚的奖金，主要股东更是从中获利颇丰，似乎所有相关人都在获益。

（二）无视警告

大众汽车的关键组件的主要供货商博世集团，早在 2007 年就提醒大众汽车其供应的引擎控制软件只能用于公司内部检测，不可以应用于实际废

---

〔1〕 See The Economist, *The Dieselgate Dilemma – End of the Road for Clean, Affordable Diesel Cars?*, economist. com, https://www. economist. com/science – and – technology/2016/01/12/the – dieselgate – dilemma.

〔2〕 See 40 C. F. R. § §1033. 115, 86. 004 – 2.

〔3〕 参见路透：《尽管发生“柴油门”大众汽车仍升至上半年全球销量榜首》，载 reuters 网 2016 年 7 月 29 日，https://www. reuters. com/article/toyota – volkswagen – sales – idCNKCS10908Y。

气排放标准测试。[1]

实际上,大众汽车的内部工程师也发出了警告。在2011年年初,内部工程师举报公司隐瞒柴油引擎车的实际废气排放数值,违反废气排放法。大众随即组织了内部调查,只不过内部调查虽然发现了柴油引擎的问题,但大众没有采取任何行动。

(三)东窗事发

一次偶然,国际清洁运输委员会(International Council on Clean Transportation)美国分部的负责人约翰·杰曼(John Germain)与欧洲分部的彼得·默克(Peter Merck)发现美国与欧盟对废气排放的标准不一致,因此决定对欧洲柴油车做检测,并选择大众汽车的帕萨特、捷达和宝马X5为对象。杰曼委托由美国西弗吉尼亚大学丹尼尔·卡德尔(Daniel Cardell)率领的研究团队进行测试,这次测试以汽车实际上路正常驾驶状况进行检测,而非使用以往在实验室对废气排放标准进行检测的方式。在实际上路情况下,他们意外发现大众汽车的帕萨特与捷达排放出的废气超过合法排放标准的5~35倍。[2]

研究团队将结果通报给美国国家环境保护局和加州空气资源局。经过调查,2015年9月18日,美国国家环境保护局向大众发出了违反《清洁空气法》的通知,称大众汽车在其2009年至2015年生产的2.0升柴油车型号中安装了软件,规避了环保局的排放标准。这些车辆排放的污染比排放标准允许的多40倍。

2015年9月23日,时任大众汽车CEO的文德恩宣布辞职;2017年1月12日,大众汽车在刑事调查中选择认罪,承认在全球1100万辆汽车中植入减效装置,同年4月,美国联邦法院对大众汽车处以28亿美元罚款。而前CEO文德恩在2018年5月4日也被以欺诈等罪名在美国起诉。[3]

---

[1] See William Boston & Ulrike Dauer, *Auto - Parts Supplier Robert Bosch Probed Amid Emissions Scandal*, wsj. com(Dec. 16, 2015), https://www. wsj. com/articles/auto - parts - supplier - robert - bosch - probed - amid - emissions - scandal - 1450264797.

[2] See Rupert Neate, *Meet John German: The Man Who Helped Expose Volkswagen's Emissions Scandal*, The Guardian, https://www. theguardian. com/business/2015/sep/26/volkswagen - scandal - emissions - tests - john - german - research.

[3] See EPA, *Learn About Volkswagen Violations*, EPA. gov(Sept. 27, 2022), https://www. epa. gov/vw/learn - about - volkswagen - violations.

三、分析

(一)不合理的企业文化

企业文化亦是企业成员的行动准则。企业文化在合规计划方面扮演着为企业成员提供价值判断依据的重要作用,企业成员时时刻刻面对各项冲突——企业内部规范之间的冲突、企业内部规范与主管命令的冲突、企业内部规范与外部规范的冲突等,而企业文化影响着成员面对冲突时的行为取向。不仅如此,企业文化无法通过单纯的说教而形成,相反,企业管理层在企业文化的形成过程中扮演了非常重要的角色,他们的行为会塑成范例,自上而下地传达到组织的每一个角落,影响着每一位成员。

文德恩自 2007 年上任大众 CEO 后,迫切寻求提升大众汽车在美国市场的销售额并超越丰田汽车成为最大汽车制造商,“成为世界第一汽车制造商”可谓根植于大众汽车的企业文化。尽管文德恩一再将排放舞弊诿于公司内部少数工程师,然而事实上,大众已自合作商及内部员工处获得充分警告。一如众多大型企业,大众管理层级的薪酬多与公司利润增长相关,因此,增加销售量是许多管理人员的核心目标乃至是唯一目标。在此情形下,一方面,高层主管可能利用绩效奖酬制度将压力移转至底层员工;另一方面,高层主管本身可能也有自己的绩效奖酬压力,使其即便知晓员工的不当行为也予以容忍,形成上行下效、沆瀣一气的企业文化。

因此,良好的企业文化是企业合规不可或缺的要素。在大众事件中,如果大众汽车能建立诚信的企业文化,培养全体成员的诚信伦理,如此严重的舞弊行为根本无从发生。事实上,因如今企业所面对的规范日趋复杂,企业内所有规范早已非一般员工所能熟识,因而,多数情况下,员工实际上是出于内心的价值观念而做出判断;更为重要的是,再多合规规范,也仅能存在于纸面上,无论如何,合规规范必须由企业成员所执行方具有效性,一言以蔽之,合规计划本身就需要恪守诚信原则之人加以实施。

(二)失效的内部吹哨制度

良好的企业治理无法脱离内部吹哨制度。公司治理必须透过内部与外部的监督制度加以落实。外部监控是由会计师、律师、券商、信用评级等机构或是政府机关加以执行的,但上述外部监督人员可能因信息不对称而无法实时取得公司内部关键信息,使相关弊端难以被察觉,造成对股东甚至社会大众的损害。此时就必须善用内部监督机制使整体监督环境更加完善,而内部监督机制包含内部控制、内部审计和吹哨者制度等。其中,吹哨者制度是指组织内部人员对于组织内的不法行为在外界发现前主动通报。

遗憾的是,大众虽获得合作商及内部工程人的通报,却未加以利用。大众的内部工程师于2011年便早已就向大众通报引擎问题,然而大众面对举报草草敷衍,在内部调查确认存在问题后,竟没有采取任何后续措施。如大众能建置有效的内部通报制度,自应明确评估、改进与回应在内部吹哨制度中的重要意义,纵使无法防患于未然,也能够及早承认错误,避免损失扩大,大众最终选择敷衍了事,实属遗憾。

内部吹哨制度不仅包括保护吹哨人之规范,还应展现出企业评估、改进之决心,并将调查之情况同吹哨人回应。内部吹哨于企业发挥着重要的自净功能,企业可借由内部获知的信息而自行消灭不法行为并防止不法行为再度发生。接获内部通报后,企业应当采取必要的改善及预防措施,并确认违法行为是否可能再犯。如企业能够认真对待通报,更能为企业成员提供诱因,激励其挺身而出为企业利益而吹哨;相反,如企业虽有内部吹哨规范,主事人却对通报内容无动于衷,长此以往,内部吹哨制度亦沦为空架子,令企业错失自净时机,造成企业损失。

第二节　汇丰银行洗钱案

2012年12月,美国司法部及金融监管单位以香港上海汇丰银行有限公司(以下简称汇丰银行)涉嫌违反洗钱法规为由,对其处以高达19亿美元的罚款。一份由美国参议院所做的调查报告指出,美国汇丰的洗钱防制与内部控制制度在客户尽职调查、执行禁止交易清单、打击恐怖主义融资等方面存在重大缺失。[1]

---

[1] See Permanent Subcommittee on Investigations, *U. S. Vulnerabilities to Money Laundering, Drugs, and Terrorist Financing: HSBC Case History*, U. S. Senate Permanent Subcommittee On Investigations (PSI), 2012, p. 1 - 11.

一、背景

(一)汇丰银行

汇丰银行于1865年3月3日成立,迄今已是全球规模最大的银行及金融服务机构之一。其在欧洲、亚太地区、中东地区、北美洲和拉丁美洲的80个国家和地区设有约7200个办事处,其金融服务客户超过8000万名。其中,汇丰银行在美国的主要运营机构为美国汇丰(HSBC Bank USA)。2004年7月1日,美国汇丰转为国家特许银行,成为美国财政部货币监理署(Office of the Comptroller of the Currency, OCC)的监管对象。[1]

2000年至2012年,汇丰银行的合规部门资源严重不足。2000年至2008年,曾担任OCC银行审查员及美国汇丰反洗钱总监的卡洛林·文德(Carolyn Wind)任美国汇丰的首席合规官,任职期间,文德向美国汇丰的控股公司汇丰控股提出美国汇丰的反洗钱资源不足后,旋即遭到了美国汇丰的解雇。而接替文德的米德赞(Midzain)于2007年至2009年担任美国汇丰的首席合规官及反洗钱总监,不过相对于文德,米德赞并无从事此类工作的专业经验,也不了解美国反洗钱法律。由于米德赞缺乏反洗钱经验,美国汇丰随后又任命温德姆·克拉克(Wyndham Clark)接任反洗钱总监的工作,克拉克在仅工作一个月后便向美国汇丰合规部门报告存在重大反洗钱风险,反洗钱总监流动率过高且反洗钱部门权限和资源严重不足;2010年,克拉克再度向汇丰银行的审计委员会和美国汇丰合规部门报告反洗钱的重大风险。同年7月,克拉克便因缺乏权限和内部支持而决定辞职。此后,美国汇丰的首席合规官及反洗钱总监陆续发生人员流动,仅仅五年,美国汇丰历任了四位首席合规官及五位反洗钱总监。事实上,不仅是反洗钱部门资源不足,后续调查指出,在2006年至2009年,相对于这家拥有数百万账户和超过16,000名雇员的银行,美国汇丰的合规部门人员仅有200人。[2]

---

〔1〕 See Permanent Subcommittee on Investigations, *U. S. Vulnerabilities to Money Laundering, Drugs, and Terrorist Financing: HSBC Case History*, U. S. Senate Permanent Subcommittee On Investigations (PSI), 2012, p. 13.

〔2〕 See Permanent Subcommittee on Investigations, *U. S. Vulnerabilities to Money Laundering, Drugs, and Terrorist Financing: HSBC Case History*, U. S. Senate Permanent Subcommittee On Investigations (PSI), 2012, p. 21 – 25.

(二)金融机构合规要求提高

与美国汇丰合规部门资源及权限严重不足相对应的,是这一期间内美国反洗钱及反恐怖主义融资方面的频繁立法及合规要求的迅速提高。由于"9·11"事件的发生,美国开始高度重视恐怖主义融资的问题,2001年10月,美国国会通过了《通过提供拦截和阻止恐怖主义所需的适当工具以团结和强化美国法案》(Uniting and Strengthening America by Providing Appropriate Tools Required to Intercept and Obstruct Terrorism Act of 2001,USA Patriot Act,以下简称《爱国者法案》)。

《爱国者法案》大幅提高了对金融机构在反洗钱、打击恐怖主义融资及客户尽职调查三方面的要求。[1]具体而言,《爱国者法案》对此前的《银行保密法》进行了修订,要求金融机构加强客户识别程序并对现有的《银行保密法》的框架进行了扩充、禁止金融机构与外国空壳银行开展业务、要求金融机构设立有效的客户尽职调查程序、加强金融机构与美国政府间的信息共享。最重要的是,《爱国者法案》要求所有金融机构都必须建立有效的反洗钱内控制度,并加大对于洗钱犯罪的民事和刑事处罚力度,同时将资助恐怖主义明定为犯罪行为。

二、调查报告

2012年7月17日,美国参议院常设调查委员会举办了一场有关汇丰银行洗钱防制与内部控制的听证会。调查报告书指出,美国汇丰的洗钱防制与内部控制制度在客户尽职调查、执行禁止交易清单、打击恐怖主义融资等方面存在重大缺失。

(一)客户尽职调查严重缺失

调查报告重点指出了汇丰银行在南美、拉美地区客户尽职调查的严重缺失。墨西哥为毒品犯罪、暴力以及洗钱的高风险地区,然而汇丰银行竟在2000年到2009年将汇丰银行墨西哥分支机构(以下简称墨西哥汇丰)评为

---

[1] See Financial Crimes Enforcement Network, *Customer Identification Programs, Anti – Money Laundering Programs, and Beneficial Ownership Requirements for Banks Lacking a Federal Functional Regulator*, Financial Crimes Enforcement Network, https://www.federalregister.gov/documents/2016/08/25/2016 – 20219/customer – identification – programs – anti – money – laundering – programs – and – beneficial – ownership.

低洗钱可能性分行,从而使墨西哥汇丰客户约6700亿美元的交易被排除在银行的内部监控系统的监控范围外。此外,墨西哥汇丰在开曼群岛也有营运部门,该部门在2008年拥有50,000个客户以及21亿美元存款,却一个员工也没有。甚至于2008年,墨西哥当地执法机构就汇丰银行的反洗钱内部控制严重缺失举行听证后,汇丰银行承认所有问题,其后却没有采取任何行动。[1]

(二)规避禁止交易清单

美国财政部海外资产控制办公室(Treasury Department's Office of Foreign Assets Control, OFAC)订有"禁止交易清单",禁止银行同来自毒品盛行、恐怖主义、集权主义的国家或地区的实体或对象进行交易。不过汇丰银行在欧洲及中东的分支机构多年来持续与禁止交易国家往来,还主动加入警示信息要求业务部门删除关键字句以避免OFAC的查控。事实上,美国汇丰的首席合规官于2000年就发现了汇丰银行修改交易信息,但其所做的全部工作只是提示汇丰银行修改交易信息的危险性,直到2003年,汇丰银行才停止修改交易信息行为。[2]

(三)打击恐怖主义融资及反洗钱内部控制失灵

拉吉哈银行为沙特阿拉伯最大的私人银行,在美国"9·11"事件发生后,许多证据显示该银行的主要创办人是恐怖组织基地组织的早期资助者,且该银行持续为可疑客户开立账户,因而涉嫌恐怖主义融资。然而,在2006年,汇丰银行称其受到拉吉哈银行威胁,所以恢复了拉吉哈银行在汇丰银行的账户,其后双方持续交易直到2010年才停止。[3]

旅行支票通常是国家旅游期间用于支付旅行费用的支票,因而其数额及交易量通常较小。然而,2005年到2008年,汇丰银行每天与日本北陆银

[1] See Permanent Subcommittee on Investigations, *U. S. Vulnerabilities to Money Laundering, Drugs, and Terrorist Financing: HSBC Case History*, U. S. Senate Permanent Subcommittee On Investigations (PSI), p. 35 - 112(2012).

[2] See Permanent Subcommittee on Investigations, *U. S. Vulnerabilities to Money Laundering, Drugs, and Terrorist Financing: HSBC Case History*, U. S. Senate Permanent Subcommittee On Investigations (PSI), p. 113 - 188(2012).

[3] See Permanent Subcommittee on Investigations, *U. S. Vulnerabilities to Money Laundering, Drugs, and Terrorist Financing: HSBC Case History*, U. S. Senate Permanent Subcommittee On Investigations (PSI), 2012, p. 189 - 239.

行交换超过50万美元的旅行支票,累计金额超过2.9亿美元。交易于2008年被OCC发现后,汇丰银行又另行与日本北陆银行订立通汇协定进行交易。[1] 此外,由于无记名股票在股票上不记载股东姓名或名称,因而其交易具有高度隐匿性,属于用于洗钱的高风险工具,然而,调查发现,汇丰银行为超过2000名客户以不记名股份公司的名义开立账户。[2]

三、分析

(一)缺乏适当资源和权限的合规部门

合规部门必须有适当的资源和权限。任何合规计划有效的基本前提均是合规部门具有适当的人力及权限,在人力资源方面,通常企业应当保障合规部门能够获得足够的预算支持并采取适当措施保证合规部门成员在人事上的独立性,例如,在集团企业中,合规部门通常由上级单位的合规部门主管,以避免其受到所在单位的不当影响。在权限方面,域外的大型企业合规部门负责人通常作为企业内部的高级管理人员并能够作为公司执行委员会的成员,具有直接向董事会报告的权限。

汇丰事件中,汇丰银行的合规部门存在严重的资源及权限不足问题。美国汇丰在2006年至2009年合规部门全职雇员仅200人,不仅如此,美国汇丰的首席合规官及反洗钱总监频繁变更。且在后续调查报告中可见,即使美国汇丰的合规部门发现了违法风险,也缺乏拒绝命令、组织调查的权力,合规部门负责人向董事会的报告也没有得到重视,以至于美国汇丰打击恐怖主义融资及反洗钱内部控制制度存在严重缺失。

因此,企业应当确保为合规部门投入适当的资源并授予相应权限,以保证合规计划的有效性。合规计划唯通过成员才有可能执行,作为企业内部负责合规经营的业务部门,应配置适当资源及权限。事实上,美国汇丰在2012年订立暂缓起诉协议后,即不断强化内部控制,大幅提高合规投入。同

[1] See Permanent Subcommittee on Investigations, *U. S. Vulnerabilities to Money Laundering, Drugs, and Terrorist Financing: HSBC Case History*, U. S. Senate Permanent Subcommittee On Investigations (PSI), 2012, p. 240 – 259.

[2] See Permanent Subcommittee on Investigations, *U. S. Vulnerabilities to Money Laundering, Drugs, and Terrorist Financing: HSBC Case History*, U. S. Senate Permanent Subcommittee On Investigations (PSI), 2012, p. 260 – 281.

时,汇丰银行启动了每年花费逾10亿美元的全球性合规系统升级计划;设立独立控管机制,每年提出金融犯罪打击系统的监管改善报告。

(二)对外部监控回应的缺失

遵守外部监管要求乃是合规的基本要求,美国汇丰在客户尽职调查缺失及兑换大额旅行支票的问题上实际上已经受到监管部门处分,然而其在坦诚不当行为后,始终未采取任何改进措施。事实上,2020年又有新闻爆出汇丰银行涉嫌容许旁氏骗局,且该骗局开始于美国汇丰订立不起诉协议不久后,根据泄露的金融犯罪执法网文件显示,在2011年至2017年,汇丰银行已经发现部分我国香港特别行政区账户存在可疑交易,然而汇丰银行方面并未采取任何行动,其间,甚至美国各州均已对该骗局发出警告,但汇丰银行直到SEC起诉后才关闭组织者的账户,然而此时账户中的资金已被转移一空。[1] 种种现象表明,汇丰银行的合规计划严重缺乏对外部监控的合理回应。

外部监控对于公司治理而言,犹如"当局者迷,旁观者清"之"旁观者"[2]。对于企业内部重大缺陷,在内部控制及内部审计失灵时,内部合规计划的作用极其有限,只有外部监管能够自旁观者的角度对企业的经营进行核验。因此,企业应当充分重视包括信用评级机构、外部法律顾问、行政机构对于企业缺陷的通报,并将对外部通报的评估、改进及持续监控及改进纳入合规计划的一部分。

第二节　华融案

2021年1月5日,中国华融资产管理公司(以下简称华融)原党委书记、董事长赖小民因贪污罪被判处死刑。作为四大国有资产管理公司之一的华融于2021年4月1日发布公告称,延迟发布2020年度报告并被香港交易所停牌,随即引起华融旗下多只美元债券下跌,并引发投资者对于上市国有企

---

[1] See FinCEN Files reporting team, *FinCEN Files: HSBC Moved Ponzi Scheme Millions Despite Warning*, BBC News, https://www.bbc.com/news/uk-54225572.

[2] 有趣的是,在汇丰事件中,OCC也作出了错误判断,其认为客户尽职调查属于消费者保护部门的职责范围内的事务,因而未对美国汇丰的客户尽职调查严重缺陷实施有效监管。

业高风险债务的担忧。然而,早在事件发生前,从华融此前的部分交易通告也可以看出,华融在风险控制方面存在明显缺失。

一、背景

(一)华融的发展史

1999 年,为了处理四大国有银行规模巨大的不良贷款,国务院先后成立了信达、华融、长城、东方四家资产管理公司。其中,华融由财政部控股,负责收购中国工商银行的坏账。尽管原计划四大资产管理公司的设立期限为十年,但在 2010 年,财政部提出"共管账户"政策,通过财政部提供等额付息债券的方式置换不良资产,并推动四大资产管理公司的市场化和商业化改制。[1]

背靠财政部的支持,华融的业务领域迅速扩张。2004 年,华融通过参与"德隆系"的资产清理,获得了证券、信托、金融租赁等多个领域的牌照。[2] 2014 年 12 月,华融在我国香港特别行政区上市时,已是一家拥有银行、证券、金融租赁、信托、投资、基金、期货等牌照的金融控股公司,业务领域涵盖不良资产管理、金融服务、资产管理和投资,截至 2020 年 6 月 30 日,华融的总资产达到了惊人的 1.7 万亿元人民币。

(二)地下中央银行

维好协议属于一种常用于中国离岸信用债发行的增信措施,其本质为境内的母公司为发行境外债的子公司(发行人)提供一项声明,承诺保持发行人运营良好并具有足够资金。严格意义上讲,维好协议不属于担保,因为其中的条款通常约定仅在流动资金等财务指标符合特定条件时由母公司提供支持,母公司不会直接就发行人向债权人偿还本息提供担保。虽然维好协议的法律效力存在疑问,但是投资者或其他资金提供者仍会视乎情况给予较高评级,这也降低了公司募资的难度和成本。

一方面,由于华融的资产规模过于巨大,即使华融在经营期间发放贷款,其金额也难以触及强制信息披露之标准,因此华融的贷款及投资业务

---

〔1〕 参见张宇哲:《信达中国式转型》,载《财新周刊》2010 年第 25 期。

〔2〕 参见凌华薇:《华融托管德隆幕后》,载财新网,https://magazine.caixin.com/2004-09-05/100077298.html。

通常难以受到外部监管。另一方面，华融在经营期间收购或设立了许多境外的实体，并通过前述的维好协议发行债券，或是直接通过银行贷款、设立基金等方式，募集了大量资金。如此一来，华融可以较低的成本募集资金后再向信用风险较大的企业提供借款。由于华融的此类业务规模庞大，乃至成为许多信用不佳企业的唯一借款渠道，以至于被称为“地下中央银行”。

（三）后续发展

2018 年 4 月，原华融党委书记、董事长赖小民接受纪律审查和监管调查，同月辞去其党委书记、董事长职务；2021 年 4 月 1 日，华融宣布延迟刊发 2020 年度财报，引起华融旗下多只美元债券下跌；2021 年 4 月 13 日，国际评级机构惠誉和穆迪双双把华融评级列入负面观察名单。2021 年 4 月 26 日，因华融再次宣布推迟年报，惠誉将华融的评级从 A 调低三个级至 BBB。信用评级机构表达了对华融等国有企业受政府支持程度的担忧，引发投资者对于国有上市企业债券违约的担忧。

2018 年 8 月 18 日，华融发布 2020 年盈利预警并宣布将发行新股引入国有资本牵头的战略投资者。2020 年 8 月 29 日，华融正式公布 2020 年度报告以及 2021 年半年年报；2020 年全年，中国华融归属于母公司所有者的净利润亏损为 1029.03 亿元，公司杠杆比率飙升至 1333 倍。

二、港桥交易

在 2012 年至 2017 年，华融的资产负债规模迅速扩张，尽管前述“地下中央银行”之业务规模给华融带来不少账面上的“利润”，然而，因其多为流动性极差的金融资产，实质风险巨大。不仅如此，因为监管机构难以察觉此类交易，其中蕴含着巨大的关联交易风险，港桥交易即属一例。

（一）天元集团

2014 年 12 月，华融在我国香港特别行政区上市。在上市后不到 4 个月的 2015 年 3 月，华融收购天行国际，并将其改名为华融国际金融控股公司（以下简称华融金控）。

2017 年 5 月 12 日，根据华融金控的公告显示，华融向华融金控提供了本金总额为 299,709,437.31 美元的信用贷款，贷款平均年限为 5.6 年，利息则未披露。[1]

2016 年 12 月 7 日,华融金控向中国天元金融集团(控股)有限公司提供 5 亿港元的贷款。[2] 中国天元金融集团(控股)有限公司为宁夏天元锰业集团(曾用名宁夏天元锰业有限公司,以下简称天元集团)的金融财务公司,天元集团的创始人为贾天将,由其持有天元集团 99.99% 的股份,2016 年 12 月 14 日至 30 日,贾天将持续买入华融金控的股份,截至 2016 年 12 月 30 日,其持股比例达到 20.01% 。[3]

另外,中国港桥控股有限公司(以下简称港桥控股)本身为一家从事印刷电路板业务的公司,2002 年,港桥控股于香港交易所主板上市。2018 年,港桥控股改名为港桥金融控股有限公司(以下简称港桥)。而早在 2016 年 11 月,港桥的前身至卓国际(控股)有限公司便以每股 2 港元的价格向天元集团配售了 240,000,000 股,使其持股比例达到 16.67% 。

换言之,贾天将直接或通过天元集团间接持有了华融金控 20.01% 的股权及港桥 16.67% 的股权,同时成为二者的第二大股东。其中,贾天将购入华融金控股份的资金甚至都有可能来自华融金控向中国天元金融集团(控股)有限公司发放的贷款。

(二)港桥交易

2017 年 5 月 15 日,华融金控发布公告,称与港桥成立能源以及定息基金,基金规模为 7.8 亿港元,华融金控均占 78% 的份额。此外,华融金控还与港桥订立了协议,由华融金控的子公司向港桥提供本金总额为 4.5 亿港元

---

[1] 参见《华融国际金融控股有限公司自愿公告 控股股东提供财务资助》,载 HKEXnews 披露易网 2017 年 5 月 12 日,https://www1.hkexnews.hk/listedco/listconews/sehk/2017/0512/ltn201705121020_c.pdf。

[2] 参见《华融国际金融控股有限公司须予披露交易 提供定期贷款融资》,载 HKEXnews 披露易网 2016 年 12 月 7 日,https://www1.hkexnews.hk/listedco/listconews/sehk/2016/1207/ltn20161207651_c.pdf。

[3] 参见《披露权益(由 2003 年 4 月 1 日至 2017 年 10 月 2 日期间透过在线权益披露系统以外方式提交存盘的通知)》,载 HKEXnews 披露易网,https://di.hkex.com.hk/filing/di/NSNoticePersonList.aspx? sa2 = np&scpid = 2390319&sa1 = pl&scsd = 01%2f01%2f1900&sced = 03%2f10%2f2017&pn = %e8%b3%88%e5%a4%a9%e5%b0%87&src = MAIN&lang = ZH&。

的两年贷款,年利率为7.5%。[1]

2017年5月26日,根据港桥的公告显示,港桥向珠海市卡都海俊房地产开发有限公司提供了2.26亿港元的贷款,利率为18%。尽管公告显示董事会认为借款人资信令人满意,不过其中的贷款用途已经载明了该笔借款将用于支付因工程延期而产生的赔偿金8000万元人民币及用于将烂尾工程完结的1.2亿元人民币的工程价款,就此用途而言,该公司的财务状况显然令人担忧。[2]

此前,港桥与皇冠国际集团有限公司订立股权收购协议,约定以2亿港元收购2%的皇冠环球集团股份,不过,该协议同时附有强制回购条款,要求皇冠环球集团以溢价回购前述股份,90日回购利率约为18%,180日回购利率约37%,[3]该股权收购协议第一批交易于2017年5月29日落实。

可见,在该笔交易中,华融向华融金控提供贷款,尽管贷款利息不明,不过对于有维好协议支持且资信状况良好的华融金控而言,其年利率应与彼时的香港最优惠贷款利率相当,即为5.25%左右。而在此情况下,华融金控又向港桥提供了4.5亿港元、利率为7.5%的贷款,即华融金控向港桥发放的贷款可获利的息差约为2.25%。然而,港桥在接受贷款后不久,便分别以两年18%的年利率及90日18%、180日37%的年利率向珠海市卡都海俊房地产开发有限公司和皇冠环球集团提供了共计4.26亿港元的贷款,港桥在其中可获利的息差高达近30%。

简言之,在前述交易中,港桥显然在利用华融金控的资金进行转贷,鉴于华融金控的资金来自华融,而且华融金控发行的债券也受到华融的维好协议支持,因而华融实质上承担了贷款的信用风险。虽公报未披露华融向华融金控提供贷款之利率,但无论如何,华融金控向港桥贷款所获之利差显

---

〔1〕 参见《华融国际金融控股有限公司　有关成立投资基金之须予披露交易》,载HKEXnews披露易网2017年5月14日,https://www1.hkexnews.hk/listedco/listconews/sehk/2017/0515/ltn20170515022_c.pdf。

〔2〕 参见《中国港桥控股有限公司　须予披露交易　提供财务资助》,载HKEXnews披露易网2017年5月26日,https://www1.hkexnews.hk/listedco/listconews/sehk/2017/0526/ltn201705261322_c.pdf。

〔3〕 参见《中国港桥控股有限公司　须予披露交易　收购上市证券及接纳期权》,载HKEXnews披露易网2017年4月28日,https://www1.hkexnews.hk/listedco/listconews/sehk/2017/0526/ltn201705261322_c.pdf。

然无法同实际借款企业的信用风险成比例。不仅如此,因贾天将又直接或间接持有了华融金控及港桥的大额股权,前述交易还存在重大的关联交易风险。然而,华融及华融金控均未作出反映,显然,华融内部的风险控制存在重大缺陷。

三、分析

(一)控制股东关联交易

《公司法》第 21 条第 1 款规定:"公司的控股股东、实际控制人、董事、监事、高级管理人员不得利用其关联关系损害公司利益。"关联交易,指发生在关联方之间的有关转移资源或义务的事项的安排行为,尽管关联交易本身可能促成交易达成,但对于大型企业而言,关联交易可能被公司控制股东、董事或高级管理人员用于掏空公司资产,例如,公司内部人可能以远高于市场的价格向自己控制的其他公司购买产品或服务,从而转移公司的财产。因此,公司内部人实施的关联交易通常应受到严格控制。

在港桥交易中,从股东披露来看,港桥与华融金控可能受到同一股东影响,而在转贷过程中,港桥却可获得远高于 7.5% 的利息。换言之,该交易中大部分的利润归入了港桥,而华融金控的利差收入大约仅有 2%,鉴于贷款资金最终源于华融,因而信用风险的最终承担者则是华融。可见,该交易给华融金控带来的收益明显与风险不成比例。

因此,企业在合规计划中应充分重视对于关联交易的管理,包括建立和完善股东会或股东大会、董事会、监事会和管理层的决策制度,尤其是确保与相关交易有任何利害关系的股东、董事应在事项表决时回避,控制包括子公司在内的各层级机构关联交易决策的权限,并充分遵守关联交易信息披露的规定。

(二)控制环境不佳

控制环境是内部控制的基础,控制环境包括组织治理机构以及管理层对于内部控制的认识和作为,起着塑造组织文化及影响组织成员对于内部控制态度的重要作用。

根据华融事件的后续报道,据称华融原党委书记、董事长赖小民在华融任职期间可谓独断专行,华融 2020 年年报指赖小民"激进经营、无序扩张""违规决定重大事项,越权越级插手具体项目",并且导致"一些单位及人员上行下效,风险偏好激进,盲目投放,积聚了大量风险"[1]。在华融事件中,赖小民缺乏塑造良好控制环境的意识,将个人偏好与个人利益置于公司利益之上,乃至上行下效,塑造出不当企业文化。

良好控制环境是有效合规计划的基础,企业应当建构良好的控制环境。建构良好控制环境要求公司董事及高级管理人员充分重视内部控制的必要性,并恪守诚信行为准则,创设良好道德标准的企业文化。尤其是董事长、总经理等公司高层主管必须以身作则,遵守规范,由上至下推动公司文化的塑造。

第四节　"明天系"金融犯罪案

2022 年 8 月 19 日,上海市第一中级人民法院依法进行公开宣判,被告单位明天控股有限公司(以下简称明天控股)、被告人肖建华的行为构成非法吸收公众存款罪、背信运用受托财产罪、违法运用资金罪、单位行贿罪,依法应当数罪并罚。对被告单位决定执行罚金 550.3 亿元;对被告人肖建华决定执行有期徒刑 13 年,并处罚金 650 万元。对被告单位明天控股和被告人肖建华犯罪中的违法所得及其孳息予以追缴,不足部分责令退赔。"明天系"高风险机构成为国家金融风险处置工作重点对象。[2]

一、背景

(一)明天控股

明天控股于 1999 年注册成立,是国内最早从事股权投资的公司之一,肖建华为明天控股的实际控制人。历经多次股权变更,现任法定代表人为张云梅,注册资本金 5 亿元。随着明天控股的正式成立,"明天系"的运作平台

[1] 《中国华融资产管理股份有限公司　中国华融 2020 年度业绩公告》,载 HKEXnews 披露易网 2020 年 8 月 28 日,https://www1.hkexnews.hk/listedco/listconews/sehk/2021/0829/2021082900388_c.pdf。

[2] 参见上海一中法院:《被告单位明天控股有限公司、被告人肖建华非法吸收公众存款、背信运用受托财产、违法运用资金、单位行贿案一审公开宣判》,载微信公众号"上海一中法院"2022 年 8 月 19 日,https://mp.weixin.qq.com/s/OP2kz0adFT-SwHIDh6BUFA。

完成了初步搭建。“明天系”通过明天控股先后以购买公司法人股或发起设立方式参股了华资实业(600191)、宝商集团(000796)和西水股份(600291)等,从而在证券市场形成了庞大的“明天系”,是股市重要的一部分。明天控股的公司总部设于北京,在上海、山东、内蒙古、辽宁、江苏、广东等十几个省区市都建立了分支机构,横跨金融、实业、地产、能源等多个领域,涵盖证券、银行、保险、信托、期货、私募股权、基金等机构,资产规模庞大。

明天控股在其实际控制人肖建华的策划操控下,通过分散持股、股份代持等手段,违反监管规定,隐瞒股权实控关系,设立了多家公司(简称载体公司),并将其作为载体入股控制相关金融机构和互联网中介平台,通过贿赂国家工作人员、向金融机构等安插高管和关键岗位工作人员等手段来实现逃避监管,实际控制相关金融机构实施违法犯罪行为。

(二)包商银行

包商银行股份有限公司(以下简称包商银行)于1998年12月28日经中国人民银行批准设立,前身为包头市商业银行,2007年9月28日经原中国银监会批准更名为包商银行,成为区域性股份制商业银行,总部设在包头市。

2019年5月24日,包商银行的大股东明天集团合计持有包商银行89%的股权,违法违规占用大量包商银行资金,长期难以归还,导致包商银行出现严重的信用危机,触发了法定的接管条件被依法接管。中国人民银行、原中国银保监会联合发布公告,鉴于包商银行出现严重信用风险,为保护存款人和其他客户合法权益,根据有关法律法规规定,原中国银保监会决定对包商银行实行接管,接管期限一年。

2020年5月23日,中国银行发布关于延长包商银行接管期限6个月的公告。11月12日,包商银行被认定已经发生“无法生存触发事件”,原中国银保监会原则同意包商银行进入破产程序。2021年2月7日,包商银行被裁定破产。[1]

---

〔1〕 参见孙璐璐、万芮霖:《包商银行风险处置细节曝光!“明天系”注册209家壳公司,套取资金1560亿,最终全成不良》,载微信公众号“券商中国”2020年8月4日,https://mp.weixin.qq.com/s/K99ZNL_a2K6sR0jDBUtalA。

二、操控金融机构实施犯罪

（一）资本运作平台构建

据分析，“明天系”的金融运作主要有五个阶段：1998 年至 2001 年，“明天系”加入第一波城市商业银行改制潮，并对包商银行、泰安银行完成控股；2001 年至 2004 年，A 股处于熊市时期，“明天系”主攻证券、信托机构，对恒泰证券、新时代证券、长财证券、太平洋证券、新时代信托、新华信托完成控股；2005 年至 2006 年，城市商业银行增资扩股，“明天系”再次入主城市商业银行，对哈尔滨银行、潍坊银行完成控股；2006 年至 2009 年，“明天系”开始进军保险公司，对华夏人寿、天安财险、天安人寿等保险公司完成控股，这些公司后来成为“明天系”核心保险公司；2010 年后，“明天系”参与农村商业银行改制，先后入股沈阳农村商业银行和北京农村商业银行。

“明天系”掌控银行、证券、保险、信托、期货、基金等金融机构，构建涵盖证券、银行、保险、信托、期货、私募股权、基金等在内的几乎完整的金融产业链，成为持有金融全牌照的民营资本。截至 2017 年 6 月底，“明天系”总计控股、参股 44 家金融机构，其中包括银行 17 家、保险公司 9 家、证券 8 家、信托 4 家、基金 3 家、期货 2 家、金融租赁 1 家，覆盖金融业全部牌照，资产规模高达 3 万亿元。[1]

（二）资本挪移术

肖建华采用的是“软投资”策略，即先拿出资金入股并控制企业，然后再迅速抽离资本金，其主要目的是通过搭建金融链条以配合其他资本运作，可以较为方便地获取信贷资金，进而缓解现实中资本运作可能存在的资金压力，并利用自己所具有的金融全牌照优势，通过控股金融机构来打通产业链和资本链的通道，他利用“明天系”内部完整的金融产业链条，已经构筑起一个封闭而高效的融资体系为其服务。[2]

2004 年起，明天控股、肖建华违反国家金融管理法律和监管规定，采用分散股权、层层控股、隐名控股等手段，实际控制新时代信托、天安财险、天

---

〔1〕 参见三公子：《明天系金融帝国沉浮录》，载微信公众号“北大纵横”2020 年 8 月 31 日，https://mp. weixin. qq. com/s/FXj2gfKGnbW5V53O1Zwauw。

〔2〕 参见刘照普、李永华：《“明天系”20 年》，载《中国经济周刊》2017 年第 6 期。

安金交中心、包商银行、华夏人寿、天安人寿、易安财产等多家金融机构和互联网金融平台。

2010 年 1 月至 2017 年 1 月,明天控股、肖建华以实际控制的多家公司作为融资和担保主体,承诺还本付息,操控新时代信托、天安财险、天安金交中心分别发售主动管理类集合资金信托产品、超出发售比例和销售规模销售投资型保险产品、发售个人端及法人端理财产品,向社会公众非法吸收资金共计 3116 亿余元。

2012 年 7 月至 2017 年 1 月,明天控股、肖建华操控包商银行对明天控股的虚假融资项目不开展实质审核,违反《商业银行法》等法律法规对银行开展业务的规定,违背银行与客户的约定,通过直接或间接购买信托、资管计划的方式将存款、理财资金等银行客户资金及受托财产转移至明天控股支配使用,擅自运用客户资金及受托财产共计 1486 亿余元。

2013 年 11 月至 2017 年 1 月,明天控股、肖建华操控华夏人寿、天安人寿、易安财险对明天控股设立的虚假融资项目不开展实质审核,违反《保险法》等法律法规对保险公司资金运用的规定,通过直接或间接购买信托计划的方式将保险资金转移至明天控股支配使用,违法运用资金共计 1909 亿余元。[1]

(三)后续发展

2017 年开始,随着金融监管"严"年开启,"明天系"的运作模式也随之受阻。监管层要求其以偿债的方式来降低金融系统风险,且允许"明天系"等金融控股公司以市场化的价格出售旗下金融资产。"明天系"不断出售金融资产以偿还银行债务,不少金融资产都已完成转让或正在低调转手。帮助"明天系"资本挪移顺利并扩张版图的资金源泉——包商银行于 2019 年 5 月 24 日被正式接管并由建设银行托管,"明天系"风险处置与恢复进程正式进入金融牌照"专项接管"的阶段。[2]

算上包商银行,"明天系"的 7 家金融机构都被接管,它们之间的关系盘

---

[1] 参见上海一中法院:《被告单位明天控股有限公司、被告人肖建华非法吸收公众存款、背信运用受托财产、违法运用资金、单位行贿案一审公开宣判》,载微信公众号"上海一中法院"2022 年 8 月 19 日,https://mp.weixin.qq.com/s/OP2kz0adFT-SwHIDh6BUFA。

[2] 参见陈哲、范效军:《问题金融控股公司的风险处置——基于"安邦系"和"明天系"的案例研究》,载《银行家》2019 年第 8 期。

根错节,关联交易严重,没法做到有效切割。包商银行在付出不菲代价后破产重整,由蒙商银行和徽商银行承接。

三、分析

(一)公司治理失灵

金融机构的风险往往都源于公司治理的溃败。内部人控制、大股东占款等导致坏账频出,偿付危机爆发,风险外溢;还可能存在抽逃资本、循环注资、虚假注资以及通过不正当的关联交易进行利益输送等一系列问题,带来跨机构、跨市场和跨业态的传染风险。“明天系”的突出问题是大股东占款,将金融机构变成提款机,包商银行几乎被掏空。[1] “明天系”在旗下各金融牌照公司之间倒腾,通过保险、信托融资,或者通过银行购买上述产品,最终转化为大股东占款,将涉众资金久借未还。

一个健康的股权关系和公司治理结构至关重要。为了完善公司治理,企业应该完善合规风险管理流程制度建设,构建合规风险全流程管理闭环,为企业的健康发展保驾护航。对于商业银行而言,应该重点把控业务管理、风险合规、审计监督三道防线,突出顶层合规,规范开展关联交易,严格控制授信集中度,重大关联交易的具体定价应逐笔经董事会表决,切实保障“三会一层”落实到位。企业应该重视风险管理,定期对风险控制点、控制要求和应对措施进行常态化梳理自查,杜绝违规行为,推动合规管理机制长期有效运行。[2]

(二)信息披露重大风险

“明天系”采用“隐蔽 + 分散”的战略方针,尽可能地把“明天系”的核心成员、产业、公司、主要社会关系等都隐藏起来,对外严格保密,对内各部门间相对保密,其影响之大难以估量。中国证监会对证券行业“一参一控”的政策要求,原中国银保监会对于同一实际控制人参股保险公司的数量亦有不超过两家这样不成文的要求,但是明天控股采用多家公司分散持股、隐形

---

〔1〕 参见玖亓校长:《“明天系”被接管近周年,两个组长换防! 公司治理是持久战!》,载微信公众号“信托圈内人”2021 年 6 月 9 日,https://mp. weixin. qq. com/s/ZFaGt – IF7PSdbY1HonS43w。

〔2〕 参见张彦婕:《中小银行合规管理研究——基于包商银行案例分析》,载《中国市场》2022 年第 30 期。

控股等方式，规避监管，违反国家关于单一股东对金融机构持股比例的要求，违规对包商银行形成绝对控股，同时通过派遣高管，实现对包商银行进行股权、人事等方面的绝对控制，并利用金融机构吸收资金。一方面，大量通过影子公司分散持股，逐步隐形，以规避监管；另一方面，通过控制银行、保险、券商、信托和基金公司，形成游离于监管之外的自我循环。[1]

国家为了维护金融管理秩序和国家金融安全稳定，对从事金融活动设置了严格的准入门槛和许可制度，未经国家批准，违反金融监管法律规定，不得公开面向不特定社会公众吸收存款。而明天集团通过大量的不正当关联交易、资金担保及资金占用等手段进行利益输送，包商银行被逐渐"掏空"，造成严重的财务与经营风险，直接侵害其他股东及存款人的利益。

综上所述，企业应该建立信息披露合规部门或设立信息披露官，规范信息披露流程，强化合规风险意识，调动各部门对信息披露的配合度，联动各部门共同推动信息披露的"准确""完整""真实"，把控信息披露的实质性、穿透性要点，梳理监管规则并规范行为边界，关注金融科技风险，积极奉行监管重点。[2]

第五节　沃尔玛腐败案

作为 SEC 调查过的最大案件之一，美国零售巨头沃尔玛公司因涉嫌海外腐败而被美国当局调查。2019 年，美国司法部和 SEC 指控沃尔玛公司涉嫌在印度、中国、墨西哥和巴西 4 个国家长期通过第三方行贿以获得营业许可，违反了《反海外腐败法》（Foreign Corrupt Practices Act，FCPA）的相关条款。为此，沃尔玛公司分别与司法部和 SEC 签署暂缓起诉协议，支付 2.827 亿美元的罚款（其中 1.38 亿美元为刑事罚款）以达成和解。此外，沃尔玛在其审计委员会的指导下，在 FCPA 培训与调查、全球合规计划及合规组织增

〔1〕 参见财经大爆炸：《资本风云（二）：明天系的前世今生》，载微信公众号"策金财经"2021 年 9 月 6 日，https://mp.weixin.qq.com/s/ttRTxKoJ90rMTehNN7syBw。

〔2〕 参见马宏伟、金菱：《如何避开"重灾区"——上市公司信披刑事合规要解》，载微信公众号"信本律师事务所"2022 年 3 月 21 日，https://mp.weixin.qq.com/s/2q8aGTGclxb0s9a4IDYBPw。

强等方面花费了超过 9 亿美元完善其反腐败合规建设。[1]

一、背景

(一)沃尔玛公司急速扩张

沃尔玛公司是成立于美国阿肯色州本顿维尔的大型零售公司。经过 60 年的发展,沃尔玛在 24 个国家和电子商务网站的 46 个品牌旗下经营约 10,500家分店,曾连续 7 年在美国《财富》杂志世界 500 强企业中居首位。在 2000 年至 2012 年,沃尔玛公司为了扩张国际市场,加速商业版图的扩建,多次向各国通过腐败获得经营许可。

美国司法部和 SEC 对沃尔玛腐败案件的调查开始于 2012 年,当时《纽约时报》揭露了沃尔玛公司在墨西哥曾有过一笔可疑的转账。此后,美国政府便开始着手调查该公司在中国、印度及巴西的业务活动。之后,调查者发现该公司在这四个国家开设子公司,在与第三方签订协议时存在违规行为。[2] 事实上,2000 年至 2011 年,沃尔玛负责实施和维持公司反腐败相关内控制度的人员意识到公司内控存在缺陷但未采取有效措施纠正制止。美国检察官布莱恩 · A. 本茨科夫斯基(Brian A. Benczkowski)在一份声明中表示,沃尔玛公司"通过在国际市场迅速增长的贸易扩张盈利,但在此过程中,他们却没有采取任何必要的措施来避免腐败活动"。

(二)中介与第三方机构

沃尔玛在巴西、中国、印度、墨西哥等地的子公司通过第三方向外国政府官员进行的贿赂一般通过向"中间人"或第三方机构支付费用,以之为媒介向政府官员输送金钱,进而顺利地获得开设商场的经营许可。根据沃尔玛与司法部和 SEC 签订的和解协议来看,沃尔玛的该支付行为无法确保其符合 FCPA 的要求。

---

〔1〕 See BENTONVILLE, Ark., *Walmart Reaches Agreements with the DOJ and the SEC to Resolve Their FCPA Investigations*, Walmart, https://corporate. walmart. com/newsroom/2019/06/20/walmart – reaches – agreements – with – the – doj – and – the – sec – to – resolve – their – fcpa – investigations.

〔2〕 参见巴西商业资讯网:《因在中国和巴西等国参与腐败,沃尔玛公司被处 10 亿雷亚尔罚款》,载微信公众号"IEST 巴西商业"2019 年 6 月 22 日,https://mp. weixin. qq. com/s/n_FHBVtFR – OuO7g2cidJKA。

以巴西为例,WMT Brasilia 是沃尔玛的全资子公司,也是沃尔玛在巴西的全资子公司的主要所有者。WMT 巴西分公司是以沃尔玛巴西公司的名义经营的零售店的主要所有者。为了在巴西开设新的商场,沃尔玛巴西公司找了两家巴西建筑公司雇用的第三方中介公司(Third – party intermediary,TPI),为沃尔玛巴西店获得许可证。

二、腐败细节[1]

2012 年至 2019 年,美国司法部和 SEC 对沃尔玛公司开展了长达 7 年的案件调查,指控其为了加速扩张商业门店,在印度、中国、墨西哥和巴西 4 个国家贿赂官员,以获得营业许可,明知故犯地伪造沃尔玛的某些账簿、记录和账目,使得这些记录不能合理、详尽、准确、公平地反映沃尔玛资产的交易和处置,即记录其与中间人、中介公司或第三方机构的相关支付款项,违反了 FCPA 规定的义务。

(一)墨西哥

沃尔玛在 1991 年左右开始在墨西哥运营,通过收购其他公司及其墨西哥子公司开设自己的商店在墨西哥发展。在沃尔玛墨西哥子公司在墨西哥开设一家商店之前,它必须从政府下属的部门和机构获得许多许可证。2005 年 9 月,沃尔玛墨西哥子公司前律师向沃尔玛写邮件举报沃尔玛墨西哥子公司时常通过第三方向当地政府官员作不当支付以获得店面的证照许可。沃尔玛随后开展内部调查,发现了一些可疑行径以及内控缺陷,如沃尔玛墨西哥子公司常在获取证照许可的时间前后向当地政府机构进行捐赠。参与调查人员提出了整改措施的建议,但沃尔玛并没有遵循这些建议。

沃尔玛墨西哥子公司通过政府捐赠、"第三方交易"、表面上提供法律服务的"中间人"等途径向相关官员行贿。以"中间人"方式为例,沃尔玛墨西哥子公司明确受贿的官员并告诉"中间人"(一般是律师身份),"中间人"开具发票,附上虚假的付款理由,使得这一行为在外界看来是一项法律服务。沃尔玛收到发票后将其记入"外部服务"或"合同服务"项目,而"中间人"的

---

[1] 此部分内容参见 Department of Justice Office of Public Affairs, *Walmart Inc. and Brazil – Based Subsidiary Agree to Pay $137 Million to Resolve Foreign Corrupt Practices Act Case*, Department of Justice (Jun. 20,2019), https://www.justice.gov/opa/pr/walmart – inc – and – brazil – based – subsidiary – agree – pay – 137 – million – resolve – foreign – corrupt。

发票含有沃尔玛墨西哥子公司律师和另一名沃尔玛墨西哥分公司员工所知道的专属代号“clave”（该代号还有一名执行官和另外两名沃尔玛墨西哥分公司的高管知道）。沃尔玛墨西哥子公司律师收到代办人的发票后检查代号并付款，“中间人”保留6%～8%，剩下的钱支付给政府官员，最终顺利通过审批以获得商店许可证。

（二）印度

2005年年底，沃尔玛开始在印度探索长期的商业机会，并很快了解到，与它在墨西哥的业务类似，它在印度获得许可证和许可证时将面临腐败风险。沃尔玛还向其印度合资伙伴了解了具体的腐败风险。然而，沃尔玛在印度实施的与反腐败相关的内部会计控制，并不足以降低腐败的风险。

2005年至2008年，沃尔玛在与其印度合资伙伴合作前曾发现过一些反腐败相关的危险信号，之后沃尔玛在对其印度子公司及合资公司进行审查时发现了内控问题但未及时纠正，仍然依赖其印度合作伙伴获取证照许可。从2009年到2011年，沃尔玛的印度批发业务和印度零售业务持续通过不当支付政府官员以获得商店经营许可证和许可证。这些不当付款被记录在合资企业的账簿和记录中，被模糊地描述为“杂费”“专业费用”“附加费用”“政府费用”。2011年7月，沃尔玛收到匿名举报称沃尔玛印度子公司及合资公司员工涉嫌向政府官员作不当支付以获取证照许可，但沃尔玛未响应该举报，也未及时改进其内控制度以解决反腐败相关问题。

（三）中国

在2002年、2003年左右，沃尔玛中国子公司曾向沃尔玛请求提供FCPA培训以及规范第三方和合资伙伴的FCPA详尽政策，但沃尔玛未及时响应其中国子公司的该请求。在2003年10月前后，国际会计协会的国际部门发布了一份针对沃尔玛中国子公司的《反海外腐败法》合规审查报告，其中发现沃尔玛中国子公司的员工向政府官员提供了平均价值不到20美元的礼物，以建立和维持与政府官员的关系，并以此获得营业执照批准的帮助。

2003年，沃尔玛中国子公司内审团队发现给予中国政府官员的礼品以及用于垫付政府官员差旅和餐馆费用的小额现金等与公司政策不符并发现内控缺陷，但沃尔玛未及时实施中国子公司内审团队建议的改正措施。2006年到2011年，沃尔玛中国子公司内审团队又陆续发现内控存在其他问题，但均未得到及时解决。

（四）巴西

沃尔玛巴西子公司在其内审团队发现内控缺陷后，仍然继续使用高风险的第三方。沃尔玛巴西子公司常用的一家第三方公司，系在聘用后才对其进行尽职调查，且在尽职调查结果发现该公司曾有为沃尔玛以外的项目向当地政府官员做不当支付以及其他不法行为后，仍继续使用该第三方公司至2012年。

早在2000年7月左右，沃尔玛的高管就意识到了巴西的腐败风险。然而直到2008年前后，沃尔玛才在沃尔玛巴西子公司对第三方实施尽职调查程序，进行基于风险的评估或审查，或实施反腐败政策或反腐败相关控制。2008年11月13日，沃尔玛巴西子公司业务实践审计报告被发送给沃尔玛的某些高管。该报告没有发现不合规的情况，但发现了与反腐败有关的内部会计控制方面的弱点，需要加以补救。2008年12月，沃尔玛发布了2008年政策，其中包括对其全球反腐败政策和程序指南的改进。该政策规定，除其他事项外，未经尽职调查审查不得保留“第三方”（TPIs）。在2008年年中，沃尔玛将这些改进推广到沃尔玛巴西子公司。2010年至2011年年初，沃尔玛的员工继续收到内部审计报告和备忘录，指出沃尔玛巴西子公司在反腐败相关内部会计控制方面存在缺陷，需要进行补救，其中一些缺陷在2008年沃尔玛巴西子公司的内部审计报告中被发现。

尽管在内部审计报告中多次发现沃尔玛巴西子公司缺乏反腐败相关的内部会计控制，但由于沃尔玛未能在沃尔玛巴西子公司实施充分的与反腐败相关的内部会计控制，沃尔玛巴西子公司在没有进行必要的尽职调查的情况下继续与第三方公司保留并续签合同，并支付了部分款项。具体来说，从2008年前后到2012年4月前后，沃尔玛巴西子公司聘请了一家第三方建筑公司（以下简称巴西建筑公司），共支付了约5200万美元，在巴西建造了8家沃尔玛门店。沃尔玛巴西子公司在2008年雇佣巴西建筑公司之前，没有对该公司进行任何尽职调查。

2009年年底，巴西建筑公司未能通过第一轮供应商尽职调查。2012年4月，该公司未能通过另一轮尽职调查。沃尔玛巴西子公司道德和合规部门通知沃尔玛巴西子公司的“建设和间接采购部门”，该建筑公司“由于腐败案件”未能进行尽职调查，因此不再与该公司签署进一步合同。沃尔玛巴西子公司没有与巴西建筑公司签署进一步的合同。2009年，沃尔玛巴西子公司道德和合规部门没有建立任何机制来保护未通过初步尽职调查的第三方公司,因此第三方公司被暂停合作,等待最终尽职调查。沃尔玛巴西子公司也没有确保巴西建设公司不再被使用或付款。同年,在沃尔玛巴西子公司员工不知情的情况下,这家巴西建筑公司就在巴西建造两家门店向政府官员支付了不当款项。

从2009年12月到2010年,当沃尔玛巴西商店的建设接近完工时,沃尔玛巴西子公司指示巴西建筑公司保留"巴西中介机构"作为第三方,以获得在压缩时间内开业所需的运营许可证和许可证。沃尔玛巴西子公司并没有直接雇佣"巴西中介机构",而是修改了与巴西建筑公司的合同,包括"巴西中介机构"的工作和与工作相关的成本。尽管有一些危险信号表明,巴西中介机构是一名政府官员,是自然人,而不是一个有注册公司形式的企业。

在沃尔玛和美国司法部达成的和解协议中,沃尔玛巴西子公司认罪,沃尔玛需聘请独立合规监管人对沃尔玛监管2年,并支付罚金137,955,249美元;此外,和SEC达成的协议显示,沃尔玛应停止实施或进一步实施违法行为,上缴违法所得119,647,735美元以及判前利息25,043,437美元(共计144,691,172美元),且需要在2年内定期向SEC汇报反腐败相关措施的改进和实施状态。

在2018年11月15日召开的2017财年第三季度财报电话会议上,沃尔玛集团宣称:该季度中,用于FCPA合规的相关费用达到了900万美元(600万美元用于正在进行的调查和询问,300万美元用于全球范围内的合规计划和组织结构改进)。据此推算,沃尔玛集团2017财年第3季度的FCPA合规成本,约为每个工作日145,000美元。[1]

三、分析

(一)违规使用第三方开展不当交易

沃尔玛公司腐败的核心操作在于通过第三方违规开展不正当交易,向政府官员输送利益以获得相关商店的经营许可。其在墨西哥、印度、中国、

---

[1] 参见万合编译组:《反腐合规:沃尔玛集团合规计划总成本达到9亿美元》,载微信公众号"万合企业合规研究院"2018年12月4日,https://mp. weixin. qq. com/s/w1Z96mOTfsh4n0AUfl etIg。

巴西多次通过该手段从腐败官员处获得便利,尽管公司内部的道德与合规部门曾经多次识别出与第三方机构继续合作的风险,但第三方机构仍然以沃尔玛的名义行贿并帮助沃尔玛获利,且从沃尔玛处获得报酬。

由此可见,公司在选用第三方机构开展相关工作时,首先需明确第三方机构的定位,识别其核心业务是否有贿赂、腐败等合规风险。此外,对于沃尔玛公司这种大型跨国集团来说,所合作的第三方机构应当通过企业内部的第三方尽职调查,对未通过公司尽职调查的第三方机构采取"黑名单"制度,严格筛选、审查和监督公司与第三方的商业往来,对进入"黑名单"中的第三方公司采取限制或暂停合作等限制措施。在聘用第三方前应当进行充分的尽职调查,在与第三方的书面合同中明确约定反腐败条款,并通过合规培训、调查审计等方式实现对第三方的持续监督。[1]

以本案为例,沃尔玛巴西子公司在没有进行必要的尽职调查的情况下继续与第三方公司保留并续签合同,并支付了部分款项,这一行为凸显了沃尔玛巴西子公司内部反腐败合规机制的失灵,由于缺乏对供应商及其他第三方商业合作伙伴开展风险尽职调查、风险评估分析、风险监控等合规手段,使得企业无法有效、快速地执行合规管理流程,由此造成巨大的财务及声誉损失。

(二)内控不严

本案中,沃尔玛虽然开展过相关的内部审计,但其对发现的内控缺陷未能及时采取有效措施进行纠正,并且不重视反映腐败问题的举报,致使其海外子公司实施违反 FCPA 的行为长达十余年。[2]

在沃尔玛公司的内控体系下,沃尔玛总部对沃尔玛巴西子公司的腐败风险认知存在内控不严,集团道德与合规部门对于子公司的合规风险识别不到位。此外,在沃尔玛巴西子公司内部,其与第三方公司签订合作协议,由第三方公司向政府官员输送利益这一行为,也表明沃尔玛巴西子公司对

---

〔1〕 参见刘海涛、夏莹:《关于沃尔玛(Walmart)一案(沃尔玛涉嫌通过第三方长期行贿遭受 FCPA 查处)》。转引自安拓:《2019 年度十大案例点评|安拓精选》,载微信公众号"商业合规观察"2019 年 12 月 29 日,https://mp.weixin.qq.com/s/lm070_Ejvps9SyKUhWq8uA。

〔2〕 参见刘海涛、夏莹:《关于沃尔玛(Walmart)一案(沃尔玛涉嫌通过第三方长期行贿遭受 FCPA 查处)》。转引自安拓:《2019 年度十大案例点评|安拓精选》,载微信公众号"商业合规观察"2019 年 12 月 29 日,https://mp.weixin.qq.com/s/lm070_Ejvps9SyKUhWq8uA。

第三方公司的尽职调查未起到实际作用，且尽管内部审计部门多次发现存在腐败风险，但沃尔玛巴西子公司并未根据发现的内控问题做出应对和调整。沃尔玛集团由上至下的内控不严使得其腐败行为在内部审计部门多次提醒下仍多次发生，给集团造成巨大的财产和名誉损失。

值得注意的，沃尔玛同时与 SEC 和美国司法部达成和解并支付 2.8 亿美元的罚金，其中沃尔玛因配合美国司法部对其在巴西、印度和中国的 FCPA 违法行为展开的调查，获得了 25% 的量刑奖励。不过，针对在墨西哥的 FCPA 违法行为，沃尔玛仅获得了 20% 的量刑奖励，因为沃尔玛在墨西哥没有及时提供文件和信息，以及时回应美国司法部反欺诈科和其他机构的某些请求，也没有应美国司法部的要求对一位目击证人进行访谈。有人特别指出，沃尔玛没有获得自我披露的合作奖励，因为它没有“及时和自愿地向欺诈部门和办公室披露其在墨西哥的 FCPA 违法行为”。[1] 由此，企业在知悉其有不合规事件时，可以考虑通过主动配合监管部门调查、开展自我披露等方式获得减免责罚的宽大处理。企业应当充分重视合规，舍得在合规制度建立和完善方面投入，树立合规创造价值的观念，才能实现企业的长远发展。[2]

◆ 第六节　波音公司欺诈案

2018 年至 2019 年的 5 个月内，有两架 737 MAX 飞机发生坠毁事故，造成 346 人丧生，引发了 737 MAX 系列飞机全球停飞。美国司法部为此对波音公司提出刑事指控，称波音公司向安全官员隐瞒了有关波音 737 MAX 飞机设计的信息。2021 年 1 月，波音公司与美国司法部签署暂缓起诉协议，解决与美国联邦航空管理局（Federal Aviation Administration，FAA）飞机评估小组（Aircraft Evaluation Group，AEG）在评估波音 737 MAX 飞机时共谋欺

〔1〕 参见万合编译组：《重磅 | 沃尔玛事件的合规经验：以合作换减刑》，载微信公众号“万合企业合规研究院”2019 年 6 月 26 日，https://mp.weixin.qq.com/s/U08wi0628cv8Gl3nDN4ziw。

〔2〕 参见刘海涛、夏莹：《关于沃尔玛（Walmart）一案（沃尔玛涉嫌通过第三方长期行贿遭受 FCPA 查处）》。转引自《2019 年度十大案例点评 | 安拓精选》，载微信公众号“商业合规观察”2019 年 12 月 29 日，https://mp.weixin.qq.com/s/lm070_Ejvps9SyKUhWq8uA。

诈的刑事指控。根据暂缓起诉协议的条款，波音公司将支付总额超过 25 亿美元的刑事罚款，其中包括 2.436 亿美元的刑事罚款，向波音 737 MAX 航空公司客户支付 17.7 亿美元的赔偿金，以及设立一个 5 亿美元的空难受害者受益人基金，以赔偿在印度尼西亚狮航 610 航班和埃塞俄比亚航空 302 航班波音 737 MAX 空难中死亡的 346 名乘客的继承人、亲属和合法受益人。

一、背景

（一）波音 737MAX 飞机空难事件

波音公司作为美国国家航空航天局的主要服务提供商，不仅是全球航空航天业的领袖公司，也是世界上最大的民用和军用飞机制造商之一。其客户分布在全球 90 多个国家。就销售额而言，波音公司是美国最大的出口商之一。数据显示，2016 年，美国航空产业链相关商品和服务经济活动总额达到 1.8 万亿美元，创造就业岗位达 1090 万个，对美国 GDP 的贡献超 5%。据估计，仅 737 MAX 机型停产，就使得 2020 年美国每个季度的名义 GDP 下降 0.28%。[1]

2018 年 10 月和 2019 年 3 月，分别隶属印度尼西亚狮航和埃塞俄比亚航空公司的两架波音 737MAX 飞机先后失事，共造成 346 人遇难，737MAX 系列客机随后全球停飞。历经 18 个月的调查，美国国会众议院发布了有关波音 737MAX 系列飞机的调查报告。报告称，波音 737MAX 系列飞机的两起致命空难“并不是由单一的机械故障、技术失误或者管理不当引起的”，而是波音公司工程师错误的技术假设、波音公司管理缺乏透明度以及 FAA 监管严重不足共同引起的。报告还指出，FAA 的监管体系“存在严重问题”，波音公司在“明知 737MAX 系列飞机存在设计缺陷的情况下”，刻意向航空公司、飞行员以及监管机构隐瞒相关信息，并通过商业关系影响监管机构的管理和审查。[2]

（二）商用飞机事前评估制度

根据美国相关法规，任何一家美国航空公司在运营新的商用飞机之前，

---

〔1〕 参见正解局：《波音 737，到底有什么缺陷?》，载微信公众号“正解局”2022 年 3 月 22 日，https://mp.weixin.qq.com/s/U28bDaAgLcDUFdsQ_bInOw。

〔2〕 参见谢玉洁：《346 人遇难，调查报告公布!》，载微信公众号“央视新闻”2020 年 9 月 17 日，https://mp.weixin.qq.com/s/SO3GNe7x2w7u－RyaI77VgQ。

该飞机受制于 FAA 的事前评估制度。在该制度下,FAA 必须作出两个判断:(1)飞机是否符合美国联邦适航标准;(2)飞行员为驾驶飞机所需的最低培训水平。这两个决定是由 FAA 内部单独的子小组作出的。

针对第二个判断,FAA 的 AEG 负责此项任务。AEG 将新飞机与类似的、之前版本的飞机进行比较和评估。随后,根据评估结果,AEG 将为新飞机的飞行员制定并评级其所需的最低限度的培训方案,此种方案被称为"差异训练"。不同等级的差异训练所反映的训练强度不同,"A 级"最松,"E 级"最严。其中,"B 级"通常包括计算机辅助培训,"D 级"通常包括全飞行模拟器培训。也就是说,"D 级"的训练严格程度和运营成本都远高于"B 级"。评估结束后,AEG 将发布《飞行标准化委员会报告》(Flight Standardization Board Report,以下简称《FSB 报告》),该报告将包含飞机内的所有系统和相关信息,并要求飞机制造商将这些信息纳入飞机手册和飞行员培训材料中。

波音公司的 737 MAX 飞行技术小组主要负责确定并向 FAA 的 AEG 提供与 AEG 发布 737MAX 的《FSB 报告》有关的所有信息。737MAX 飞行技术小组与波音公司的另一个小组是分开的,后者负责向 FAA 提供信息,以证明飞机是否符合美国联邦适航标准。

二、欺诈过程及结果

(一)案件细节[1]

至少从 2016 年 11 月前后到 2018 年 12 月前后,在得克萨斯州北区和其他地方,波音公司通过两个主要员工(以下分别简称 1 号员工、2 号员工,统称二人),明知故犯,共谋欺诈 FAA 的 AEG 的行为。二人在共谋期间的任何时候,都是在他们的工作范围内行事,并打算至少部分地使波音受益。共谋的目的是通过损害、阻挠、破坏和干扰 FAA 的 AEG 在发布 737MAX 的《FSB 报告》和对波音 737MAX 的差异培训确定方面的合法职能,来欺骗 FAA 的 AEG,以便为波音公司带来经济利益,并使二人在波音 737MAX 方

---

〔1〕 See Department of Justice Office of Public Affairs, *Boeing Charged with* 737 *Max Fraud Conspiracy and Agrees to Pay Over $2.5 Billion*, Department of Justice (Jan. 7, 2021), https://www.justice.gov/opa/pr/boeing-charged-737-max-fraud-conspiracy-and-agrees-pay-over-25-billion#main-content。

面受益。

为使737 MAX系列客机在审批流程中顺利通过,二人分别在其职权范围内欺骗了AEG,并通过各种方式干扰AEG在《FSB报告》中真实反映737 MAX应有的差异训练等级。对于航空公司来说,完成“B级”差异培训的成本明显低于“D级”。例如,飞行员可以在世界任何地方使用电脑或平板电脑在几个小时内完成“B级”差异培训。相比之下,一个飞行员只有在其所在的航空公司有全飞行模拟机的场所亲自参与,才能完成“D级”差异培训。除购买一个或多个价值数百万美元的模拟器的成本和其他相关费用外,被FAA的AEG要求在全飞行模拟器上培训飞行员的航空公司还可能失去飞行员在这段时间内通过载客飞行获得的收入。由于这个原因,波音公司在设计737MAX的过程中所声明的目标包括确保FAA的AEG在737 MAX的《FSB报告》中要求不超过“B级”的差异培训。由此,波音在各种层面默许了二人的欺诈做法,且二人的行为直接让波音公司节约了大量的成本。波音和二人的主要涉案行为如下:

(1)制定报告目标:在明知“B级”差异训练的成本远低于“D级”的情况下,波音在飞机设计时制定了“《FSB报告》对737 MAX差异训练等级的认定不超过‘B级’”的目标。

(2)创建新系统:为解决737 MAX在飞行设计中的特性,波音创建了一种新系统,名为机动特性增强系统(Maneuvering Characteristics Augmentation System,MCAS)并将其作为737 MAX飞行控制的一部分。之后,MCAS的运行范围被扩大,但二人和波音公司并未将此情况告知FAA的AEG的工作人员。

(3)员工的报告责任:基于有限的信息和资料,AEG为737 MAX作出了临时“B级”认定。此时二人意识到,该临时认定依赖于二人提供的信息,且二人也负有向AEG报告MCAS运行范围扩大的责任。

(4)隐瞒情况:在随后的模拟飞行测试中,二人虽然发现了737 MAX的问题,但仍未向AEG报告测试的真实情况。

(5)删除报告内容:之后,AEG还将《FSB报告》的草稿发给二人和波音的另一名员工,请三人审查草稿“是否存在任何明显问题”。三人共同建议AEG“删除对MCAS的引用”,因为MCAS“超出了正常运行范围”。随后,1号员工还再次提醒AEG从即将发布的《FSB报告》中删除有关MCAS的描述。

(6)报告认定结果:2017 年 7 月 5 日左右,AEG 发布了第一份 737 MAX《FSB 报告》,其中包括 AEG 对 737 MAX 的“B 级”差异训练认定。

(7)隐瞒事发:2018 年 10 月 29 日,印度尼西亚狮航 610 航班在起飞后不久即坠毁,机上人员全部遇难。而 FAA 的 AEG 才第一次知悉 MCAS 的运行范围被扩大。同一时间,AEG 与包括 2 号员工在内的波音员工讨论了 MCAS 运行范围扩大的问题,但 2 号员工始终未提供二人对 MCAS 运行范围扩大的聊天讨论内容。

总结来说,在 2016 年 11 月前后,波音公司前后两位 737 MAX 首席技术飞行员发现了关于 MCAS 的重要变化的信息,但波音公司没有与 FAA 的 AEG 分享这一变化的信息,而是通过这两名 737 MAX 的首席技术飞行员隐瞒了这一信息,欺骗了 FAA 的 AEG 关于 MCAS 的信息。由于这种欺骗行为,FAA 的 AEG 在 2017 年 7 月发布的 737 MAX《FSB 报告》的最终版本中删除了所有关于 MCAS 的信息。反过来,设在美国的航空公司的飞机手册和飞行员培训材料中缺乏关于 MCAS 的信息,而为波音公司的航空公司客户飞行 737 MAX 的飞行员在他们的手册和培训材料中也没有得到任何关于 MCAS 的信息。

2018 年 10 月 29 日,印度尼西亚狮航 610 航班,一架波音 737 MAX 飞机,在起飞后不久坠入印度尼西亚附近的爪哇海。机上的 189 名乘客和机组人员全部死亡。事件发生后,FAA 的 AEG 了解到,MCAS 在飞行过程中启动,可能在坠机中起到了作用。FAA 的 AEG 还首次了解到 MCAS 的变化,包括波音公司向 FAA 的 AEG 隐瞒的有关 MCAS 的信息。在继续调查狮航坠机事件的同时,这两名 737 MAX 首席技术飞行员继续误导其他人(包括波音公司和 FAA)关于他们事先对 MCAS 的改变的了解。

2019 年 3 月 10 日,埃塞俄比亚航空公司 302 航班,一架波音 737 MAX 飞机,在埃塞俄比亚的埃杰雷附近起飞后不久坠毁。机上的 157 名乘客和机组人员全部遇难。事件发生后,FAA 的 AEG 了解到,MCAS 在飞行中启动,可能在坠机中起到了作用。2019 年 3 月 13 日,737 MAX 飞机在美国正式停飞,无限期地停止了任何以美国为基地的航空公司的这种飞机的进一步飞行。[1]

---

〔1〕 2022 年 11 月 18 日,FAA 批准波音 737MAX 飞机复飞。

（二）签订暂缓起诉协议

针对美国司法部对波音的刑事指控，波音公司承认欺诈罪行，放弃起诉权、所有赔偿权和放弃快速审判权，承认接受并确认案件指认的高管、董事、雇员、代理人的行为，承担相应的责任。同时放弃对事实陈述的异议权，并且在因暂缓起诉协议延期的任何诉讼中都不能对事实陈述提出异议。波音公司和司法部签订暂缓起诉和解协议，是特朗普政府时期最大的企业刑事和解案之一，其罚金总额超25亿美元，如前所述，其中包括2.436亿美元的刑事罚款，向波音的航空公司客户支付因飞机停飞造成损失的17.7亿美元赔偿金，以及向赔偿坠机遇难者家属基金追加的5亿美元。

作为暂缓起诉协议的一部分，波音公司已经同意，除其他事项外，在任何正在进行的或未来的调查和起诉中继续与反欺诈部门合作。作为合作的一部分，波音公司被要求向任何国内或国外政府机构（包括FAA）、监管机构或波音公司的任何航空公司客户报告波音公司雇员或代理人违反美国欺诈法的任何证据或指控。此外，波音已经同意加强其合规计划和强化合规计划的报告要求，这要求波音至少每季度与反欺诈部门会面一次，并每年向反欺诈部门提交报告，说明其补救工作的状况、其合规计划的测试结果，以及确保其合规计划得到合理设计、实施和执行的建议，以便有效地阻止和发现与美国欺诈法有关的违法行为。在与任何国内或国外政府机构（包括FAA）、监管机构或其任何航空公司客户的互动中，有效阻止和发现违反美国欺诈法的行为。[1]

（三）美国联邦法院介入

在波音公司与美国司法部达成和解协议的近一年后，2021年12月16日，十多名家庭成员和坠机受害者的代表提出动议，认为美国政府和波音公司通过闭门与暂缓起诉协议进行谈判，未经事先批准就敲定了暂缓起诉协议的条款，侵犯了他们在《犯罪受害者权利法》（Crime Victims'Rights Act，CVRA）下的权利，违反了联邦法律。CVRA赋予犯罪受害者一系列权利，例如，与检察官协商的权利、及时收到和解通知以及受到公平和尊重的对待。

---

〔1〕 See Department of Justice Office of Public Affairs, *Boeing Charged with 737 Max Fraud Conspiracy and Agrees to Pay over $2.5 Billion*, Department of Justice (Jan. 7,2021), https://www.justice.gov/opa/pr/boeing - charged - 737 - max - fraud - conspiracy - and - agrees - pay - over - 25 - billion#main - content.

本案中，家属在美国司法部与波音公司宣布和解后，才通过媒体报道得知这一消息。所以这些家属要求法院根据 CVRA 承认他们是受害者，并认为"检察官在波音案中应当保护其受害者权利"，同时这些家庭要求法院考虑对违反 CVRA 的行为采取多种补救措施，包括法院对暂缓起诉协议的审查。对此，波音拒绝置评。而美国政府辩称，检察官没有法律义务与家属协商，因为他们不符合 CVRA 的"受害者"资格，且法院无权监督、修改或拒绝暂缓起诉协议。根据政府的说法，这些家庭不受 CVRA 的保护，因为他们失去亲人的飞机失事并不是波音公司欺诈 FAA 的罪行直接和近似（directly and proximately）造成的。[1] 据美国司法部在一份法庭文件中表示，它反对这些家庭的请求，但"政府为在签订'波音延期起诉协议'之前没有与这些坠机受害者的受益人会面和商议而道歉，尽管政府没有这样做的法律义务"。[2]

2022 年 10 月 22 日（美国东部时间 10 月 21 日），美国地区法官里德·奥康纳（Reed O'Connor）裁定，当联邦政府于 2021 年与该公司达成 DPA 时，美国司法部侵犯了在波音 737MAX 飞机上遇难乘客的权利。从侵权法的因果关系分析下，法院认为，如果没有波音公司的欺诈行为，坠机事件就不会发生。换句话说，波音公司的欺诈行为是造成有害结果的必要条件。波音在培训认证决策过程中向 FAA 提供的虚假陈述增加了飞行员培训不足的风险。如果波音公司的员工没有隐瞒他们对 MCAS 的了解，FAA 的 AEG 将认证更严格的培训水平，世界各地的飞行员将为 MCAS 的激活做好充分准备，两次坠机都不会发生。总结来说，相关证词建立了因果链中的三个环节：（1）如果波音公司没有向 FAA 撒谎，FAA 会下令对美国航空公司进行全面的飞行模拟器培训，让他们了解飞行员应如何应对不当的 MCAS 启动；（2）FAA 的飞行模拟器培训要求将被外国承运人遵循；（3）飞行模拟器训练

---

〔1〕 See Elizabeth Acorn & Jessi A. J. Gilchrist, *The Boeing* 737 *Max Settlement*: *An American Solution to An International Disaster*, Duck of Minerva(Aug. 25, 2022), https://www.duckofminerva.com/2022/08/the-boeing-737-max-settlement-an-american-solution-to-an-international-disaster.html.

〔2〕 See REUTERS, *DOJ Opposes Boeing* 737 *Max Families Bid Over Plea Deal*, CNBC, https://www.cnbc.com/2022/02/08/doj-opposes-boeing-737-max-families-bid-over-plea-deal.html.

本可以让这两个注定失败的航班的飞行员成功降落飞机。[1]

此外,法院还回答了以下问题:(1)飞机失事是否是波音欺骗联邦航空监管机构计划的合理可预见的后果;(2)犯罪和由此造成的伤害是否有足够强的关联,而不能被仅仅描述为偶然行为。此处可预见性分析只要求波音公司能够预见到它的欺骗造成了"一般危险的存在",而不是"对导致事故的事件序列的确切意识"。本案中"普遍的可以预见"的是,出于外国监管机构对 FAA 的 AEG"B 级"认证的依赖以及在《FSB 报告》中对 MCAS 的沉默,印度尼西亚狮航和埃塞俄比亚航空的飞行员没有得到 MCAS 方面的充分培训。鉴于"遵循联邦航空局推荐的指导方针"是公认的全球行业实践,波音欺骗了 FAA 的 AEG,导致培训认证的差异水平不适当地降低,进而可能会造成灾难——这是理性的外行人可以很容易预测到的结果。

最终,法院以可信的证据证明了家属们作为 CVRA 法案下的"犯罪受害者"的合法代表的地位,因此他们有资格维护该法案下的权利。同时基于上述理由,法院认为,两架飞机失事造成的悲惨生命损失是波音公司阴谋欺骗美国的一个合理可预见的后果。由此裁定,美国司法部侵犯了在波音 737MAX 飞机上遇难乘客的权利。[2]

三、分析

(一)重视信息披露

2021 年 10 月,美国司法部副部长丽莎·莫纳科(Lisa Monaco)再次强调了美国司法部将立即采取的三项新行动,以加强司法部应对公司犯罪的方式:(1)公司将被要求向司法部"提供有关参与或应对所涉不当行为负责的个人的所有非特权信息"。公司将不再仅限于"实质上参与"不当行为的个人。(2)在评估公司决议时,检察官将被要求考虑一家公司先前在州或联邦"刑事、民事和监管"方面的"全部"不当行为,而不是将这种考虑局限于同一类型的不当行为或与所涉不当行为事实上相关的不当行为。(3)作为公

---

[1] See Paul Cassell, *Judge O'Connor Rules that the Boeing 737 MAX Crashes Victims' Families Represent Protected "Crime Victims" and Can Seek Boeing's Prosecution*, REASON, https://reason.com/volokh/2022/10/24/decision-on-boeing-737-max-case/.

[2] See United States of America v. The Boeing Company, Criminal Action No. 4:21-cr-5-O (Northrn District of Texas Fort Worth Division).

司决议的一部分,公司将再次定期受到独立监管的影响。检察官可以自由要求监督,作为决议中一个"适当的"条件,"以确保公司履行了其合规和披露义务"。综合来看,以上宣布的行动表明,美国司法部将积极追查公司,并强调公司需要"积极审查其合规计划,以确保充分监测和纠正不当行为"。[1]

2022年9月15日,丽莎·莫纳科又宣布了几项新政策,旨在进一步推动美国司法部对企业刑事执法采取的积极立场。美国司法部具有里程碑意义的新政策的重点是鼓励和诱导公司自我报告刑事违法行为,并在司法部的调查中进行合作。这些政策包括以下内容:(1)司法部起诉公司犯罪的每一个部门将首次必须制订一个正式的计划,以激励自愿自我披露。重要的是,如果一个公司自愿自我披露,在司法部的调查中进行合作,并对不当行为进行补救,那么司法部将不寻求认罪。(2)寻求合作信用的公司需要站出来,迅速向司法部披露重要证据。公司和对这些公司进行评估的检察官现在将是"时间上的"。不当或故意拖延提供信息和文件将导致合作信用的减少或完全被拒绝。(3)司法部现在将正式鼓励公司托管或收回对错误行为负有责任的高管和雇员的赔偿。[2]

结合本案来看,波音欺诈案的核心在于波音公司关键岗位的员工和企业高层在培训认证决策过程中向FAA提供的虚假陈述,并未充分向FAA的AEG报告关于737 MAX的相关信息,进而导致了印度尼西亚狮航和埃塞俄比亚航空两场灾难性的空难事件。在美国司法部和波音公司签订的暂缓起诉协议中,波音公司承诺将加强其合规计划和强化合规计划的报告要求,充分向任何国内或国外政府机构、监管机构或波音公司的任何航空公司客户报告波音公司雇员或代理人违反美国欺诈法的任何证据或指控。

对于国内企业来说,实行合规建设与整改的关键一步就在于重视自身

---

〔1〕 See Edward Diskant, Justin Murphy et al., *US Deputy Attorney General Signals Aggressivedoj Focus on Corporate Crime*, Mwe (Oct. 28,2021), https://www.mwe.com/insights/us – deputy – attorney – general – signals – aggressive – doj – focus – on – corporate – crime/.

〔2〕 See Justin P. Murphy, Sarah E. Walters et al. *DOJ Revamps Corporate Criminal Enforcement Policies DOJ Revamps Corporate Criminal Enforcement Policies with Continued Emphasis on Compliance with Continued Emphasis on Compliance*, Harvard Law School Forum on Corporate Governance, https://corpgov.law.harvard.edu/2022/10/07/doj – revamps – corporate – criminal – enforcement – policies – with – continued – emphasis – on – compliance/.

信息披露,同时在特定情况下,企业可以通过做好合规建设和自我披露以获得宽大处理。企业高层应当加强对关键信息的审核、审理和自我披露,降低因信息披露不足造成的相关风险,打造良好的企业社会形象。

(二)法院和暂缓起诉协议

本案中,受害者家属将暂缓起诉协议描述为"广泛的"、授予公司"豁免权"免受刑事起诉的协议。这些家属认为,法院拥有"对暂缓起诉协议的监督权",并呼吁法院使用该权利来"解决暂缓起诉协议未能对波音公司追究刑事责任的问题"。美国司法部辩称,法院无权介入暂缓起诉协议的制定、修改或监督。暂缓起诉协议作为美国司法部解决公司犯罪指控的主要机制,是检察官与涉嫌犯罪的公司之间达成的协议。法院参与暂缓起诉协议的范围是,检察官在法庭上提起刑事指控,涉嫌犯罪的公司和司法部达成协议后,等待被告支付罚款和履行任何其他条件,进而"推迟"法庭上的刑事指控。但在这一过程中,法院几乎没有空间来评估暂缓起诉协议或其内容的适当性。[1]

美国哥伦比亚大学法学院学者弗雷德·里克·T. 戴维斯(Frederick T. Davis)在其一篇调查判例法的文章中指出,"法官在审查检察官和公司被告同意的暂缓起诉协议方面几乎没有任何作用"。[2] 正如美国司法部在回应本案家属的听证会时所说的那样,暂缓起诉协议是"检察自由裁量权的典型行使"。简而言之,暂缓起诉协议是一种由检察官和他们与之谈判的公司被告控制的工具,而不是法院。但并非所有人都同意暂缓起诉协议应属于检察官的专属领域,包括加拿大、法国和英国在内的其他国家,在采用了暂缓起诉协议和类似暂缓起诉协议的工具时,都需要法院的介入。例如,加拿大和英国必须由法院批准暂缓起诉协议,且评估暂缓起诉协议是否公平并符合公共利益。加拿大多伦多大学政治学的助理教授伊丽莎白·阿克恩(Elizabeth Acorn)认为,制定这一要求是为了确保公众对公司起诉的信任,以

---

[1] See Elizabeth Acorn & Jessi A. J. Gilchrist, *The Boeing* 737 *MAX Settlement: An American Solution to An International Disaster*, Duck of Minerva(Aug. 25,2022), https://www.duckofminerva.com/2022/08/the-boeing-737-max-settlement-an-american-solution-to-an-international-disaster.html.

[2] See Frederick T. Davis, *Judicial Review of Deferred Prosecution Agreements: A Comparative Study*, Columbia Journal of Transnational Law, Vol. 60:3, p. 751-826(2022).

防止人们认为暂缓起诉协议只不过是公司“花钱摆脱起诉”的工具。[1] 长远来看,法院在企业与检察院之间开展合规整改过程中是否可能拥有可以否定、修改、调整暂缓起诉协议的权利,尚需要更多的理论研究和实践检验来进一步探索完善。

由于我国国内合规建设正处于起步阶段,多数国内企业尚处在依据合规政策要求,加速搭建合规框架的阶段。国内标杆合规企业形象的建立和合规案例的先后出台,进一步推动营造良好的国内合规环境。在波音案中,美国司法部与公司通过签订暂缓起诉协议,使得波音公司获得“推迟”法庭审判的机会。然而后续联邦法院的介入则表明,在涉及关乎生命的重大灾难面前,暂缓起诉协议的合法性、合理性以及受害者在寻求权利救济等方面都存在很多尚需深入讨论研究的问题。这无疑也给我国检察院和法院在推动合规规则构建与合规法治环境建设方面带来更多思考,也为企业在自身经营发展过程中的合规管理和合规体系完善提出了更高要求。

---

〔1〕 See Elizabeth Acorn, *Behind the SNC – Lavalin Scandal: The Transnational Diffusion of Corporate Diversion*, Canadian Journal of Political Science, Vol. 54:4, p. 892 – 917(2021).

后记

本书成书之日，笔者正重读《史记·太史公自序》。笔者自知资质愚钝，一生也难及太史公司马迁之万一，只是此刻忽然种种感慨，庆幸自己对本书的完稿坚持至今。

本书的写作过程与出版过程都极其不易。从写作本身来看，尽管当今企业合规已成显学，但在笔者动笔之彼时，对企业合规的相关研究尚未成今日之势，从风险角度结合实务经验分析企业合规的成果更是寥寥，能够参考的资料较为有限。此外，笔者是刑法学博士，算是刑法学者，动笔之时仅对刑事合规略有自信。而企业合规风险管理不仅涉及法学，而且涉及管理学、会计等学科，命题本身宏大复杂，因此在决定动笔之前，笔者在很长一段时间内都踟蹰不前。从本书的出版来看，本书在有幸获深圳市律师协会出版立项后，便因疫情数次推迟出版。在这一过程中，相关法律法规不断更新，各种学术成果不断涌现，使得笔者只能多次对书稿进行大规模修改，幸得法律出版社的朱轶佳编辑不弃，才让本书终有出版希望。

尽管艰难，本书的完成也令笔者十分欣喜。鲁迅先生在其《朝花夕拾》中写，"无常"才是人生之常态。写作本书的几年，也是笔者陪伴病重母亲，经历人生重大变故的几年。这位强悍的女士在世时常劝我不必太勉强自己，却很少提起她在多年前便教会我的勇敢和坚持。而也正是母亲潜移默化的影响和多年的谆谆教导，让我有能力较为平和地面对在本书写作过程中遭遇的种种"无常"。时至今日，本书在某种程度上也多少已"成一家之言"，对母亲和自己也都算有所交代。

在本书写作和出版的过程中，有很多学界和实务界的前辈、朋友们都对笔者给予了必不可少的、难得的、真诚且温暖的帮助。感谢深圳大学合规研究院的叶海波教授为笔者提供的思路和意见。感谢吴学斌教授、周娅教授、荀晓雅博士的支持。感谢刘博文博士的建议。感谢笔者北大的博士生导师郭自力教授和师兄焦旭鹏教授数年来对笔者的厚爱。感谢王新教授、车浩教授给予的鼓励。感谢蒋大兴教授的指导。感谢我的好友任启明教授、方军教授。学界的前辈友人对笔者的勉励和关爱,笔者铭记在心。感谢好友郭元媛博士、段宜敏女士、张赫师弟,人生幸得相遇,万分感激。感谢前辈徐先生、荀先生在成书过程中的意见。感谢我的家人对我的包容。再次感谢法律出版社的编辑朱轶佳与我一起经历本书出版的种种。另外,感谢逯晨雨、祁傲翔、叶力嘉、潘森维、涂安杰、覃旭及岁庚在本书成稿过程中的帮助。

“小子虽不敏,敢效一得愚。”希望自己在探索理论和精进实务的道路上,能驰而不息,最终有所贡献。

乔 远

2023 年 2 月 13 日

于深圳